ドラキュラ・シンドローム

外国を恐怖する英国ヴィクトリア朝

丹治　愛

講談社学術文庫

目次

イントロダクション

帝国主義の世紀末

⑪フェンチャーチ・ストリート駅：ロンドン近郊でのドラキュラの最初の住居のあったパーフリートは、この駅から列車に乗っていく（第Ⅴ章）。
⑫ロンドン塔
⑬チックサンド・ストリート：多くのユダヤ人が住んでいたホワイトチャペル地区の通り（第Ⅴ章）。
⑭ホワイトチャペル・ロード：この周辺はマイル・エンド、ベスナル・グリーンなどとともにイースト・エンドの中心的地区。多くのスラム街があり貧民と移民にあふれていた。
⑮バックチャーチ・レーン：ホワイトチャペル地区の貧しい街の一角（第Ⅴ章）。
⑯マイル・エンド・ロード：この周辺に広がるマイル・エンド地区にもドラキュラの住居のひとつがあった（第Ⅴ章）。
⑰タワー・ブリッジ：ドラキュラの年の翌年（1894）に開通。
⑱ジャマイカ・ロード：コレラの被害の大きかったバーモンジー地区の中心的通り（第Ⅶ章）。

①-⑦：ウェスト・エンド、⑩・⑪：シティ、⑫-⑯：イースト・エンド

地図1 1890年代のロンドン

①ハイド・パーク・コーナー：ハイド・パークの周辺には、ベイズウォーターをはじめとして富裕な住宅街がひろがっていた。
②バッキンガム宮殿
③ピカディリ：ウェスト・エンドでのドラキュラの住居があった通り（第Ⅴ章）。
④ボンド・ストリート
⑤リージェント・ストリート：④⑤ともウェスト・エンドでももっともファッショナブルな通り。
⑥グレート・ポートランド・ストリート：中央ユダヤ教会堂のあった通り（第Ⅵ章）。
⑦ピカディリ・サーカス：ここでリージェント・ストリートとピカディリが交差する。エロスの像で有名（第Ⅱ章）。
⑧ウォータールー橋
⑨ブラックフライアーズ橋
⑩イングランド銀行：シティの代表的建物のひとつ。別名「スレッドニードル・ストリートの老嬢」（第Ⅴ章）。

①ニューカッスル
②サンダーランド：1831年、イギリスにコレラが上陸した地点（第Ⅶ章）。
③ウィトビー：ドラキュラ上陸の地。
④ハル：1893年のコレラ流行の中心地。
⑤グリムズビー：同上
⑥リヴァプール
⑦ブリストル
⑧ロンドン
⑨エクセター：ジョナサン・ハーカーが勤めていた法律事務所のあった都市。
⑩ドーヴァー
⑪スライゴー：ストーカーの母親が「コレラ恐怖」を体験した地（第Ⅶ章）。
⑫カレー
⑬パリ
⑭アムステルダム
⑮ハンブルク：ユダヤ人も、コレラも、ここからイギリスに渡った（第Ⅴ・Ⅶ章）。
⑯ベルリン
⑰ミュンヘン
⑱ウィーン
⑲グラーツ：レ・ファニュ「カーミラ」やストーカー「ドラキュラの客」の舞台（第Ⅴ章）。
⑳ブダペスト
㉑ボローニャ
㉒ワルシャワ
㉓ガラツィ：イギリスから逃げ戻ったドラキュラはここに到着した。
㉔ヴァルナ：イギリスへむかうドラキュラはここから出航した。
㉕リガ
㉖ペテルブルク

地図2 19世紀末のヨーロッパ

ドラキュラ・シンドローム

外国を恐怖する英国ヴィクトリア朝

I am full of vague fear...
(*Dracula*, chap. 9)

イントロダクション

ブラム・ストーカー（Belford 1996, p. 304）

第Ⅰ章　『ドラキュラ』の謎

ヴィクトリア朝（一八三七—一九〇一年）も終わりを迎えようとしていた一八九七年（日本では明治三〇年）、ブラム・ストーカーは歴史に残るキャラクターを創造します。それが『ドラキュラ』の主人公／悪役であるドラキュラです。ドラキュラとは、いまさら言うまでもなく、「以後何世紀にもわたって何百万という人間のなかであの怖ろしい血の渇きを満たす」（第四章。以下、『ドラキュラ』からの引用は書名を省略し、章番号のみ示す）ために、東欧のトランシルヴァニアから大英帝国の首都ロンドンへはるばる渡ってくる吸血鬼（「不死者」）、人間の血を吸い、そうすることによって犠牲者をみずからの同類たる「不死者」へとかえていく怖ろしい存在です。つまりドラキュラの怖ろしさはたんに犠牲者を殺害するだけでなく、それと同時に彼の同類を増殖させていくところにあるのであり、増殖性こそが彼の恐怖の特質といってよいのです。

〔いったん吸血鬼となったら〕死ぬことはできず、時代をへるごとに新たな犠牲者を加えていき、世界の悪をふやしていく。というのは、不死者の犠牲となって死んだものは自身が不死者となり、彼らの同類を犠牲にする。そのようにして彼らの輪は、小石を水

に投げたときにできる波紋のようにどんどん広がっていくのだ。(第一六章。〔　〕内は引用者の注記を示す)

イギリスに侵入したドラキュラは、彼の「犠牲者」を新たな「不死者」へと変えることによって、「不死者」の「輪」を「小石を水に投げたときにできる波紋のようにどんどん広」げていこうとします。

吸血鬼の増殖性というこのような特質は、ストーカーの独創ではなく、ジェイムズ・マルコム・ライマーの『吸血鬼ヴァーニー』(一八四七年)の独創に由来しています(Tracy 1990, p. 40; Auerbach 1995, p. 29)。そしてストーカーが参照した吸血鬼文学の先行作品、ジョウゼフ・シェリダン・レ・ファニュの「カーミラ」(一八七二年)でも、「ある怪奇な法則にのっとって数をふやし増殖していくことが吸血鬼の本性なのだ」(Le Fanu 1987, p. 136)と述べられています。ドラキュラは、明らかにその伝統を引き継いでいるのです〔コラム1〕。

イギリスに侵略したドラキュラはまず、未婚の処女ルーシー・ウェステンラを襲撃します。ドラキュラに立ち向かうのは、ルーシーの友人ミーナ・マレーと結婚するジョナサン・ハーカー、ルーシーの婚約者アーサー・ホームウッド(物語の途中でゴダルミング卿を継承)、かつてルーシーに求婚したことのあるふたりの男――精神科の医師ジョン・シューワードと、「テキサス出身のアメリカ人」(第五章)の金持ちクインシー・P・モリス――、そしてシューワードの大学時代の先生にして「哲学者、形而上学者、現代でもっともすぐれた科学者のひとり」（第九章）である、オランダはアムステルダムからやって来た医師アブラハム・ヴァン・ヘルシング教授。

こうして『ドラキュラ』の筋は、イギリスに侵略するドラキュラと、彼を撃退しようとする「善良で勇敢な男たち」（第二三章）の戦闘というかたちをとることになります。ルーシーを数度にわたって襲ったドラキュラは、そのたびに行なわれるヴァン・ヘルシングの輸血にもかかわらず、ついに彼女を失血死にいたらしめ、そのことによって死後、彼女を「不死者」たる吸血鬼へと変貌させます。しかし「連合の力」（第一八章）を誇る五人の男たちは、「不死者」へとおぞましく変貌したルーシーを死者へと〈救済〉することに成功します。

そして彼らは、その後もドラキュラを追撃し、途中ミーナがドラキュラに襲われるという不幸にあいながらも、彼をイギリスから退却させるばかりでなく、トランシルヴァニアまで追跡し、彼の居城に近い場所でついにこの怪物を殺害するのです。最後の死闘でアメリカ人のモリスだけは残念ながら、ドラキュラに味方する「ジプシー」たちの刃にかかって命を落としますが、ミーナは、死後「不死者」に変貌するという宿命的呪縛から無事救出され、ジョナサンとのあいだに子宝にもめぐまれます。要するに、二元論的な善悪の闘争は勧善懲悪的なハッピー・エンディングによって完結するというわけです。

このように『ドラキュラ』はたしかに単純な筋しかもっていませんが、にもかかわらずそこにはいくつかの謎が秘められています。それはたとえば以下のようなものです。

①そもそも、なぜドラキュラはトランシルヴァニアからはるばるイギリスのロンドンへ侵略／侵入しなければならなかったのか。それは西暦何年のことなのか。
②なぜロンドンにおけるドラキュラの住居は貧しいイースト・エンドのチックサンド・ストリートであり、バーモンジーのジャマイカ・レーンであり、富裕なウェスト・エンドのピカディリでなければならなかったのか。
③なぜヴァン・ヘルシングはオランダ人でなければならなかったのか。
④ドラキュラに立ち向かう五人の「善良で勇敢な男たち」のうち、ヴァン・ヘルシングとシューワードと、なぜ二人も医師でなければならなかったのか。
⑤なぜクインシー・P・モリスはアメリカのテキサス州の出身でなければならなかったのか。
⑥ドラキュラに立ち向かう五人の「善良で勇敢な男たち」のうち、なぜひとりクインシー・モリスのみが命を落とさなければならなかったのか。

しかしこれらの謎は、『ドラキュラ』というテクストを閉ざされた作品として解釈しようとするかぎり解決のつかない謎でしょう。作品の内部には一見したところなんらの解決の糸口もあたえられておらず、「偶然そうだった」と答えるほかないからです。われわれは『ドラキュラ』のテクストを、それが書かれた後期ヴィクトリア朝時代の、さまざまなディシプリン（学問分野）に属する他のテクストとの相互的な連関（インターテクスト）のなかに開いていくことで――それは新歴史主義といわれる立場です――、これらの謎に、それとは異なる答え方をしていきたいと思います。

『ドラキュラ』の第九章、ルーシーは「わたしは漠然とした恐怖にみたされている」と述べています。以上のいくつかの謎に答えを出すにつれて、われわれはルーシーの「漠然とした恐怖」にも名前をあたえられることになります。結論を先に言ってしまえば、われわれが彼女の恐怖にあたえようとしているその名前とは、「外国恐怖症（xenophobia）」にほかなりません。われわれは『ドラキュラ』の読解をつうじて、一九世紀末イギリスの集合的な意識と無意識をのぞいてみたいと思うのです。

コラム1　吸血鬼の系譜

一八一六年、スイスのレマン湖畔にあるディオダディ荘に四人の若い文学者（とその卵）が集い、そこでひと夏を過ごします。その四人とは、バイロン卿とその侍医ポリドリ、P・B・シェリーとその（内縁の）妻メアリー。そこでバイロン卿は「怪談」の創作を提案し、みずから吸血鬼を主題とする未完の作品（「断章」）を書きます。それが、それまで民間伝承的存在だった吸血鬼がイギリス小説史にはいりこんだ瞬間だったわけです（その一方でメアリー・シェリーは『フランケンシュタイン』（一八一八年）を物し、人造人間を題材とする恐怖小説の鼻祖となります）。

一八一九年、自分を冷酷にあつかったバイロン卿に恨みをいだくポリドリは、「断章」の筋を借用し、しかもバイロン卿を主人公ルスヴン卿の人物造形のなかに反映させた「吸血鬼」なる作品を発表。バイロン作と銘打って発表されたその作品は、版を重ね、フランス語、スペイン語、ドイツ語、スウェーデン語に翻訳され、演劇にも翻案され、J・M・ライマー（トマス・プレストという異説もありますが）の『吸血鬼ヴァーニー、血の饗宴』（一八四七年）、シェリダン・レ・ファニュの「カーミラ」（一八七二年）、ブラム・ストーカーの『ドラキュラ』（一八九七年）とつづく、イギリスにおける吸血鬼文学の伝統を確立することになります。

ところで、われわれがいだいているドラキュラのイメージのなかでもっとも典型的なのはストーカーの創作したドラキュラではなく、映画『魔人ドラキュラ』（一九三一年）においてベラ・ルゴシが演じたドラキュラ、あるいは『吸血鬼ドラキュラ』（一九五八年）においてクリストファー・リーが演じたドラキュラでしょう。ご存じ『セサミストリート』で子どもたちに数字を教えるカウント伯爵（カウント・フォン・カウント）――「カウント」とは「伯爵」と「数える」の両方を意味する――も、手塚治虫のドン・ドラキュラも、その愛らしい末裔にほかなりません。

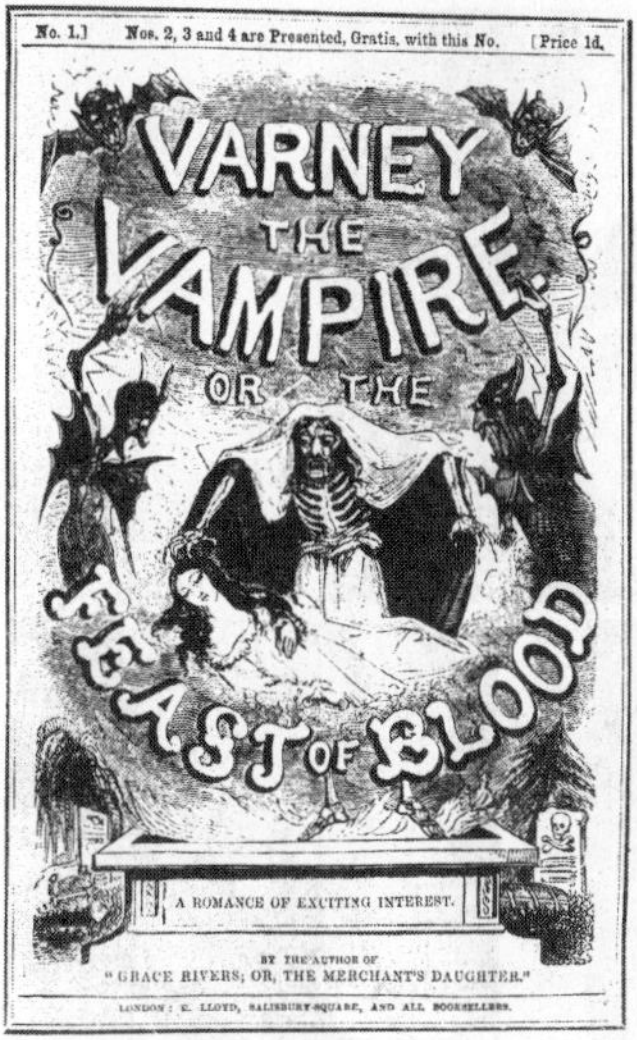

図Ⅰ-1『吸血鬼ヴァーニー』(Haworth-Maden 1992, p. 16)

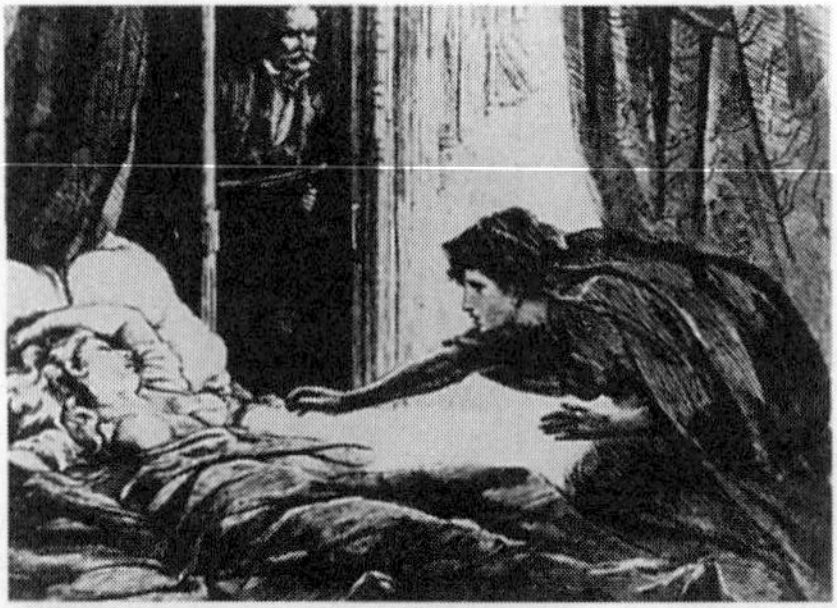

図I-2『カーミラ』(Frayling (ed.) 1991, illust. 13)

図I-4『魔人ドラキュラ』(McNally & Florescu 1994, p. 173)

図I-3『ドラキュラ』(McNally & Florescu 1994, p. 152)

図I-5『吸血鬼ドラキュラ』(Haworth-Maden 1992, p. 29)

第Ⅱ章　ドラキュラの年は西暦何年か

一八八七年説

『ドラキュラ』はジョナサン・ハーカーという名の弁護士事務所事務員（彼は物語の途中で弁護士資格を取得し正式に弁護士になりますが）の日記で幕をあけます。最初の日付は「五月三日」。そして物語は（いちばん最後のジョナサン・ハーカーの七年後の「付記」をのぞけば）同年の「一一月六日」のミーナ・ハーカー（彼女は物語の途中でジョナサンと結婚）の日記の記述に終わります。しかしそれが西暦何年のことなのかは残念ながら明示されていません。

したがって『ドラキュラ』というテクスト を歴史的コンテクスト（脈絡）のなかで（つまり歴史主義的に）ながめようとするわれわれは、ひとつの単純な質問からはじめることにしましょう。それはいったい西暦何年のことなのだろう、と。

ヒントは容易に見つけることができます。「一年前だったらいったいわれわれのうちの誰がそんな可能性をうけいれただろう、科学的で懐疑的で実際的なこの一九世紀の只中にあって」(第一八章) ──吸血鬼という超常現象を前にして、ヴァン・ヘルシングはこう述べます。したがってこの物語はまちがいなく一九世紀に設定されているのです。しかも『ドラキュラ』の公刊されたのが一八九七年五月二六日のことですから、一八九七年以降ははずしてもよいかもしれません。

しかもこの物語に登場する小道具は、この物語がまちがいなく一八七〇年代ないし八〇年代以降のものであることを明確に示しています。たとえば、コダック(第二章)、タイプライター(第五章、第一四章、第一七章、第二五章)、携帯用タイプライター(第二六章)、録(蓄)音機(第五章、第一一章、第一二章、第一七章、第二一章、第二四章、第二五章)、電報(第一一章、第一七章、第二三章、第二四章、第二六章)、電話(第一七章)、自転車(第一五章)。このうち電話がグレアム・ベルによって発明されたのは一八七六年、録(蓄)音機がトマス・エディソンによって発明されたのは一八七七年ですから、物語は一八七六年ないし七七年と一八九六年のあいだということになるでしょう［コラム2］。

さらにわれわれは、一見決定的と思われるヒントをミーナ・ハーカーの日記に発見することになります。まず第一三章、彼女の九月二二日の日記。その日、ジョナサンとミーナがロンドンの繁華街ピカディリを歩いているとき、ジョナサンがひとりの男の姿を見て急に動揺します。その男こそが、かつて彼がトランシルヴァニアで出会ったドラキュラ伯爵だと、ジョナサンは確信するのです。

そして第一四章、ミーナの九月二五日の日記。ミーナは三日まえの出来事についてヴァン・ヘルシングに話したときのことを日記に記しています。

「これが彼を動揺させたのだと思います。というのは先週の木曜に上京したとき、彼はある種のショックをうけたからです。〔中略〕彼は、自分の脳炎の原因となったなにか怖ろしいことを思い出させる誰かに出会った、と考えたのです」（第一四章、傍点は丹治）

ということは、九月二二日は「先週の木曜」ということになります。すなわちドラキュラの年は九月二二日が木曜日である年ということになるのです。そして一八七七年から一八九六年のあいだで九月二二日が木曜日であるのは、一八八一年、八七年、九二年の三回しかありません。このうちいずれの年がドラキュラの年なのか。

たとえばピーター・ヘイニングというドラキュラ研究家は、このうち一八八七年をドラキュラの年として想定しています。一九八七年に出版された彼の本のタイトルは、その名も「ドラキュラ一〇〇周年記念本」。どうして彼が一八八七年をドラキュラの年としたのか、その理由のひとつは、一八八七年九月二二日号の『タイムズ』に掲載されていたミスタ・ロウランド・ウォードなる人物（動物学会研究員）の報告している「ピカディリの鮫」という見出しの記事――「〔前日の〕水曜日に北コーンウォールでひとりの紳士によって釣りあげられた青鮫の見事な標本がピカディリに届いた」――です。これだけではいくらなんでも強引な理由でしょう。

そのほかにヘイニングがあげている理由は『タイムズ』の同年一〇月三日号にあります。一〇月三日というのは、ピカディリの家でドラキュラと五人の吸血鬼ハンターたちが実際にあいまみえて対決することになった日にほかなりません。その日の『タイムズ』にはふたつの興味深い文章が載っています。ひとつは「クラーク社の世界的に有名な血液混合薬」の新聞広告で、その見出しは「血は生命なり」という旧約聖書の「申命記」第一二章第二三節の言葉です。これは言うまでもなく、『ドラキュラ』のなかで、ドラキュラを「わが主人」と呼ぶレンフィールドなる精神病患者――シューワードの診断によれば「生命嗜食狂」(第六章)――が何度か口にする言葉にほかなりません。

一〇月三日号の『タイムズ』に載っているもうひとつの興味深い文章は、ある精神異常者の犯罪にかんする裁判の記事です。それによると、被告ジョン・ベインズは被害者アニー・カミンズにピカディリで出会い、逃げる彼女を追いかけ、つかまえ、首にかみついたといいます。そしてその襲撃を目撃していた警官の名前が、なんと「ジョン・ハーカー」だったというのです(Haining 1987, pp. 28-31)。

一八九三年説

しかしこのヘイニングの一八八七年説は、なかなかおもしろいものの、残念ながらいくつかの欠点をかかえています。たとえばドラキュラが買うことになる屋敷の写真をジョナサン・ハーカーが撮ったコダックが商標登録されたのは、一八八八年九月四日のことでした［コラム3］。また、死後、吸血鬼と化して夜の街をさまようルーシーによる子どもの誘拐事件（「ハムステッドの恐怖」）を報じたとされる『ウェストミンスター・ガゼット』（第一三章）は、一八九三年の創刊です。

さらに『ドラキュラ』の第一四章には、ドラキュラの年を推測するうえでひじょうに重要な箇所があります。それは、九月二六日付のシューワードの日記、「現代でもっともすぐれた科学者のひとり」（第九章）と言われていたヴァン・ヘルシングの科学批判が記述されている箇所です。ヴァン・ヘルシングはシューワードにこう述べます。

「すべてを説明したがるのがわれわれの科学のまちがいなのだ。そして説明がつかないとなると、説明すべきものは存在しないと言う。〔中略〕君は物体移動（corporeal transference）を信じはしまい。そうだろう？　霊の物質化（materialisation）は？　信じまい？　星気体（astral body）も信じまい？　読心術（reading of thought）も信じまい？　催眠術（hypnotism）は？」

「はい、信じます」とわたし〔シューワード〕は言った。「それはシャルコーがうまく証明しました」。すると彼は微笑しながら、つづけた。「それじゃ君はそれについては納得してるのだね。信じるのだね？　だとすると君はそれがどのように作用するかを理解し、あの偉大なるシャルコーの精神のあとから、彼が術をかけた患者の魂自体のなかにはいりこむことができる。しかし、ああ、彼はもういないのだ」（第一四章）

心霊術のいう「霊の物質化」、神智学のいう「星気体」といった一九世紀末に注目されていたさまざまな超常現象をあげながら、ヴァン・ヘルシングは科学の限界を説得しようとしているのですが、「催眠術」にかんしてここで言及されているシャルコーとは、ジャン＝マルタン・シャルコー（Jean-Martin Charcot）という実在の人物です。一八七八年以降、催眠術を用いてヒステリーを研究し、神経病学の創始者のひとりとなった彼は、とくに「ヒステリー患者における、催眠によって左右せらるる各種の神経状態について」（一八八二年）という論文によって、メスメリズム（動物磁気説）に由来する怪しげなものと思われていた催眠術を、急速に科学的研究の対象として認知させることになります［コラム4］。

その結果イギリス医学協会（ＢＭＡ）も一八九一年に催眠術の真正性の検討を行ない、一八九三年にはそれを精神病の治療法のひとつとして認定しています。実際、「シャルコーはイギリスのいくつかの医学サークルには非常に影響力のある人物だった」（エレンベルガー一九八〇、上巻、一〇九頁）のであり、ヴァン・ヘルシングとシューワードの議論にはそういった経緯が反映しているのです。また、ストーカーが名優ヘンリー・アーヴィングについて語った『ヘンリー・アーヴィングの個人的思い出』によれば、興味深いことに、シャルコーはストーカーが劇場支配人をしていたライシーアム劇場を、貴賓として一度訪れたことがありました。彼はストーカーとも個人的面識がある人物だったのです（Stoker 1906, vol. i, p. 316）。

そしてそのシャルコーの死んだのが一八九三年八月一六日だったのです。かつてシャルコーのもとに留学し、彼の著作のひとつをドイツ語に訳してもいる精神分析学の創始者ジークムント・フロイトは、シャルコーの死の数日後、追悼文（「シャルコー」）を書き、そのなかで「シャルコーという名前の重みが催眠現象の現実性に対する疑いを決定的に吹き払ってしまった」と述べました（フロイト 一九八三、三五七頁）。しかし「神経症のナポレオン」とも称えられたシャルコーの名声も、死後一〇年をへずして急速におとろえていくことになります。

ですから「ああ、彼はもういないのだ」というヴァン・ヘルシングのいささか感傷的な言葉は、『ドラキュラ』が一八九三年八月一六日のシャルコーの死後に設定されていることをはっきりと示しています。この意味でいってもヘイニングの一八八七年説はいくぶん問題がある説なのです。

とすれば、あらためてドラキュラのイギリス侵入は西暦何年のことだったのか。一八九三年と一八九六年のあいだで九月二二日が木曜日であるのは、じつは一度もありません。こうしてドラキュラの年を確定しようというわれわれのこころみは、暗礁に乗りあげることになります。

しかしここでストーカーが『ドラキュラ』執筆の準備として一八九〇年から九六年にかけ

てつけていた「創作ノート」に眼を転じてみましょう。そこには『ドラキュラ』の筋を構成するいくつかの事件が記されていますが、最終的テクストでは消されている曜日がじつは日付のあとに記されているのです。数例をあげれば「三月二三日、木曜日」、「四月一三日、木曜日」、「五月二二日、火曜日」(Bram Stoker, "Working Papers for *Dracula,*" cited in Frayling (ed.) 1991, pp. 313-315)。そしてシャルコーが死んだ一八九三年と『ドラキュラ』出版の一八九七年のあいだでこれらの曜日と日付の関係をみたすのは、ただ一八九三年があるのみなのです（なお、「創作ノート」は、二〇〇八年、*Bram Stoker's Notes for Dracula: A Facsimile Edition* として出版されています。その九二頁から一〇九頁には、三月六日（月曜）から一一月一二日（日曜）までの全日付が書きこまれ、空白になっているところもありますが、それぞれの日に起こる出来事が記されています。ただし、年については「一八九」と書かれているだけです）。

したがってストーカーが少なくとも構想段階で想定していた年は、明確に一八九三年であったはずです。とすれば『ウェストミンスター・ガゼット』はすでに創刊されていました。また、「ああ、彼はもういないのだ」という、シューワードの九月二六日の日記の記述に出てくるヴァン・ヘルシングの言葉は、シャルコーの死のおよそ六週間後に発せられたことになり、見事に辻褄《つじつま》があってくるのです。その口調の感傷性もそれで説明がつくでしょう。

以上のような理由から見てまずまちがいなく、ストーカーは一八九三年のカレンダーのうえに、『ドラキュラ』の物語を構成する数々の事件を配列していたのです［コラム5］。とすれば、彼はどうして九月二二日を「先週の木曜」としたのでしょうか。一八九三年のカレンダーでは九月二二日は金曜日だったはずです。それはたんなるケアレス・ミスだったのでしょうか。『ドラキュラ』のテクストにその種の日付上のミスがいくつかあることを思えば、そうだった可能性もあります。しかしそこにストーカーの意図を読むことも可能かもしれません。それについてはもう少しあとで述べることにします。

一八九八年説

ところで一八九三年説もじつはかならずしも完璧ではありません。一八八七年説のような決定的なアナクロニズム（時代錯誤）ではないとしても、『ドラキュラ』のテクストにはどこか一八九三年という歴史的コンテクストに完璧にはまりきらないと感じられるふたつの言葉があるからです。

ひとつは、第一八章でレンフィールドが口にする「モンロー原則」という言葉です。「モンロー原則」自体は、一八二三年、第五代アメリカ大統領ジェイムズ・モンローがアメリカ外交政策の基本方針として発表したものなので、たとえレンフィールドがその言葉を口にしたとしても、それはアナクロニズムとはなりません。しかしその言葉がふつうのイギリス人の関心をひくのは、アメリカ合衆国が南米のヴェネズエラ共和国と英領ギアナの国境問題をめぐって「モンロー原則」を楯にして介入し、イギリスにたいして強硬な態度をとりはじめた一八九五年の夏以降のことなのです。

「モンロー原則」については本書の第Ⅳ章であつかいますので、ここでは深入りしません。しかしストーカーが本格的な作品執筆をはじめたのが一八九五年八月のことだったということを考えるならば、『ドラキュラ』のテクストに織りこまれている「モンロー原則」という言葉が、一八九五年の夏以降に火急の国際問題と化したヴェネズエラ国境問題と関係があるのは、ほとんど確実ではないでしょうか。

同じような問題は、ミーナ・マレー（いまだジョナサンと結婚していない）の日記に織りこまれている「新しい女」（第八章）という語句についても認められます。男性に寛大で女性には厳格な、性道徳にかんするダブル・スタンダードの廃止、肉体をコルセットできつく締めあげる必要のない機能的な「合理服」の着用、タバコやスポーツやクラブといった男性的とされていた趣味の追求、女性のための教育や労働の機会拡大、既婚女性の財産権や婦人参政権の獲得――そういったさまざまなレヴェルで自分たちのための新しい生活ないし行動様式を求める「新しい女」という現象は、イギリスでもすでに一八八〇年代から目につくようになっていました。

そして「新しい女」という語句自体も、ジョージ・ギシングが『余った女たち』（一八九三年）においてその独特な意味とともに用いているとおり（Gissing 1977, p. 83）、一八九三年の時点ですでに存在していました。しかしその語句がポピュラーになったのは、なんといっても『フランダースの犬』の著者として名高いウィーダ（マリー・ルイーズ・ド・ラ・

ラメー）が、一八九四年三月号の『北米評論』に掲載されたセアラ・グランドの「女性問題の新しい局面」への反論として、グランドが一度だけ用いていた「新しい女（new woman）」という語句を、みずからの論文のタイトルとして選び出し、それを本文中においても頭文字を大文字化して“New Woman”と表記した以後のことであり（Grand 1894; Ouida 1894; Jordan 1983; Ardis 1990）、また一八九四年五月二六日号の『パンチ』が、ウイーダのあとをうけて「新しい女」というタイトルの風刺詩を掲載した以後のことなのです［コラム6］。

新しい女がいる。彼女をどう思う？
道化師帽とインクだけ食って生きている！
道化師帽とインクが彼女の食事の全部だが、
この口やかましい新しい女は黙ることができない！

いったんドラキュラの年を一八九三年に設定したストーカーは、『ウェストミンスター・ガゼット』にしろ、シャルコーの死にしろ、一八九三年の出来事を導入しながらも、「モンロー原則」と「新しい女」という一八九四年以後を反映させる語句を、それとなくそのテクストに織りこんだのです。そのふたつの語句は一八九三年説にとって、巧妙に隠蔽されたアナクロニズムにほかならないでしょう。

われわれはその程度のアナクロニズムを認めながらも、おそらく一八九三年説に固執せざるをえないのかもしれません。しかしじつはもうひとつの可能性がないわけではないのです。ここでもう一度条件を確認しておきましょう。テクストの要請する条件は三つしかないはずです。

①ヴェネズエラ国境問題が火急の問題と化した一八九五年夏以後であること（「モンロー原則」）。
②一九世紀であること（「この一九世紀の只中」）。
③九月二二日が木曜日であること（「先週の木曜」）。

この三つの条件を完璧にみたす年がじつはひとつだけ存在するのです。それは『ドラキュラ』公刊の翌年にあたる一八九八年です。執筆はおろか作品公刊よりもあとの年をドラキュラの年として設定するというのは奇妙な感じがするかもしれませんが、しかしいずれにせよ『ドラキュラ』はそのような奇妙な仕掛けをもっている小説なのです。

その仕掛けというのは、ドラキュラの退治というハッピー・エンディングで終わる本筋の直後に付けられている、一頁たらずのジョナサン・ハーカーの「付記」の存在です。「七年まえ、われわれはみな炎をくぐった」というその書き出しの文章と、「この年の夏、われわれはトランシルヴァニアへ旅行をした」という第二節の書き出しの文章は、この付記が本筋から七年後の夏以降の時点で書かれたことを示しています。

とすれば、たとえ本筋の事件を一八九三年のことだとしても——『ウェストミンスター・ガゼット』が創刊され、シャルコーが死んでいるとすれば、それ以前ではけっしてありえません——、この付記が書かれたのはどうしても一九〇〇年、すなわち『ドラキュラ』公刊の三年もあとのことにならざるをえないのです。要するに、ストーカーはここで、物語の時間を未来に移動させていたのです。そしていずれにしろ「付記」が未来に設定されていることを認めざるをえないならば、いっそのこと本筋にかんしても、一八九七年以前に起こったという前提を捨ててみてはどうでしょうか。

もしも過去形で書かれている物語は、その作品公刊のまえの時間に設定されていなければならないという、なんとはなしの文学的常識を忘れるとすれば、一八九八年説は、ドラキュラの年について、先述の三つの条件のすべてをみたすもっとも矛盾を生じない説なのです。たとえシャルコーの死後五年たって、ヴァン・ヘルシングが「ああ、彼はもういないのだ」と言ったとしても、それはそれでおかしなことではないでしょう。五年という年月が人の死を惜しむのに長いか短いかは、たんなる主観的な問題にすぎないのですから。

それにしてもどうしてストーカーは、いったん彼の物語を一八九三年という現実の歴史のなかに設定したあとで、一八九三年の日付を曜日から切り離し、さらにその日付と曜日の関係をずらすことで一八九三年の痕跡を消去し、そのうえで少なくとも「付記」の時点を（あるいは本筋自体をも）歴史の外側にもっていったのでしょうか。どうして彼の物語の歴史性をぼかし、それを非歴史化しようとしたのでしょうか。

それについてはふたつの観点から答えることができるでしょう。ひとつは、ストーカーが物語を実際に執筆する過程で、一八九三年よりあとの出来事――「モンロー原則」あるいは「新しい女」――をテクストのなかに織りこむ誘惑にさそわれたこと。彼は、そのアナクロニズムを解消するために、織りあげつつあるテクストを幾分か非歴史化する必要にせまられたのです。

もうひとつは、もっと本質的な問題にかかわります。ストーカーは『ドラキュラ』のなかで恐怖の主題を追求するうちに、歴史の現実から歴史をこえた次元へと移動してしまったのではないでしょうか。どこへか？　たとえば超歴史的な神話の世界へ、あるいはのちにユングが「集合的無意識」と名づけた、人類に普遍的な精神の世界へ。

実際、「世界中のあらゆる邪悪なものどもが存分の力をふるう」といわれる「聖ジョージの祝日の前夜」（第一章）に登場するドラキュラを主人公／悪役とするこの物語は、聖ジョージによるドラゴン退治の神話を構造的原理とすることにおいて、なんらかの種類の神話批評を誘発せずにはいないでしょう。またそれは、「特定のヴィクトリア朝的背景に焦点を絞ることを前提とするよりも、もっと普遍的な恐怖の表象」をあつかっていると主張する精神分析学的な解釈にも事欠くことはありません（Stevenson 1988）。

しかし『ドラキュラ』を歴史主義的に読解しようとするわれわれは、歴史をこえた次元へとそれを追跡していくことはしません。ただ『ドラキュラ』を、多少のアナクロニズムを容認しつつ一八九三年に、そしてそれを中心とするいわゆる世紀末という時代に、大まかにセットすればそれでじゅうぶんなのです。そして『ドラキュラ』の世界をみたしている多数の後期ヴィクトリア朝の記号——シャルコーの催眠術、マックス・ノルダウとチェーザレ・ロンブローゾの犯罪学、「新しい女」、モンロー原則、救世軍、『デイリー・テレグラフ』、『ペル・メル・ガゼット』、『ウェストミンスター・ガゼット』、自転車、コダック、電報、電話、録（蓄）音機、タイプライター、速記術——は、それがまずは世紀末の物語として歴史主義的に読まれることを求めているのです。

コラム2　発明の世紀末

アメリカ人のC・L・ショールズがタイプライターの特許を取得したのは一八六八年。一八七三年に彼からタイプライター製造の権利を一万二〇〇〇ドルで買いとったレミントン父子社(『ドラキュラ』の第二四章、第二六章、第二七章に登場するウィンチェスター銃を製造したウィンチェスター社よりもさらに古く、一八一六年に設立されたアメリカの銃器製造会社)は、翌七四年からタイプライターの販売をはじめます。七八年にはシフトキーを導入し、大文字と小文字の両方を打てるレミントン第二型を発売。そして一八八〇年代、タイプライターはイギリスのオフィスにも急速に広がっていきます。それにつれて女性がタイピストとして、それまでは男性だけの世界だった職場へと進出していくことになります[図II-1・2]。

一八七七年、録音機を発明したとき、エディソンがそれに吹きこんだのは、日本でもお馴染みの童謡「メリーさんの羊」でした。しかしそのとき彼が予想していた録音機の用途は、音楽の録音ではなくむしろビジネス用であり、また家族の記録用でした。たしかにA・D・ブロジェットなる医師は、一八九〇年一月一七日号の『科学』において、「患者の唇から永続的で信頼性のある記録を得るためのひとつの方法としてこの機械を利用すること」を推奨しています。その意味でシューワードのような医師が録音機を利用するのは自然なことだったのかもしれません（A. D. Blodgett, cited in Wolf (ed.) 1993, p. 80）［図II－3］。

電話は、グレアム・ベルによって発明された一八七六年から三年後、早くもロンドンに電話交換局が開設され、実用に供されます。この絵が示しているように、電話交換手はタイピストとならんで、女性の新しい職業となっていくのです［図II－4］。

図II-1 ショールズのタイプライター
(de Vries 1991, p. 164)

図II-2 レミントンのタイプライター
(de Vries 1991, p. 165)

図II-3 録（蓄）音機とその発明者トマス・エディソン（de Vries 1991, p. 176）

図II-4 1883年のロンドン電話交換局（Hibbert 1975, p. 27）

コラム3　コダック

"TAKEN AND OFF."
JONES, MUCH ANNOYED AT HIS DUCKING, HAS THE EXTRA IRRITATION OF FINDING HIMSELF THE OBJECT OF INTEREST TO AN AMATEUR PHOTOGRAPHER!

図II-5「泣きっ面にカメラ」（小池（編）一九九五－九六、第六巻、三六二頁）

一八三九年、L・J・M・ダゲールがいわゆる銀板写真（ダゲレオタイプ）の開発に成功。以後、感光材料やレンズの進歩とともに、カメラは急速に進歩していきます。

一八八〇年、ジョージ・イーストマンは、写真乾板の製造プロセスを完成させ八一年、イーストマン写真乾板会社を設立、八四年には紙製ロール・フィルムを発売、八八年にはこのフィルムを固定焦点ボックス・カメラに収めたコダックカメラ第一号機を発売します。八九年にはセルロイド製フィルムを開発。

コダックカメラは、一〇〇枚撮りの

フィルムを装塡したまま、二五ドルで売られました。撮影者は撮り終わると、一〇ドルを添えてカメラごと、ニューヨーク州ロチェスターの工場に送ります。すると、プリントされた印画が、新しくフィルムを装塡されたカメラとともに送り返されてくるのです。「あなたはボタンを押すだけ、あとは私たちがいたします」という、アメリカ初期広告史上もっとも成功したと言われるコピーとともに発売されたコダックカメラは、一八九〇年代に（一八九四年カレンダー掲載のこの『パンチ』の絵のような）素人カメラマン人口を急速に増加させたのです。

コラム4　シャルコーの催眠術

図**II-6**（Auerbach 1982, p. 33）

ジャン＝マルタン・シャルコー（一八二五年一一月二九日—一八九三年八月一六日）は、一八六〇年から九三年までパリ大学病理解剖学教授。そのかたわら一八六二年以降、パリのサルペトリエール病院で慢性疾患、老年病、神経疾患、ヒステリー性疾患（精神神経症）の研究に従事、多くの疾患の記述を行ないました。とくにヒステリー症状の分析に催眠術を利用したことで有名です。一八八二年にはサルペトリエール病院神経病学初代教授となり、以後サルペトリエール病院は神経病学と臨床精神医学研究の中心地として、ジークムント・フロイトをはじめとして、ピエール・ジャネ、ジョウゼフ・バビンスキー、ピエール・マリーといった人びとを引き寄せます。

このリトグラフは、シャルコーが女性に催眠術をかけ、そこであらわれるヒステリー症状を弟子たちに説明しているところ。彼の講義の魅力のひとつは、この絵が示しているとおり、その芝居がかった演出にあったのです。

コラム5　一八九三年一〇月二日のピカディリ・サーカス

　ロンドンに侵入したドラキュラは、彼の隠れ家のひとつとしてピカディリ三四七番地の屋敷を購入します。ピカディリとは、ロスチャイルド家のものをはじめとして貴族の屋敷も多く立ち並ぶ、ピカディリ・サーカスからハイド・パーク・コーナーへつづく一二〇〇メートルほどの繁華な通り（巻頭［地図1］）。ただし、三四七番地は架空の番地で、ピカディリの番地は実際には三〇〇番にも達していませんでした。

　ピーター・ヘイニングは、『ドラキュラ』に出てくるこの屋敷の描写――バルコニー、鉄製窓枠、付近の「大きな白い教会」、近所の「青年憲政会」という名の保守派のクラブ（一〇一番地に実在）、裏側の「馬屋のある路地」（第二〇章）――をもとに、この屋敷のモデルを一三七番地の建物と推理しています。ドラキュラ学もホームズ学の域をめざしていると言うべきでしょうか（Haining 1987, pp. 28-29）。

『ドラキュラ』の第二〇章、ジョナサン・ハーカーはピカディリにあるドラキュラの屋敷を捜しに出かけるさい（一八九三年一〇月二日）、「ピカディリ・サーカスで辻馬車を降り、西へむかって進み、青年憲政会を過ぎたところで説明どおりの屋敷に出くわ」します。ジョナサンが目にしたピカディリ・サーカスの姿はだいたいこの写真のようなものだったはずでしょう［図Ⅱ－7］。ここで注目すべきなのは、この写真にうつってい

図II-7「ピカディリ・サーカス」(マール社編集部(編)一九九六、一一一頁)

る「キリスト教的慈愛の天使像」(通称「エロスの像」)の存在。

このエロス/キューピッドの像は、慈善家として有名であった故シャフツベリー伯爵の慈善行為を記念して、アルフレッド・ギルバートが一八九二年に設計し、一八九三年(ドラキュラの年!)に除幕されたものです。したがって『パンチ』一八九三年一〇月二一日号の絵は、その年に登場した新しい現象をネタにしているのです[図II-8]。

ところで、ジョナサンがピカディリ・サーカスに出かけた一〇月二日に、その像がすでに存在していたのでしょうか。その像の除幕は何月何日に行なわれたのでしょうか。『タイムズ』の「シャフツベリー記念像の除

THE SHAFTESBURY FOUNTAIN AGAIN.
SENSATIONAL INCIDENT IN PICCADILLY CIRCUS, AS SEEN BY OUR ARTIST.

図II-8「ピカディリ・サーカスでの人騒がせな事件」
(*Punch*, 21 October 1893)

幕」という一八九三年六月三〇日の記事を見ると、いわゆる「エロス像」の除幕は前日の六月二九日に行なわれたことが確認できます。したがっておそらくその像は、一〇月二日に「ピカディリ・サーカスで辻馬車を降り」たジョナサンの目に映っていたはずです（それどころではなかったかもしれませんが）。

コラム6「新しい女」

A LITTLE "NEW WOMAN."
He. "What a shame it is that Men may ask Women to Marry them, and Women mayn't ask Men!"
She. "Oh, well, you know, I suppose they can always give a sort of Hint!"
He. "What do you mean by a Hint?"
She. "Well—they can always say, 'Oh, I do Love you so!'"

図II-9「小さな「新しい女」」(*Punch*, 1 September 1894)

男の子「男性が女性に結婚してほしいと言えるのに、女性が男性にそう言えないのはおかしい」
女の子「あら、女性はいつもほのめかしをしているわ」
男の子「ほのめかしって?」
女の子「だって、「ああ、あなたのこと、とっても愛しています」っていつも言えるでしょう」[図II－9]

牧師の妻「たくさんお楽しみになられましたか、ミス・ゴールデンバーグ」
ミス・ゴールデンバーグ「すばらしかったわ。ウサギを一羽獲っただけでしたが、そのほかに十数羽を傷つけましたもの」[図II－10]

「新しい女」というのは、ひとことで言ってしまえば、男女間の境界を侵犯する女性ということになるかもしれません。この『パンチ』の挿し絵が描いているような、恋愛感情をほのめかすどころか、はっきり示すことで自分からプロポーズする女性やハンティングする女性（しかも彼女はどうも獲物としての男性の話をしているようでもあります）だけでなく、選挙権なり職業を要求する女性、高等教育を希望する女性、あるいはタバコをふかしたり女性らしからぬ衣服に身を包んだりする女性などなど、女性に本来あたえられているはずの領域（スフィア）から逸脱する存在だったのです。『ドラキュラ』の第八章、ミーナもこう述べています、「将来、新しい女は、男性のプロポーズをうけいれたりせずに、自分からプロポーズするようになるでしょう」。

図II-10「新しい女」
(*Punch*, 8 September 1894)

帝国主義の世紀末

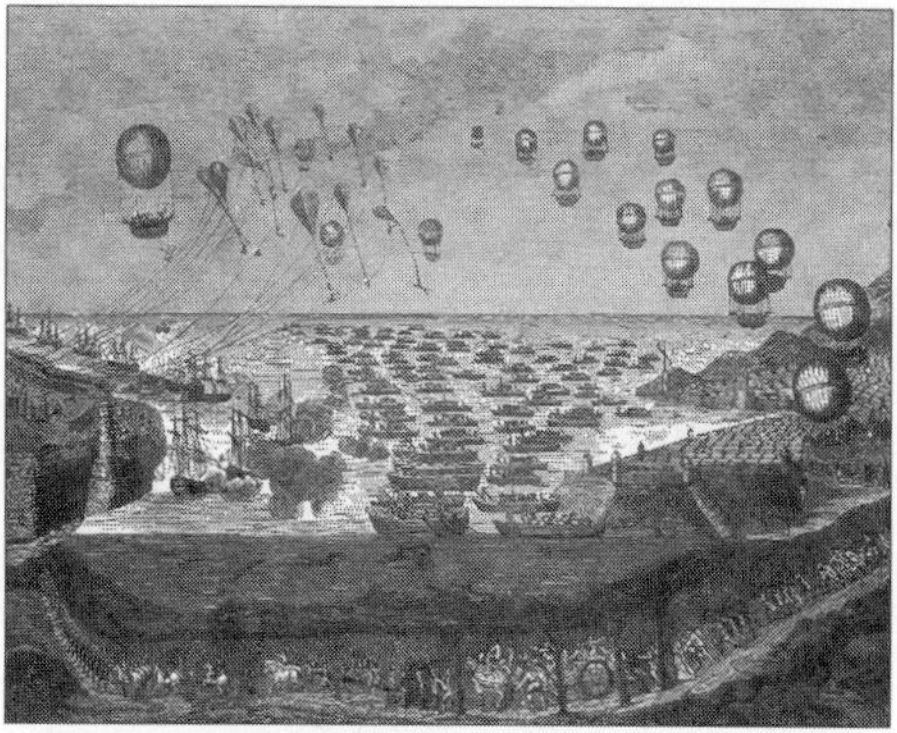
ナポレオン侵略の図（Wilson 1994, illust.1）

第Ⅲ章　侵略恐怖と海峡トンネル計画の挫折

侵略恐怖

ブラム・ストーカーの『ドラキュラ』が公刊された一八九七年五月は、のちにレーニンによって帝国主義がクライマックスをむかえたと記された年であり（Wall 1984, p. 15）、また、ヴィクトリア女王の即位六〇周年（ダイヤモンド・ジュビリー）の祝典のために大英帝国各地からさまざまな人種からなる「女王陛下の兵士たち」が集まり、イギリス帝国主義の華々しい成果が人びとの目のまえで確認された月でもありました［コラム7］。にもかかわらず『ドラキュラ』のなかにあるのは、イギリスの帝国主義的侵略を反転させたかたちの、侵略される不安にほかなりません。

たとえばドラキュラが語る彼の民族の歴史は、「ヨーロッパ諸民族の渦」と称される地でかつて「征服民族」だった誇りにみちみちています――「われらセーケイ人の血管には〔ウゴル族やフン族といった〕数多くの勇敢な民族の血が流れている」、「われらは征服民族、それを誇りとしていることに、なんの不思議があろう。マジャール人、ロンバルド人、アヴァール人、ブルガール人、あるいはトルコ人が数千の将兵を率いてわれらが国境に攻めこんだとき、われらがこれを追い散らしたことに、なんの不思議があろう」(第三章)。

しかし彼らの民族は、オスマン帝国(トルコ)がヨーロッパへの地歩を固めた「カソヴァ(コソヴォ)」の戦い(一三八九年)以降、バルカン半島北辺に位置するというその地理的性格のゆえに、恒常的に帝国の圧力に悩まされることになり、ほどなくその貢納国になりさがります。それ以後、その「わが国民の大いなる恥辱をぬぐう」べく、「わが民族の軍勢を率いて幾度となくダニューブの大河をわたってトルコの地に攻め入り、敗れてもなお再三再四盛り返し巻き返した者こそ、このドラキュラではなかったのか」(第三章)——と、そうドラキュラは誇らしげに語るのです。征服された民族の怨念は、ふたたび「征服民族」たらんとする意志と一体になっています。

このあたりにはドラキュラのモデルであるワラキア公ヴラド・ツェペシュ(串刺し公)(一四三一—七六年。ワラキア公在位一四四八、一四五六—六二、一四七六年)の生涯が織りこまれています[図Ⅲ-1]。ドラキュラとは悪魔ないしドラゴンを意味する「ドラクル」の息子の意味で、ヴラドの父親がドラゴン騎士団の騎士だったことから、彼はそのような名をあたえられていたのです。

一八九〇年三月、ストーカーは『ドラキュラ』のために「創作ノート」をつけはじめますが、たまたまその年の八月に家族とともに三週間ウィトビー——トランシルヴァニアから侵入したドラキュラが最初にイギリスに上陸することになるイングランド北東部の港町——に滞在します。そしてこの滞在中にそこの巡回図書館で一冊の本を借ります。それがウィリアム・ウィルキンソンの『ワラキアとモルダヴィア両公国の歴史』（一八二〇年）。そのなかに彼は「ドラキュラ」と称されたヴラドにかんする記述を発見したのです——「ドラキュラはワラキアの言語で悪魔を意味する。現在と同じように、当時もワラキア人たちは、勇気、残虐な行為、あるいは狡猾さによって異彩を放つ人物にたいしてこの名をあたえたのだった」(William Wilkinson, *An Account of the Principalities of Wallachia and Moldavia* (1820), cited in Leatherdale 1987, p. 96)。

ところで、ヴラド＝ドラキュラがかつて「征服民族」たらんと「攻め入」った「トルコの地」では「一六九九年、ついにオスマン帝国（トルコ）の「保護」が撤退し、それ以後、トランシルヴァニアは絶えざる戦争の餌食とな」ります (Major E. C. Johnson, *On the Track of the Crescent: Erratic Notes from the Piraeus to Pesth* (1885), cited in Leatherdale 1987, p. 103)。こうしてオスマン帝国が弱体化し、そしてそれにつれてオーストリアとロシアの勢力が強化されるとともに、一九世紀後半の「トルコの地」は、ヴラド

図III-1 ワラキア公ヴラドの肖像
(McNally & Florescu 1994, p. 2)

＝ドラキュラが活躍していた時代と同様、たとえばクリミア戦争（一八五三―五六年）や露土戦争（一八七七―七八年）といった国際的紛争の危機がたえず訪れるいわゆる「東方問題（Eastern Question）」の舞台となっていたのです。しかもイギリスも、とくにスエズ運河の開通（一八六九年）以後、この地を「インドへの道」の途上として外交の最重要地点とし、この国際的紛争の地に多大の利害をもつことになっていました。

そして「征服民族」たる誇りをもったドラキュラは、いまふたたび「侵略」の意志をみなぎらせながらこの紛争の地から姿をあらわすのです。しかし一九世紀末という時代に彼が侵略の目標としたのは「トルコ」という老いた帝国（いわゆる「瀕死の病人」）ではなく、クリミア戦争あるいは露土戦争をつうじてその地域に着実に勢力を拡大していたもうひとつの大帝国、「太陽の没することのない」と形容されていた大英帝国にほかなりません。そういうわけで彼は大英帝国の中心、ロンドンへとまっしぐらに侵略を開始するのです。

彼は侵略しようとした土地からいったん自国にもどり、そして目的を失うことなく新たな企ての準備をしたのです。彼はよりよい装備を整えてふたたび襲い、そして勝利をおさめたのです。そこで今度は新しい土地を侵略するためにロンドンにやって来たのです。（第二五章）

ミーナは「不死者」ドラキュラの、歴史を超越した執拗な「侵略」の意志についてこう述べています。ヴィクトリア朝の恐怖の対象だった彼は、こうしてなによりもイギリスへの「侵略」者として造形されているのです。そのようなものとして外国からイギリスへと「侵略」し、そこに自分の帝国を建設しようとするドラキュラは、一九世紀末イギリスに存在していた侵略恐怖という文化的コンプレックスの典型的な表象と化しているのです。

ドーキングの戦い

ところでこのような外国人による侵略の恐怖がヴィクトリア朝においていかに広範なものであったかは、当時の「侵略小説」という文学ジャンルの確立のなかに端的に認めることができます。つまり『ドラキュラ』という恐怖小説は、侵略小説という新しいジャンルに属するテクストとしても読むことができるのです。そして『ドラキュラ』公刊の年に『ピアソンズ・マガジン』に連載されたH・G・ウェルズの『宇宙戦争』(単行本化はその翌年の一八九八年)は、圧倒的な科学技術力をもつ火星人による地球(イギリス)侵略をえがいたものとして、SFであると同時に、侵略小説という新しいジャンルの典型例でもあります。『宇宙戦争』において、数機のロケットでロンドン近郊に着陸した火星人は、その後、破壊的な熱線を放ちながらロンドンへと進軍していきます。イギリス軍には彼らの侵略をくい止める力はなく、彼らのまえになすすべなく敗れ去っていくだけなのです。こうして火星人の侵略を示す黒い焼け跡は、「あたかもインクの染みが吸取紙のうえを広がっていくかのように」、「着実に絶え間なく大きく広がってい」きます（Wells 1986, p. 141）。それはあたかも吸血鬼の「輪」が「小石を水に投げたときにできる波紋のようにどんどん広がっていく」のと同様です［コラム8］。

このような侵略小説という文学ジャンルは、『ブラックウッズ・エディンバラ・マガジン』一八七一年五月号に掲載されたG・T・チェスニーの「ドーキングの戦い――ある志願兵の回想」という短編によって確立されたものです。むろんそれ以前にも侵略を主題にした未来小説はあったのですが――それは一七六三年の『ジョージ六世の治世、一九〇〇―一九二五』にまで遡ることができます（Clarke 1992, pp. 5-7）――、「ドーキングの戦い」はそれが社会全体に及ぼした効果において、それ以前の侵略小説と決定的に異なっていました。

その理由はその前年の七月一九日にはじまった普仏戦争（一八七〇―七一年）にありました。近代的に組織された軍隊と最新鋭の武器（とくにクルップ社の後装砲）を誇る軍国主義国家プロイセンは、八月六日以降、強大な陸軍力をもつと言われていたフランスの軍隊を圧倒的な勢いで連破し、早くも九月二日にセダンにおいて、ナポレオン三世をはじめとして三九名の将軍、二七〇〇名の士官、八万四〇〇〇名の兵隊を捕虜とし、そこで大勢を決してしまいます。

こうして、あらゆるイギリス人が詩人・評論家のマシュー・アーノルドとともに「フランス軍は戦場でまみえるいかなる数のドイツ軍をもつねに撃破する。イギリス以外のいかなる軍隊もフランス軍を破ることはできない。というのはフランス軍は他のいかなる軍隊より、効率性と知性において断然まさっているからだ」(Ibid. p. 25) と信じて疑わなかったフランス軍は、世界の歴史上かつてなかったほどの惨敗を喫したのです。「軍は敗北し、捕らわれている。わたし自身も捕虜となっている」というナポレオン三世の知らせをうけて、パリでは共和制が樹立され、九月四日、国防政府が組織されます。こうしてナポレオン三世のフランス第二帝政をあっけなく崩壊させたプロイセンは、九月一八日、パリ市民の窮状によって有名となるパリ攻囲戦を開始し、翌年の一月二八日の休戦協定調印まで戦闘を続行します。しかもその一方で、一月一八日には、自国のヴィルヘルム一世を皇帝とするドイツ帝国の成立を、パリのヴェルサイユ宮殿の鏡の間において高だかと宣言することになります。

近代的な軍事力がヨーロッパの国境と国際関係を一挙に変えてしまったその戦争は、イギリスにも強い衝撃をあたえずにはいませんでした。その衝撃の余韻いまださめやらぬうちに書かれた「ドーキングの戦い」は、おそらく一八七一年から時間をへていないある年――「八月一〇日、木曜日」(Chesney 1995, p. 33) という日付から推測すると一八七五年のことだったのかもしれません――の八月に起こるドイツ軍の突然のイギリス侵略を、かつて志願兵だった老人が五〇年後の屈辱の未来から回想しながら、孫たちに語る物語なのです（侵略国がドイツであることはかならずしも明示されているわけではありませんが、兵士たちがドイツ語を話していること (Ibid., pp. 68-71) で示唆されています)。

そしてその老人の語りの口調は、外国の侵略にたいしてあまりにも無防備だったイギリスの軍事的体制、その「信じがたいほどの愚かしさ」を遅ればせに悔やむというものです。

わたしはそのときの後悔の感情を、あたかも昨日のことのように思い出すことができる。祖国の神聖を汚すこの迫り来る出来事は、容易に阻止しえたかもしれなかったのに、いまではもう避けるには遅すぎるという感情。わが国の支配者たちに多少の断固たる意志と多少の先見の明があれば、多少の常識さえあれば、この大きな災厄はまったく起こりえなかっただろう。しかし、ああ、遅すぎる！（Ibid., pp. 31; 49）

英仏海峡によって大陸列強から切り離されていたイギリスは、一八〇五年一〇月二一日のトラファルガー沖海戦において勝利をおさめ、ナポレオン一世の侵略の脅威から解放されて以来、数十年間にわたって世界第一の海軍力にもとづく自国の安泰を確信していました。ですから外国によるイギリス侵略の可能性を、それこそ火星人による地球侵略の可能性と同じくらいにしか考えていなかったのです。たとえば一八四七年一二月一八日の『挿し絵入りロンドン・ニュース』の社説は、こう述べています、「フランス軍の海岸への上陸はあまり起こりそうにない出来事である。しかし過去において侵略があったように、少なくともその可能性は存在する――臆病な人びとを穏やかな恐怖感へと投げ入れる程度には」と（*The Illustrated London News*, 18 December 1847, cited in Clarke (ed.) 1995, p. 12)。

しかし一八四〇年代になってくると、一部の政治家や軍事専門家は、帆船から汽船へと移行した海軍力の変化が、英仏海峡のもつ国防的意味を減退させたことにたいして警告を発し、軍備の再編成の必要を強調するようになっていました。外務大臣を務め、やがては総理大臣にもなる第三代パーマストン子爵は、一八四五年の時点で下院においてこう述べます、「海峡はもはや防壁ではない。蒸気船は、以前には軍事力によって横断しえないところを、蒸気の橋によって横断可能な川にすぎないものに変えた」(Clarke 1992, p. 20)。

一八五一年に公刊されたもうひとつの先駆的な侵略小説、『フランス軍による突然の怖ろしいイギリス侵略の歴史、一八五二年五月』も、やはり蒸気船の発明が侵略の危険を拡大したという立場から、「蒸気船の急襲にたいして長大な海岸線を防護することはもはや不可能だった。実際、われわれはいまや「大陸の」国家のひとつとなったのであり、他の国家同様、われわれの炉辺を侵略から保護するためには強大な常備軍をもたなければならないだろう」と記しています (Clarke (ed.) 1995, p. 12) (これは、その年の一二月二日、ルイ・ナポレオンがクーデターによって政権を掌握し、イギリス人にナポレオン一世によるイギリス侵略の脅威を思い出させた直後に書かれた小説でした)。

外国からの侵略にたいする警告と軍備増強の必要性の主張を内容とする書物、パンフレット、論文の類は、I・F・クラークによれば、「一八四〇年から一八八〇年にかけての数十年をみたしている」といいます。『国防にかんする思索』、『イギリスの防衛体制』、『イギリスの国防について』、『東部サフォークの防衛の回顧』、『国防体制』、『イギリス防衛の手段』、『イギリス侵略と侵略計画』——「ドーキングの戦い」の出版をはさむ前後四〇年間に、こういったタイトルの本が陸続と出版されつづけたのです（Clarke 1992, p. 23）。

そして現役の陸軍大佐（陸軍工兵隊）によって書かれた「ドーキングの戦い」は、「艦隊と英仏海峡があれば防護としてじゅうぶん」という理由から「軍備が抑制され、民兵と志願兵があいかわらず訓練をうけずにいる」イギリスの軍備の現状を批判していることにおいて、以上のような本と同じ立場から書かれたものです。したがってその立場自体はなんら独創的とはいえないものの、普仏戦争の直後に書かれたこの本は、その戦争のもたらした衝撃を最大限に利用することによって、ジャンルとしての侵略小説の確立という偉業を成し遂げることになったのです。「大博覧会（一八六七年のパリ万国博覧会）のおり、パリで皇帝ナポレオンが行なった閲兵式」の偉容を思い出しながら、語り手はこう語ります——「その三年後、長いあいだヨーロッパ随一と見なされていたその軍隊は屈辱的な大敗を喫し、軍隊全体が捕虜とされた。その敗北は世界史上かつてないものだった」（Chesney 1995, pp. 30; 28; 30）。

そう書きながらチェスニーは、軍隊の近代化と徴兵制を採用しなければ、イギリスもフランス同様、（のちにドイツのイメージとなって定着していく）効率的な中央集権制と先進的な科学技術を有するドイツによって侵略されかねないことを、同胞にむけて警告しているのです。このようなかたちで行なわれた彼の警告は功を奏し、たちまちのうちに国民のあいだに、ウィリアム・ハンター中佐のいう「異常な侵略パニック」（Lieutenant-Colonel William Hunter, *Army Speech Dedicated to Those Who Have Been Frightened by the*

Battle of Dorking (1871), cited in Clarke 1992, p. 36）を起こすことに成功します。「ドーキングの戦い」を掲載した『ブラックウッズ・エディンバラ・マガジン』一八七一年五月号は五月末までに六刷を数え、六月にジョン・ブラックウッドがそれをパンフレットとして出版すると、それは七月までに一一万部の売り上げを記録します。また、それは一八七一年のうちにフランス語、ドイツ語、イタリア語、ポルトガル語、オランダ語にも翻訳されます。それとともに、「ドーキングの戦いのあと――侵略者になにが起こったか」、「ドーキングの戦い――ひとつの神話」、「ドーキングの戦いのあとになにが起こったか――タンブリッジ・ウェルズの戦い」といった、後日譚を中心とする類似作品（勝敗の結果は異なるにしても）を多数生み出すことになったのです（Clarke 1992, p. 35）。

こうした反応としてあらわれる「侵略パニック」の強さは、時の総理大臣だったW・E・グラッドストンが一八七一年九月二日、ウィトビー（ドラキュラ上陸の地！）の労働者自由連合の会合においてこの作品にあえて言及して、国民の不安をことさらに煽るものとして警告しなければならなかったほどです――「人騒がせな言動にたいして警戒怠りなきよう」（*Annual Register* (1871), pt. I, p. 108, cited in Clarke 1992, p. 34）。軍事費の拡大には消極的だったグラッドストンにとって、「ドーキングの戦い」は余計な「人騒がせな言動」にすぎなかったのです。

イギリスが年に一度の定期軍事演習を開始したのがこの年の九月であったことはなんという幸運な偶然だったでしょう（それともそれは偶然ではなかったのでしょうか）［図III－

図III-2 第1回定期軍事演習「すべて（まあまあ）よし！」(*Punch*, 23 September 1871)

2」。軍事体制強化のため正規軍と民兵と志願兵との協力関係をチェックすることを目的としたこのときの演習が成功のうちに終わったことで、「侵略パニック」はひとまず落ち着きます。しかしにもかかわらず「ドーキングの戦い」以後、外国の侵略を主題にした小説と軍隊の改革の必要性を訴える論文は後をたたず、自国の軍隊の相対的弱体化にたいする不安とそれにともなう侵略恐怖は、イギリス文化の底流に残りつづけます。そして一八八二年から八三年にかけてそれはふたたび表面にあらわれることになります。

海峡トンネル計画

一八八二年から八三年にかけてイギリス人の侵略恐怖にふたたび火がついた原因は、英仏海峡トンネル計画をめぐる論争にありました。

その論争の原因となった海峡トンネル計画が生まれたのは、それから二十数年も遡る一八五六年、ちょうど、オスマン帝国（トルコ）と同盟をむすんだ英仏両国が協力してロシアと戦ったクリミア戦争（一八五三―五六年。英仏の参戦は一八五四年）後の英仏の蜜月期にあたっていました。計画の生みの親は、英仏間を連結するさまざまな方法――トンネル、海中管、橋――の可能性を一八三〇年代から夢想しつづけていたトメ・ド・ガモンというフランス人。

ド・ガモンの構想した三四キロメートルにわたる石造りのトンネルの計画は、ナポレオン三世および、ヴィクトリア女王とその夫君アルバート公に提案されるかたちで公表されます。その計画を知らされた女王は、船酔いからの解放を願って、「もしも成功したら、イギリスのすべての女性の名において、わたしが祝福をあたえると、そのフランスの技師に伝えてください」(Bonavia 1987, p. 24) と述べたと伝えられています。彼のトンネル計画は、一八六六年の修正をへて、一八六七年のパリ万国博覧会にも展示されます。

イギリスでもフランス側の動向に反応して、まずジョン・ホークショーが一八六五年、海峡トンネル計画の研究に着手します。一八八六年完成のセヴァーン・トンネル（ブリストルに近いセヴァーン川を横切る全長七キロメートルのトンネル）建設を成功させるこの土木技師は、リチャード・グロウヴナー卿を中心とする英仏委員会（ド・ガモンも参加）を設立し、海峡トンネル建設にむけた具体的な活動にはいります。イギリスの世論もひじょうに好意的であり、「〔海峡トンネルは〕社会的交渉を容易にし、英仏両国間の貿易と商業を発展させるという理由のゆえにそれを支持する請願が、一八六八年、フランス皇帝にたいして提出される」（Dawkins 1883, p. 245）ほどでした。その請願に署名したのは、ヨーク大主教、サザーランド公爵をはじめとする一五名の貴族、五三名の国会議員といった顔ぶれでした。

こうしてフランス政府が海峡トンネル計画にかんするイギリス政府の意向をたずねた一八七〇年から、海峡トンネル計画はたんなる机上の空論から政治的外交的、そしてなによりも軍事的な現実問題へと移行していくことになります（グロウヴナー卿とホークショーは一八七二年、海峡トンネル会社を設立します）。両国政府の交渉は一八七〇年の普仏戦争でいったん中断がはいったものの一八七五年まで継続し、その年、イギリス政府はフランス政府に、「提案されたトンネルについて原則的に異議はない」こと、「その完成にともなうさまざまな利点は疑う余地のない」（Ibid.）ことを返答します。

にもかかわらず、海峡トンネル計画にたいするイギリスの反応は、フランスのそれと対照的に、一八七〇年以降、かなりトーン・ダウンします。一八七五年八月二日の「海峡トンネル会社法案」の国会通過にいたる数年間は、ヴィクトリア女王、ウィリアム・グラッドストンとベンジャミン・ディズレーリの政府、外務省、商務省、陸軍省などのあいだでたくさんの議論が展開されます。そのなかから、「政府がトンネル計画を奨励するいかなることもしないよう希望します。それはわたしの思うところ、きわめて問題のあるものです」(G. E. Buckle (ed.), *The Letters of Queen Victoria*, cited in Wilson 1994, pp. 14-15) という(総理大臣ディズレーリに宛てた)女王の書簡もとび出していたのです。

その結果、「海峡トンネル会社法案」は、海峡トンネル会社に、建設予定地であったセント・マーガレット湾における土地の取得と予備的な工事の権限をあたえたものの、トンネル建設の無条件の権利を認めたものとはなりませんでした。同じ日にフランスの国会を通過したフランスの海峡トンネル関連の法案に比べるとかなり腰のひけた案で、問題を先送りする一種の時間稼ぎにすぎないものでした。

しかしとにもかくにも、それにつづいて海峡トンネルにかんする諸問題を話しあう英仏の合同委員会が設立され、一八七六年五月には、両国の司法権の境界が海峡トンネルのちょうど真ん中になること、両国政府はいかなる賠償責任も負うことなく、それぞれの領土内で鉄道の運行を中止したりトンネル施設を破壊したりする権限を有すること、英仏両トンネル会社は一八七五年八月二日より五年以内にトンネルを走る鉄道の建設、維持、運行に必要な合意を形成すること、実験的な工事は一八七六年七月一日より一年以内に開始されること、などが決定されます。

この合同委員会の結論は、イギリス政府によって「条約の基盤」(Dawkins 1883, p.

246）として国会で議論されるべきものとして受容されるのですが、しかし実際に事態がそのような方向に進むことは残念ながらありませんでした。それを妨げる事情がイギリスのなかに生じていたからです。事業を推進するはずの海峡トンネル会社が、一八七三年以来の経済的不況のもとでじゅうぶんな資金を集めることができないまま、海峡トンネル計画をいったん停止せざるをえなくなったのです。

ところでイギリスでの海峡トンネルには、ホークショーの海峡トンネル会社とはべつの、サー・エドワード・ワトキンを中心とするもうひとつの動きがありました。ホークショーがひとつの大きなトンネルにふたつの軌道を敷設する案を主張したのにたいして、ふたつの小さなトンネルにそれぞれひとつの軌道を敷設する案を主張するウィリアム・ロウが離反し、ド・ガモンとともに、一八六七年ごろにサウス・イースタン鉄道会社のワトキンに自分たちの案をもちこんでいたのです。

ワトキンはロウのもちこんだ海峡トンネル計画に関心を示し、一八七五年には英仏海底鉄道会社を、そして一八八一年一二月には海底大陸鉄道会社をそれぞれ設立。そしてその間、「サウス・イースタン鉄道会社法」（一八八一年）によって、海峡トンネル会社がセント・マーガレット湾にかんして有するのと同等の権利をドーヴァーの西側のシェイクスピア・クリフに獲得するのです。同年六月のサウス・イースタン鉄道会社特別総会の席上、ワトキンは株主たちにむかって、「トメ・ド・ガモンの夢は、われわれの友人にして同僚であるウィリアム・ロウのお蔭で現実のものとなりました」（Bonavia 1987, p. 30）と述べます。ド・ガモンはすでに五年まえに亡くなっていたのです。

こうしてふたつの会社が同時並行的に海峡トンネルを計画することになります。ひとつは、ロンドン・チャタム・ドーヴァー鉄道会社から資金を得、「海峡トンネル会社法」（一八七五年）にしたがいセント・マーガレット湾を建設予定地とするグロウヴナー卿とホークショーの海峡トンネル会社。もうひとつは、サウス・イースタン鉄道会社から資金を得、「サウス・イースタン鉄道会社法」（一八八一年）にしたがいシェイクスピア・クリフを建設予定地とするワトキン（とロウ）の海底大陸鉄道会社［図Ⅲ-3］。

そのうち資金的により有利だった海底大陸鉄道会社は、一八八二年の春の時点で一八〇〇メートル程度まで試掘を進めていました。フランス側でも同程度の試掘が進んでいたので、じゅうぶんな直径ではなかったものの、距離的にいえば全体の一〇分の一程度は掘り進んでいたことになります。陸軍工兵隊のフレデリック・ボーモント大佐がブラントン掘削機を改良して発明したボーモント・トンネル掘削機は、直径二メートル強（七フィート）のトンネルを一七時間（一日の作業時間）で約一二メートル掘削する能力を示していました。ワトキンは一八八一年六月の時点で、工事が英仏両方から行なわれるとすれば、直径七フィートの実験トンネルを五年以内で完成させることができると言明していましたが、その言葉にはじゅうぶんな根拠があったのです。

いったん計画を中断していた海峡トンネル会社もこうした海底大陸鉄道会社の動きに刺激をうけるかたちで活動を再開。こうして海峡トンネル建設をめぐってライヴァルどうしであ

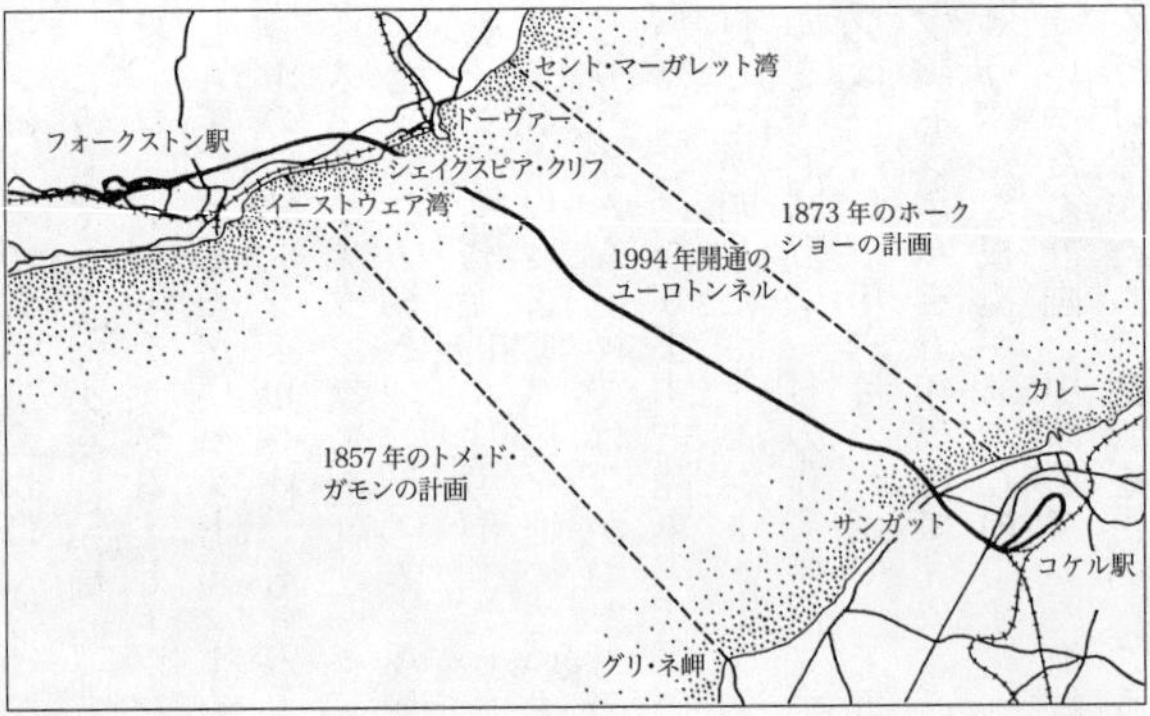

図 **III-3** 海峡トンネル計画地図（Holliday, et al. 1991, p. 6）

ったふたつの会社は、一八八二年、海峡トンネル建設に必要な権限を得るために、それぞれが別々に国会に法案を提出することになったのです。

海峡トンネル・パニック

一八八二年二月、ダンセイニ卿が「工学技術はそれを実行可能と言明し、計画者はそれが財政的に見合うと決断し、工事は実験的なかたちですでに開始されてさえいる」（Dunsany 1882, p. 289）と書いた海峡トンネル計画は、こうしてますます現実味を帯びはじめます。しかしそれにつれて、その是非を問う声が、というよりむしろその非を指摘する声が、声高に聞こえるようになったのです。同年三月、ブレイバン卿は、「ほんの数年まえには熱狂的な幻視家の他愛のない夢としてあらわれていたものが、実践的作業の範囲内にもたらされ、こんにち人びとが互いに口にしあう質問は、「トンネルはつくられうるか?」ではなく、「トンネルはつくるべきか? もしそうでないとすれば、それはなぜか?」に変わっている」(Brabourne 1882, p. 522) と記しています。

アルプスに全長一一キロメートルをこえるモンスニ・トンネル（一八七一年）が開通し、それにつづいてサンゴタール・トンネル（一八八二年）が開通しつつあった当時、海峡トンネルの実現を困難にしていたのは「工学技術」的な問題でも、（少なくとも海底大陸鉄道会社にかんしては）「財政」的な問題でもなかったのです。とすればなにが問題だったのでしょうか。ジョルジュ・ヴァルベールというひとりのフランス人は、同時代人として、海峡トンネルに反対するイギリス人について、皮肉をたっぷりこめてこう述べています。

> 恐怖にとらえられた彼らの想像力は、彼らが好まない多くのものがこのトンネルを通過していくのをながめる。彼らの気に食わぬ制度、彼らにとっては疑わしい曲尺《かねじゃく》を用いる幾何学者、彼らが怖れる幻想をつむぐ芸術家、メニルモンタン〔パリ二〇区〕の急進主義者、ベルリンの社会主義者、モスクワの虚無主義者《ニヒリスト》、あらゆる種類の政治的疫病と破壊的逆説、革命、そして惨禍。まったくの幻想と言ってよいだろう。しかし幻想であろうと真実であろうと、神経は理性にとって鬼門なのだ。いったん興奮をうけた神経は、しばしば世界の出来事を決定する。(Georges Valbert, *Hommes et choses du temps présent* (1883), cited in Wilson 1994, pp. xv-xvi. See also Clarke 1992, p. 95)

一八八〇年代のイギリス人にとって海峡トンネルとは、そこから外国の好ましからざるすべてのもの――とくに「急進主義」、「社会主義」、「虚無主義《ニヒリズム》」といった「政治的疫病」――が流れこんでくる通り道を意味するものだったというのです。たしかに同時代のイギリス人が恐れていたように、一八八〇年代のイギリスには、一八七三年から九六年までの二〇年以上にもおよぶ構造的不況、いわゆる「大不況」の影響下に、労働者たちのあいだに社会主義運動が広がりつつありました。

H・M・ハインドマンがイギリスでは最初のマルクス主義団体である民主連盟を創設したのが一八八一年。この団体が内部分裂を起こして、そのなかからウィリアム・モリス、エリナ・マルクス（カール・マルクスの四女）を中心とする一派が社会民主連盟を結成するのが一八八四年。また、シドニー・ウェッブと（のちにその妻になる）ベアトリス・ポター、そしてG・B・ショーに活躍の場を提供することになる非マルクス主義的な社会主義団体であるフェビアン協会が組織されるのも一八八四年のこと。

要するにイギリスの一八八〇年代というのは、一八三九年から四八年にかけてチャーティスト運動というかたちで展開されながら、一八五〇年代以降のイギリスの前代未聞の繁栄のなかでいったん終息していた「社会主義」が、「大不況」の結果、「急進主義」と「虚無主義」とをともないながらふたたび勢いをとりもどした社会主義復興期にあたるのです。そしてそれはイギリスのなかに政治的社会的不安を醸成せずにはいませんでした［コラム9］。

そのような国内の政治的社会的不安を、国内の問題とするよりもむしろ、外国からはいりこんでくる「政治的疫病」と見なす見方は、外国恐怖症の典型的な症例といえるでしょう。もしも一八八〇年代のイギリスが国内の不安を、それは本来イギリスと無縁のものだとして外国に投射し、そのことによっておのれの無垢なるアイデンティティの保持に腐心していたとするならば、計画されていた海峡トンネルは、外国に投射した不安がふたたび自己へと回帰してくる通り道だったのです。そういうものとして、海峡トンネルが恐怖されるのは必然のことだったのです。

しかし一八八二年のイギリス人の「恐怖にとらえられた想像力」が、海峡トンネルを通過してくる存在として最大の恐怖とともにながめていたのは、「メニルモンタンの急進主義者、ベルリンの社会主義者、モスクワの虚無主義者《ニヒリスト》」ではなく、一八七一年に普仏戦争に敗れたとはいえなお強大な軍事力を誇っていた、というよりもむしろ軍隊の近代化を進めることでいっそう強大化していたフランス陸軍の兵士たち、そしてその兵士たちとともにやって来るかもしれない他の外国軍（たとえばドイツ軍）の兵士たちだったのです。

要するに海峡トンネルの完成を妨げていたのは、技術的不安でも財政的不安でもなく、海峡トンネルによってイギリスという島国をヨーロッパ大陸と陸続きにすることは、外国の軍隊の侵略を招きかねないという侵略恐怖だったのです［コラム10］。陸軍中将サー・ガーネット・ウルズリーはこう警告しています。

海峡の下にトンネルを建設しようという提案は、〔中略〕われわれがこれまで「銀の縞」〔英仏海峡のこと〕の存在から享受していたすべての利点を無にしようとする方法と言っていいだろう。というのは、恒久的な大道によってイギリスを大陸に連結することは、大きな常備軍を有するいくつかの隣国をもつという不幸な状況にイギリスを置くことになるからである。〔中略〕トンネルの建設は、ヨーロッパの列強を国民皆兵へと追いやったのと同じ条件下にわれわれを置くことになるだろう。(Wilson 1994, p. 23)

むろんそのような恐怖は、ヴィクトリア女王が海峡トンネルを「きわめて問題のあるもの」と評した一八七五年の時点ですでに存在していました。実際、そのような軍事的恐怖こそが一八七五年八月二日の「海峡トンネル会社法」にかんするイギリスの及び腰の理由だったのであり、その後の条約不締結の理由ともなったものだったのです。しかし海峡トンネル計画による侵略恐怖が、イギリス社会の全体へ爆発的に拡大することになり、パニックと呼ぶにふさわしい感情を引き起こしたのは、一八八二年二月以降のことだったと言ってよいでしょう。

たとえば見出しに「海峡トンネル」という語句のはいった『タイムズ』の記事は、一八八二年には全部で九二本、一八八三年にも五〇本に達します(「海峡トンネル法案」が国会を通過した一八七五年には一一本、翌七六年には九本だけでした)。また、当時の総合雑誌をながめてみると、そこにはかなりの数にのぼる海峡トンネル関係の論文が掲載されています。たとえば『一九世紀』の第一一巻（一八八二年一月号から六月号）の目次をながめてみましょう。そこには、海軍大将ダンセイニ卿の「提案された海峡トンネル」（二月号）をはじめとする全部で九人の著者による一〇本の海峡トンネル関連の論文が見られるのです。

そのダンセイニ卿の論文は、先ほど引用したウルズリーの協力のもとに書かれたものですが、というより大部分がウルズリーの引用から成り立っているのですが、一八八二年から八三年にかけての海峡トンネル・パニックをイギリス社会のあいだに拡大させる、いわば火付け役を果たしたのです。こうしてはじまった海峡トンネル・パニックのなかでもとくに特筆すべき出来事は、『一九世紀』編集長ジェイムズ・ノウルズが四月号で募集し、五月号で掲載した集団署名でしょう。彼は署名の趣旨をこう説明しています。

> イギリスを英仏海峡の下を走る鉄道によってヨーロッパ大陸と連結しようとする、いくつかの営利企業が提示した提案にたいして注意を喚起された署名者は、そのような鉄道は、わが国が島国としてこれまで幸福にも免れていた軍事的危険ならびに負担へとわが国を巻きこむであろうことを（立案者が危機にたいするいかなる予防措置を示唆しようとも）確信する。したがってそのような事業の認可あるいは実行にたいして断固たる抗議の意志をこれによって表明する。（Knowles 1882, pp. 493; 657）

島国としてのイギリスが海峡トンネルによって大陸と陸続きになることは、外国による侵略という「軍事的危険」を増大させ、またそれに対応する必要から結果として軍隊の増強という「負担」をも増大させる――そういった意味において海峡トンネル計画は、それに反対する人びとにとっては、実際に侵略が企図されるかいなかにかかわらず、イギリスの国家的危機――ウルズリーの言葉によれば「国家存続にたいする新たな危険」(Wilson 1994, p. 23)――にほかならないのです。

この署名に加わったのは、海峡トンネルを支持する立場からなされた一八六八年のフランス皇帝への請願の署名よりはるかに多く、政治家（国会議員二六人）から貴族（公爵五人、伯爵一〇人）、聖職者（約二〇〇人）、軍人（海軍高官一七人、陸軍高官五九人）にいたるじつに多種多様な、延々なんと六〇〇人（！）以上にもおよぶ名士たち、そしてなかにはロバート・ブラウニング、アルフレッド・テニスン、T・H・ハクスリー、ハーバート・スペンサー、ウィリアム・モリス、枢機卿ジョン・ヘンリー・ニューマンといった錚々《そうそう》たる知識人たちも混じっていました。一八六八年の建設支持の請願に署名していたヨーク大主教も、今回はトンネル反対の立場から署名しています。

海峡トンネル計画の挫折

そしてこのような動向のなかで、海峡トンネルをモティーフとした侵略小説が、一八八二年から八三年にかけて、少なくとも七冊公刊されます。そのなかのひとつ、『ジョンブル

〔英国民〕はいかにしてロンドンを失ったか、あるいは海峡トンネルの奪取』(一八八二年)は、海峡トンネルの開通式後ほどなく、旅行者に扮したフランス人の一団が真夜中にドーヴァー側の入り口を奪取し、フランス軍がそこをとおってロンドンに侵略するという筋で、イギリス軍が侵略軍をトンネルから敗走させたのち、そのトンネルを破壊するというハッピー(?)・エンディングで終わっています(Clarke 1992, p. 98)。

しかしこれは、同時代の人びとにとっては、たんなるフィクションの世界のことではなかったのです。たとえば「提案された海峡トンネル」のなかでダンセイニ卿が引用しているウルズリーは、こう述べています。

　このトンネルの建設によって確実に必要となる軍事施設にたとえ一〇〇万ポンド(もしも必要なら)を投じたとしても、イギリス側の出口が、電線その他の地雷点火装置と海水導入装置を備えたとしても、ある夜突然、数千の男たちによって強奪されるという事態が生じない保証はあるだろうか。その男たちは、裏切りによって導き入れられたり、迂闊《うかつ》さによって侵入を許されたりするかもしれない。あるいはハシゴを用いた攻撃や奇襲によって力ずくで攻め込んでくるかもしれない。〔中略〕イギリス側の出口を強奪した敵軍は、トンネルを自在に利用することができる。とすれば、言われているとおり、列車が仏英間を容易に三〇分で走ることができ、しかもトンネル内に二本の軌道がとおるので列車が五、六分の間隔で安全に運行しうる以上、夜明けまでに二万の歩兵がトンネルを通過して、ドーヴァーを掌握することは容易に起こりうることだろう。（Dunsany 1882, pp. 294-295）

しかもダンセイニ卿の論文の公表と相前後する一八八二年二月二三日、陸軍省はサー・アーチボルド・アリソンを委員長とした科学委員会を設立し、「想定されうるあらゆる偶発的状況においても、敵軍がトンネルを絶対に使用できない」よう、それを「破壊したり塞いだり、あるいは海水に沈め」たりする方法の検討をはじめます（Wilson 1994, p. 33）。このように海峡トンネルをモティーフとした侵略小説は、その軍事的危険性が軍事専門家の論文のなかで指摘されるのみならず、なによりも陸軍の委員会においてそれへの対策が実際に検討されていたなかで創作されていたのです。

アリソン委員会は、ワトキン、グロウヴナー、ホークショーからも意見を聴取したうえで、一八八二年五月一二日に、海峡トンネル会社とサウス・イースタン鉄道会社の両方の海峡トンネル計画にたいして否定的な結論を出します。報告書の末尾には、「「想定されうるあらゆる偶発的状況においても」、トンネルを敵軍にたいして絶対的に使用不能にするために案出しうるもっとも包括的かつ完璧な仕掛けですら、それに絶対的な信頼を置くことは傲慢なことであろう」と記されています（Dawkins 1883, p. 249; Wilson 1994, p. 36）。

そして翌一八八三年二月二六日、海峡トンネル問題の「全体を検討する」（Wilson 1994, p. 41）目的で、海峡トンネルに好意的なランズダウン卿を委員長とする議院特別合同委員会が設立されます。五か月後の七月一七日には、委員会一〇人のうち六人が、その計画に反対する立場にまわり（ということは委員長をふくむ四人が賛成）、それをうけて、議員立法のかたちで議会に提出されていた海峡トンネル鉄道法案は継続審議に追いこまれることになります。ワトキンがシェイクスピア・クリフでの実験的工事を放棄せざるをえなくなっていたのは、それに先立つ七月一日のことでした。

しかし、ホークショーがその後、彼みずからが海峡トンネルの国防上の危険性を認め、その計画を放棄したのにたいして、ワトキンはなおも固執します。一八八六年には会社の資金を増資してホークショーの海峡トンネル会社を吸収したうえで、彼の会社の名を海峡トンネル会社とします。そのうえで一八九〇年六月にふたたび「海峡トンネル法案」を議会に提出。その法案はグラッドストンの支持の演説を得たものの、しかしまたもあっけなく否決されることになります。一八九四年の「海峡トンネル（実験的工事）法案」も同様の憂き目にあったことから推測できるように、海峡トンネル計画は、一八九〇年代にいたっても、あいかわらず外国の軍隊の侵略可能性を理由として拒絶されつづけるのです。

『ドラキュラ』公刊の翌月にして、ダイヤモンド・ジュビリーが祝われた一八九七年六月、フランス軍参謀本部はイギリス侵略にかんする軍事研究をまとめます。その内容は、ヨーロッパ大陸の戦場から切り離しうる六万の軍隊を、イギリス海軍の攻撃を免れるために動員後一五日以内に、ドーヴァーとニューヘイヴンとのあいだのいずれかの地点に上陸させ、ロンドンに進軍させるというものでした。

一八七〇年以降はじめてまとめられたこのフランス軍のイギリス侵略計画は、むろん同時代のイギリス人の知るところではなかったはずです。しかし一八九六年の「イギリスが侵略される可能性はあるか」、「われわれの侵略恐怖とパニック」、一八九七年の「ロンドン防衛」といった、外国軍による侵略の可能性とそれを阻止するためのイギリス海軍力の重要性を指摘する一連の評論の存在があきらかにしているように（Clarke 1896; Hamilton 1896; Wilkinson 1897）、『ドラキュラ』の時代はたしかに、ドイツやフランスによる「侵略恐怖」がいっそうの現実味を帯びていた時代だったのです。

イギリスの仮想敵国

中央集権的国家体制とそれにもとづく効率的な軍隊を誇るヴィルヘルム一世とビスマルクのプロイセンが、フランスにたいする電撃的な勝利とともにその破壊力をまざまざと見せつけた普仏戦争は、イギリス国民の心性《メンタリティ》のうえにも、侵略恐怖という大きな刻印を残しました。いわばその目にみえるあらわれが、「ドーキングの戦い」（一八七一年）とともに確立した侵略小説というジャンルの成立であり、またおそらくは、一八七〇年を境として賛成から反対へ、喝采から恐怖へと傾斜しはじめた海峡トンネル計画にたいする評価の変容だったのです。

しかし侵略小説においてイギリスを侵略すると想定されていた国は、かならずしもドイツだけではありませんでした。サミュエル・ハインズによれば、一八七〇年代と八〇年代においては、侵略国として仮想されたのはドイツとフランスが同頻度で、そのほかにロシアや中国などもあったということです。それは同時代の国際政治的状況によって影響されながら、変容しつづけたのです（Hynes 1968, pp. 34-35）。

傾向として指摘できるのは、一八七〇年代に入って直後は、侵略国として仮想されたのはドイツだったでしょう。しかし一八七〇年代も終わりになると、フランスがしだいに軍事的な脅威として意識される傾向が増していきます。というのは、普仏戦争において完膚なきまでに敗北したフランスは、にもかかわらずドイツに約束した五〇億フランの戦争賠償金を三年間の期限満了を待たずに支払い、ドイツ占領軍の期限前撤退を実現するなど、敗戦直後から急速に国力を回復しつつあったからです。軍事的にも一八七二年には徴兵制度をしいて軍備再建に着手しています。

海峡トンネル計画がイギリスに侵略パニックを引き起こしていた一八八二年は、また折り悪く、一八六九年に開通したスエズ運河をめぐってつづいていた英仏両国の熾烈な争いが、イギリスのエジプト軍事占領というかたちで結論を見たために（その立て役者となったのが例のウルズリーにほかなりません）、両国の関係がひじょうに悪化した年でもありました。その関係は、一八八七年、イギリスがエジプト問題にかんしてオスマン帝国（トルコ）とのあいだでむすぼうとしていた合意にフランスが異議をはさむに及んでいよいよ悪化します。

その悪化した英仏関係は、一八八七年の一年間だけで、W・L・クロウズとA・H・バーゴインの『一八八七年の大海戦』、匿名の英海軍大佐の『ワージング沖の戦い』、スピリディオン・ゴプセヴィックの『一八八八年のイギリス征服とそこにいたるまでの海戦』、ホープ中佐の『「一八八七年の大海戦」における見過ごされた事件』といった一連の侵略小説を生み出します（Clarke 1992, pp. 227-228）。そのような状況のなかで、一八八八年に流れたフランス海軍動員の噂がイギリス国民のあいだに侵略パニックを引き起こすことにもなります。

このようなパニックの背景には、一八八四年九月にジャーナリストのW・T・ステッドが『ペル・メル・ガゼット』で連載をはじめた「海軍の真実」にかんする一連の論文があります。イギリス海軍の軍備近代化の遅れと指揮系統の非効率性を指摘する彼の論文は、一連の海軍ものの侵略小説を生み出すとともに、イギリスの世論を、フランス（とロシア）の海軍に対抗すべく海軍の増強を定める一八八九年五月の「海軍防衛法」の制定へと導いていくのです（Ibid., pp. 99-100）。一八八〇年代後半の侵略パニックは、イギリスが頼みの海軍力において他の西欧列強にたいする絶対的な優位を失いつつあるという不安を背景にしていたのです。そしてイギリスのフランス恐怖は、フランスが一八九四年にロシアと同盟（露仏同盟）をむすぶに及んでクライマックスに達します。

以上のような事情のゆえに、フランスは一八八〇年代のイギリスの侵略小説における仮想敵国としての第一の座をドイツから奪ったかに見えます。しかし侵略小説のジャンルの確立に大いに関係のあったドイツによる侵略恐怖は、イギリス人のあいだでけっして薄らいでいたわけではありません。軍備拡張によりオーストリアとフランスを相次いで破り、悲願の統一を達成した「鉄血宰相」ビスマルクのドイツ帝国は、彼の卓抜な外交手腕により、オーストリア、ロシアとの「三帝同盟」（一八七三年）、オーストリアとの「二国同盟」（一八七九年）、オーストリア、ロシアとの「三帝協商」（一八八一年）、オーストリア、イタリアとの「三国同盟」（一八八二年）、ロシアとの「再保障条約」（一八八七年）、イタリア、スペイン、オーストリアとの「地中海協定」（一八八七年）……と、諸外国と外交的軍事的関係をむすびながら、普仏戦争の結果アルザス・ロレーヌを失いドイツへの復讐に燃えるフランスを封じこめる、いわゆる「ビスマルク体制」と呼ばれる国際的体制を着々と確立していたのです。

そしてその一方でドイツは、少なくとも一八八四年のベルリン会議までは植民地にたいする野心がないことを公式に表明しつつ、ヨーロッパ列強との緊張を極力避ける方針をとっていたにもかかわらず、ザンジバルのスルタンから権利を買収してドイツ領東アフリカを建設した一八八五年以降、方針を転換し植民地獲得を精力的に開始します。ビスマルク自身の国会演説（一八八九年一月一五日）を引用するならば、ドイツは「植民地の道をゆっくりかつ慎重に行進する」（*Punch*, 26 January 1889）ことになっていくのです［図Ⅲ－4］。その結果、一八九〇年代のイギリスは、アフリカ南部とトルコ（オスマン帝国）においてドイツときびしく対峙することになります。

軍事大国ドイツの植民地獲得の意志は、全世界にすでに植民地を保有するイギリスにとっ

SLOW—BUT NOT SURE.

"GERMANY MARCHING SLOWLY AND CAUTIOUSLY IN THE COLONIAL PATH."
Prince Bismarck's speech in the Reichstag, January 15.

図III-4「ゆっくりと、しかし確実にではなく」(*Punch*, 26 January 1889)

て脅威だったにちがいありません。一八八八年に二九歳の若さで即位したヴィルヘルム二世が、ヴィクトリア女王の娘を母にもっていたこともあり、ビスマルクを罷免した一八九〇年から九四年にかけて極度に親英的な姿勢を示していたとしても、植民地獲得競争をつうじてイギリスとドイツの利害の不一致が両国の関係を険悪化させる不安はつねに存在していたからです。

その不安を現実のものとする事件が一八九六年一月三日に起きます。いわゆる「クリューガー電報事件」です。その発端は前年一二月二九日の「ジェイムソン侵入事件」にあります。南アフリカのケープ植民地（首相はアフリカ縦断政策をとるセシル・ローズ）のリアンダー・スター・ジェイムソンは、一八八六年に金鉱が発見されたボーア人（オランダ人移民の子孫）の国、トランスヴァール共和国の併合をもくろみ、六六〇名の兵をひきいてトランスヴァールに侵入、しかし一月二日、あえなくボーア人の捕虜になってしまいます。

ところがその翌日、ヴィルヘルム二世は、トランスヴァール共和国大統領ポール・クリューガー宛てに、「貴国領土に侵入した武装隊に対抗し、友邦〔ドイツ〕の援助をまたずに独力で貴国の独立を守り、平和の回復に成功したことをこころから慶賀する」（中山他 一九七五、二八二頁）との電報を打ったのです。これはイギリス人のあいだに激烈な反独感情を呼び覚ますとともに、アフリカにおける植民地獲得競争に起因するドイツの反英感情の必然性をイギリス人にあらためて教えることになったのです。

そしてドイツによるイギリス侵略の恐怖は、「ドイツの将来は海上にあり」（同上、一一二頁）というヴィルヘルム二世の号令のもと、アルフレート・フォン・ティルピッツ提督が海軍大臣に就任（一八九七年）し、第一次艦隊法（一八九八年）と第二次艦隊法（一九〇〇年）を定め、イギリスの海軍力と対抗すべく軍艦建造に血道をあげるとともに、決定的に募っていきます。さらに一九〇〇年代にはいって、イギリスが露仏同盟に加担し英仏協商（一九〇四年）と英露協商（一九〇七年）をむすぶに及んで、イギリスの侵略小説における仮想敵国はいよいよドイツ一辺倒に傾いていくことになるのです。

『パンチ』は、ビスマルクが「ゆっくりかつ慎重に行進する」と語った「植民地の道」が、

図**III-6**「お金は問題じゃない！」(*Punch*, 29 February 1896)

図**III-5**「破滅への道」(*Punch*, 5 November 1892)

「ゆっくりとした――しかし確実ではない」歩み［図Ⅲ－4］となるだけではなく、戦争に向かう「破滅への道」［図Ⅲ－5］ともなるだろうと予言しているようです。それに備えてブリタニアは、火と鍛冶の神ウルカヌス（英語名ヴァルカン）に「もっと多くの軍艦」の製造を命じます。「たくさんお金がかかる」というヴァルカンに、「海を支配しつづけるかぎり、お金は問題じゃない！」と答えています［図Ⅲ－6］。こうして「破滅への道」は第一次世界大戦までつづいていくことになります。

侵略恐怖の構造

しかしはたして『ドラキュラ』を以

上のような同時代の国際的状況のなかで解釈することは可能なのでしょうか。『ドラキュラ』はたしかに侵略小説のひとつとして、ヴィクトリア朝後期の侵略恐怖を表象するテクストであるにしても、どの程度まで現実の国際政治を反映しているのでしょうか。たとえば『ドラキュラ』は、「ジェイムソン侵入事件」が「クリューガー電報事件」を生み出し、いったん落ち着いていたかに見えた英独関係を緊迫化させはじめた時期に書き進められましたが、そこになんらかのドイツへの連想を発見することは可能なのでしょうか。それとも「露仏同盟」をむすんだロシアとフランスの影をそこに見いだすことは可能なのでしょうか。

もしもお望みならば、「われらセーケイ人の血管には数多くの勇敢な民族の血が流れている」、「われらは征服民族、それを誇りとしていることに、なんの不思議があろう」と豪語しながらイギリス侵略の意志を示すドラキュラのなかに、エドウィン・ゴウドビーが「好戦性はドイツ民族全体の本質的要素」であり「「血と鉄」の信条は民族とともに古い」と述べている軍国主義国家ドイツのイメージを読みこむことも不可能ではないでしょう。なによりもドラキュラは「すばらしいドイツ語」（第一章）を話してもいるのですから。あるいはドラキュラのなかに、ドイツをプロイセンの「血と鉄」の原理を核として統合した「鉄血宰相」、「怪物の意志、悪漢の二枚舌、野蛮人の専心、革命家の欲情をもった一個の天才」としてのビスマルクの姿を認めることすら可能かもしれません（Edwin Goadby, "A Few Words for Bismarck," *Macmillan's Magazine* 23 (1870-71), pp. 339-346, cited in Pick 1993, pp. 92-93）。

しかしドラキュラにおけるドイツの連想はおそらくその程度まででしょう。ロシアはもちろん、フランスの連想にしたところで同様でしょう。ドラキュラのなかにヨーロッパ列強のいずれか一国の影を認めることにはあまり意味がないのです。むしろ侵略恐怖にかんしてここで確認しておかなければならないのは、侵略恐怖とはいずれかの外国が原因で生じるものではないということです。いずれかの外国が誘因になることはあっても、結局の原因はイギリス自身のうちにあるということなのです。

その意味するところはふたつです。ひとつは、イギリスの侵略恐怖を引き起こしたのはイギリスが相対的に弱体化しているというイギリス自身の意識であったということ。『ドラキュラ』の第二三章、ヴァン・ヘルシングはドラキュラの頭脳を「成長しつつある大きな子どもの頭脳」として分析しています。

わが友人ブダペスト大学のアルミニウスの研究によれば、あいつ〔ドラキュラ〕は生前ひじょうにすぐれた男だった。軍人、政治家、錬金術師——錬金術というのは、あいつの時代には最高度の科学知識だったのだ。〔中略〕知性のいくつかの働きにおいてあいつはこれまでも、そしていまも、ほんの子どもにすぎない。しかしあいつは成長しつつある。最初は子どもじみていたことも、いまでは大人の高みに達している。〔中略〕あいつはイギリスに来て以来ずっと、おのれの力をゆっくりと、しかし着実にためしてきた。あいつのあの大きな子どもの頭脳はたえず働いている。〔中略〕あいつのあの大き

な子どもの頭脳はしじゅう成長していたのだ。（第二三章）

「現代でもっともすぐれた科学者のひとり」であるヴァン・ヘルシングが「われわれには科学というよりどころがある」（第一八章）と述べるとおり、吸血鬼ハンターたちは、まるで憑かれたように、当時の最新の科学的知識と利器を利用しています。思いつくままにあげるだけでも速記術、タイプライター、録音機、電話、電報、コダック、ウィンチェスター銃とピストル、そして輸血術と催眠術……。科学にたいする一九世紀的な信頼と呼びたいところです（しかし一九世紀末には科学にたいする懸念もすでにありました）。

そういった一九世紀後半の最新の科学技術力に依存することで彼らは、「あらゆる迷信が集まって」いる「想像力の渦といったものの中心」（第一章）からやって来たドラキュラにたいする優越を誇っているかのようであり、またそれによってドラキュラにかんする恐怖を振りはらっているかのようでもあります。すなわち、「たんなる「現代」が殺すことのできない独自の力をもっていたし、いまももっている」「古い世紀」（第三章）というものにたいする恐怖を振りはらおうとしているかのようでもあります。

しかし問題は、ヴァン・ヘルシングが自分たちの科学的知識を誇りながら、ドラキュラの「大きな子どもの頭脳はしじゅう成長してい」るという事実に漠然とした不安を感じているということです。この不安こそが、ドイツ、アメリカをはじめとする産業革命後発国の急速な発展にたいして当時のイギリスが感じていた不安とパラレルなものだったのであり、世紀末イギリスの侵略恐怖の究極的な原因だったのです。

一九世紀においてイギリスの経済的繁栄を保証していたのは、いうまでもなく他の列強に先んじて一八世紀後半から進展した産業革命であり、そしてイギリスの科学技術力はそれを可能にさせたもっとも重要な要因でした。そしてその科学技術力が軍事力と直結していることは、なによりも例の普仏戦争が雄弁に例証していたところです。

そういったいわばイギリス繁栄の基盤であった科学技術力において、ドイツやアメリカといった産業革命後発国はイギリスに急速に追いつき、そして追い抜こうとしているという意

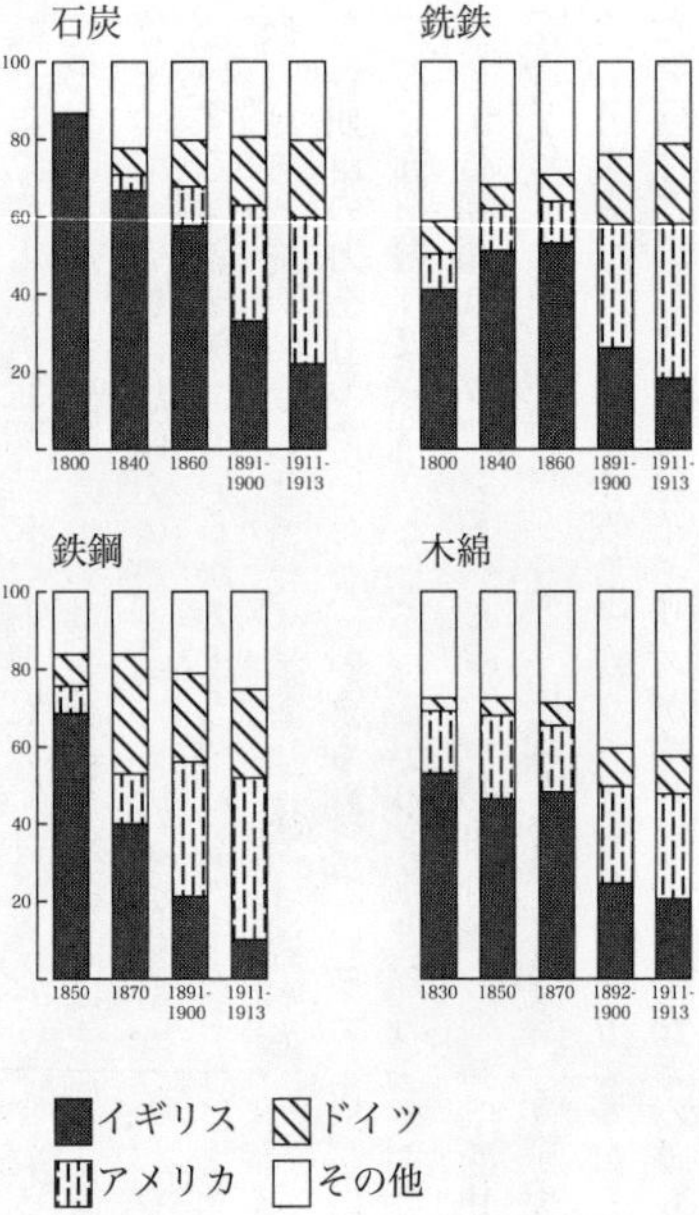

図III-7　英米独の石炭・銑鉄・鉄鋼・木綿生産量の比率の変化（Hobsbawm 1990, p. 343）

識。あるいは、それと対応する産業経済力においても、一八九〇年代のドイツとアメリカは、たとえば鉄鋼の生産においてイギリスにほぼ肩を並べるところまで発展し、あるいはそれを凌駕しつつあるという認識［図Ⅲ－7］。

科学技術力の優越から世界に先駆けて産業革命を達成し、「世界の工場」として圧倒的な産業経済力を誇っていたイギリスも、世紀末にいたって、こういった産業革命後発国の存在に不安を感じざるをえなくなっていたのです。そしてそのような不安、「〔ドラキュラの〕大きな子どもの頭脳はしじゅう成長してい」るというヴァン・ヘルシングの言葉のなかに反響しているそのような不安こそが、イギリスの進歩と覇権の必然性にたいするヴィクトリア朝的信頼を掘り崩し、そして侵略恐怖を創造していたのです。

反転した植民地化の不安

侵略恐怖の原因は結局のところイギリス自身のなかにあったということのもうひとつの意味は、イギリスの侵略恐怖は、イギリス自身が世界大で展開していた帝国主義的・植民地主義的な侵略の反転した鏡像にほかならなかったということです。ドラキュラがドイツからではなくトランシルヴァニアからの侵略者であったということの意味はそこにあります。彼は、「東方問題」の舞台としてイギリス帝国主義がトルコ＝オスマン帝国に加担するかたちで支配力を及ぼしていたその地域から、逆にイギリスを植民地にするためにロンドンへ侵入

／侵略してきたのです。

それはまさに、ポストコロニアル批評の代表的批評家のひとりスティーヴン・D・アレータが「反転した植民地化（reverse colonization）の不安」（Arata 1990, p. 621）と呼んだものです。すなわち、「「文明的」世界と表象されてきた地域が「原始的」力によって植民地化されつつある」（Ibid., p. 623）という不安であり、経済力ならびに軍事力において劣っているはずの文明の後進地域（たとえばアフリカ）、したがって現実においては文明の先進地域である帝国主義的ヨーロッパの植民地と化している地域が、なにか独特の「原始的」力によって逆にヨーロッパに侵入／侵略を開始し、そこに野蛮な植民地（さらには帝国）を形成しつつあるのではないか、という不安なのです。

そのような不安を表象しているヴィクトリア朝後期の小説の例として、アレータがあげているのは、『ドラキュラ』のほかに、ライダー・ハガード（『洞窟の女王』）、ラディヤード・キプリング（『消えた光』）、アーサー・コナン・ドイル（『四つの署名』）、H・G・ウェルズ（『タイム・マシン』、『宇宙戦争』）その他の作家の作品です。それらの作品のなかでは、

> 怖ろしい反転が生じる。植民者は被植民者の立場にある自分を見いだす。搾取者は被搾取者へ、加害者は被害者へと変化する。そのような恐怖は、国家が人種的、道徳的、精神的な衰退に陥っていて、より活力を有する、より「原始的な」民族からの攻撃を誘発しているという認識とむすびついている。(Ibid.)

こうしてアレータは、「反転した植民地化の不安」をあらわす作品を、当時の「国際的権力関係の変化」を反映した、ドイツ、フランス、アメリカなど強力な「他の産業国家」（先進国）によるイギリス侵略の恐怖をあつかった、アレータの言うところの「侵略恐怖小説」と区別するのです。彼によれば、前者がゴシック・ロマンスとの親近性を示す傾向にあるのにたいして、後者は「概してドキュメンタリー的リアリズムをめざす」といいます（Ibid. pp. 624-625）。

そのうえでアレータは、「反転した植民地化の不安」をあらわす作品が、「文化的罪悪感の反応」だと述べます。

イギリス文化は、略奪し侵略する「他者」のなかに、おのれの帝国主義的実践が怪物的なかたちで映し出されているのをながめる。H・G・ウェルズは『宇宙戦争』の着想が、イギリス支配のもとで生じたタスマニア先住民の絶滅について弟のフランクと交わした議論のなかにあったと述べている。このように反転した植民地化の物語は、帝国主義イデオロギーにたいする強力な潜在的批判をふくんでいる（たとえその潜在的批判がふつうは現実化されないとしても）。反転した植民地化はイギリスが犯した罪悪にたいする正当な罰としてしばしば表象されるので、これらの物語は、帝国主義の罪悪をつぐなう機会を幻想として提供する。（Ibid. p. 623）

たしかに『宇宙戦争』の核にはアレータが「文化的罪悪感」と呼ぶものが存在しています。たとえば来襲してきた火星人にかんして語り手はこう述べます。

われわれは、彼ら〔火星人〕についてあまりに苛酷な判断を下すまえに、われわれの種族〔人類〕が、いまでは死滅してしまったバイソンやドードーといった動物ばかりでなく、人類の下等な種族にたいしても、いかに無慈悲で徹底的な破壊行為を行なったかを思い出さなければならない。タスマニア人は、その人間的相似性にもかかわらず、ヨーロッパ人移民が企てた絶滅戦争によって、五〇年のうちに完全にその存在を抹殺された。火星人がそれと同じ精神で戦争を仕掛けてきたとしても、それに文句が言えるほどわれわれは慈悲心の使徒であろうか。(Wells 1986, p. 5)

おそらくこれと同じような「文化的罪悪感」が『ドラキュラ』にも「現実化」されているはずなのです。いや、『ドラキュラ』の場合、その（加害者としての）罪悪感にはイギリスの帝国主義にたいする（被害者としての）非難が混じっていたのかもしれません。一八四〇年代のいわゆる「じゃがいも飢饉」のさなかに生をうけたアイルランド人として、あるいは一八八六年と九三年（ドラキュラの年！）の二度にわたってグラッドストンの提案した「アイルランド自治法案」の否決［コラム11］をおそらく苦々しい思いとともに傍観せざるをえなかったアイルランド人として、ストーカーは彼の故国で長いあいだ行なわれたイギリスの植民地政策の悪虐を批判的な目でながめていたはずだからです。

『ヘンリー・アーヴィングの個人的思い出』のなかでグラッドストンに一章を割いているストーカーは、彼自身が「生涯をつうじて、ミスタ・グラッドストンのすばらしい力と能力と性格に大いに敬服していた」と述べています。彼によれば、グラッドストンは「一八八一年から九五年までの一四年間」、とくに重要な政治的決断の前後に、ライシーアム劇場を訪れたといいます。たとえば、「アイルランド自治法案を下院において提出する演説を行なった一八八六年四月八日」の二日後。またたとえば、「第二次アイルランド自治法案を提出した〔一八九三年二月〕一三日」の一二日後。

そしてその「〔第二次自治〕法案が下院を通過した同年八月末日」〔それは実際には九月一日〕の夜、グラッドストンはストーカーに、「四、五年たてば、それに反対している人たちも、自分たちがいったいなにに反対していたのかと思うようになるだろう」と語ったといいます。みずからを「哲学的自治主義者」と定義するストーカーは、「哲学的」という言葉が暗示するようにたんなる傍観者にすぎなかったとしても、おそらくはそのもっとも身近な傍観者だったのであり、しかもアイルランドの自治という方針に明確な支持の姿勢を見せているのです（Stoker 1906, vol. ii, pp. 26-33）。

ということは、「あらゆる迷信が集まって」いる「想像力の渦といったものの中心」としてのトランシルヴァニアは、じつは文明の後進的地域として、ケルト的幻想の支配する彼の故国、アイルランドの相関物だったのかもしれません。ストーカーが一度も訪れたことのないトランシルヴァニアは、彼が故国として熟知していた帝国内植民地としてのアイルランドの想像的代替物だったのかもしれないのです（Glover 1996, pp. 22-35）。とするとストーカーは、イギリスの侵略恐怖を外側から見る視点を得ていたということになります。その彼の目にうつっていたのは、侵略恐怖がイギリスの帝国主義的実践の鏡像であり、イギリスがみずからつくりあげた「略奪し侵略する「他者」」のなかに映し出した自身の姿にほかならないという、イギリスの侵略恐怖の構造だったのではなかったでしょうか。

「無力な人びとを食いものにして栄える」（第四章）「侵略する「他者」」は、じつはイギリスがおのれの侵略する姿を外側に投射した鏡像だったのではないか――イギリスの帝国主義的舞台のひとつとしての、そしてアイルランドの相関物としてのトランシルヴァニアからの侵略者を造形することで、ストーカーがえがきだそうとしていたのは、もしかするとそのような侵略恐怖の構造そのものだったのではないでしょうか。

『ドラキュラ』の第二章、トランシルヴァニアのドラキュラの屋敷で、朝、髭を剃っているとき、ドラキュラに背後から声をかけられたジョナサン・ハーカーは不思議な体験をします。「鏡のなかに背後の部屋全体が映っている」にもかかわらず、「その鏡に〔ドラキュラの姿が〕映っていなかった」（第二章）のです。そして物語が終わり、七年が経過したあと、ジョナサンは「付記」にこうつづります。「わたしたちが驚いたことには、記録を構成している資料の山のなかにただのひとつも真正な文書はなく、あるのはただミーナとシューワードとわたし自身のあとのほうのノートブックとヴァン・ヘルシングの覚書をのぞけば、タイプで打ったたくさんの資料だけだった」（第二七章）と。

このふたつのテクストの細部は、ドラキュラという侵略者が実在のものではなく、イギリス人の主観が投射された幻像だったかもしれないことを印象的に物語っているはずです。そしてジョナサンの鏡のなかにドラキュラが映っていなかったとするならば、そこにはなにが映っていたのでしょうか。答えはひとつしかありえません。そこに映っていたのは、イギリス人ジョナサン・ハーカーの顔だけだったのです。

コラム7　ダイヤモンド・ジュビリー

図**III-8**（Marshall 1972, p. 213）

一八九七年六月二二日（火曜日）午前九時、ロンドンのバッキンガム宮殿付近は華やかな興奮に包まれていました。「ダイヤモンド・ジュビリー」、ヴィクトリア女王の在位六〇周年を記念する植民地軍隊の行進パレードがいましもはじまろうとしていたからです。レズリー・ステュアート作詞作曲のミュージック・ホール・ナンバー「女王陛下の兵士たち」の演奏を合図に、アフガン戦争の英雄、陸軍元帥ロバーツ卿を先鋒にしたパレードは、沿道を埋める熱狂的な群衆のあいだを出発します。カナダ、オーストラリア、ニュージーランド、南アフリカ、西アフリカ、そしてトリニダード、キプロス、ボルネオ、ジャマイカ、インド、マレー、セイロン、香港――このパレードのために集まった世界各地からの「女王陛下の兵士たち」は、さまざまな服装と肌の色を示しながら、これを発案した植民地大臣ジョウゼフ・チェインバレンの思惑どおりに、沿道の見物人たちに「大英帝国」を実感させたことでしょう。それはまさしく、一八七〇年代以後進展していたイギリス新帝国主義のクライマックスだったのです。

コラム8　火星人

偏平な楕円軌道をえがく火星がたまたま地球に大接近した一八七八年、イタリアはミラノの天文台長、ジョヴァンニ・V・スキャパレッリが、望遠鏡をつかった火星表面の直接観測を行ない、そのひじょうに詳細な地図をつくりあげます。そしてそのとき彼は、じつは観測上の錯視だったのですが、火星の表面に、細く黒っぽい直線が交錯する、ぼんやりとした幾何学模様を見いだしたのです。

それを彼は〝channels（水路）〟と名づけました。もちろんイタリア人である彼はchannelsをあらわすイタリア語canali（単数形はcanale）を用いたわけです。ところがこれが英語に翻訳されるときに、語形の似ている〝canals〟が選ばれてしまったのでした。つまり、スキャパレッリがかならずしも人工のものと言明しなかった「水路」は、英語に翻訳されるときに「人工水路＝運河」へと、アイザック・アシモフに言わせれば、「致命的な誤訳」がなされることになったというのです。たしかにイタリア語canaliが「人工水路＝運河」のほかに自然の「水路」をもあらわしうる単語だったのにたいして、それと同語源の英語のcanalsは、少なくとも一九世紀末においてはほとんど「人工水路＝運河」をあらわす単語となっていたのです。

そして一八九四年のアメリカに、スキャパレッリの「運河」に魅せられたひとりの実業家、パーシヴァル・ローウェルがあらわれます。アリゾナ州フラッグスタフにみずからの名を冠した天文台をつくり火星の観測をはじめた彼は、新たにたくさんの「運河」を発見し、その地図をつみあげていきます。と同時に彼は、一八九五年に、『火星』と題する本を公刊し、惑星全体に灌漑施設として「運河」をはりめぐらせるほどの知的な生物、すなわち火星人の存在を示唆したのです。「運河」という人工物があるのならば、それをつくった高度に知的な生物が存在していなければならない、という論理です。

VIEW OF "MARS" AS SEEN THROUGH MR. PUNCH'S TELESCOPE.

図III-9「ミスタ・パンチの望遠鏡でのぞく「火星」の眺め」(*Punch*, 24 September 1892)

　アシモフによれば、彼は火星の「運河」について以下のようなことを主張しているといいます――「火星は地球より小さく地表面での重力も小さいので、地球ほど大気中にガスや水蒸気を保っておくことができなかった。そのため、火星の大気はひじょうにゆっくりと宇宙に漏出していったし、水蒸気も同様だった。したがって火星はだんだんと乾燥していったが、知性をもった火星人は農業用の水を確保するために、氷におおわれた極冠をはじめとする惑星のあらゆる地域に残っていたわずかながらの水のすべてを引いてくるための巨大な運河を建設したのだ」。

こうしてローウェルの『火星』以後、火星における高度に知的な生物の存在という問題は、当時の人びとの関心事のひとつとなっていきます。そしてアシモフによれば、「まちがいなくこの本を読んでいた」元祖SF作家、H・G・ウェルズは、一八九八年、この高度な知性をもった存在が、惑星間旅行の末に、死にかけている乾いた火星から水の豊かな地球へと攻めこんでくるというSF小説『宇宙戦争』を公刊し、そのなかで自由に移動する破壊兵器に乗った軟体動物的怪物としての火星人をえがきあげました。

なによりもおもしろいのは、ウェルズがえがくところの火星人が進化の過程で消化器官をうしない、その結果「他の生物の新鮮な生血をとり、それを自分の血管に〈注射〉する」もうひとつの吸血鬼だったということです（Wells 1986, p. 117）。

こうしてわれわれは、クラゲのような火星人実在説を共有するようになっていったのです。一九三八年、オーソン・ウェルズがこの作品をラジオ・ドラマ用にリアリスティックに翻案し放送したとき、火星人のロケットが着陸したことになっていたニュージャージーでは多くの人びとがパニックに陥り、避難を開始したということです（Isaac Asimov, “Afterword” in Wells 1986, pp. 206-215; Lowell 1895, pp. 201-212; Flammarion 1896; Gregory 1899-1900）。

コラム9　社会主義の不安

悪魔という「敵」が「労働者」に「社会主義」という「毒麦の種を蒔」いている図。ルイス・キャロルの『不思議の国のアリス』（一八六五年）と『鏡の国のアリス』（一八七一年）の挿絵を描いたことで有名なジョン・テニエルの作。「ジョン・E・ミレイに謝罪しつつ」と書かれているとおり、ラファエル前派の創設メンバーだったミレイの

SOWING TARES.

(With a thousand apologies to Sir John E. Millais, Bart., R.A.)

図III-10「毒麦の種を蒔く」(*Punch*, 27 February 1886)

図III-11　ジョン・エヴァレット・ミレイ「毒麦の種を蒔く敵（「マタイ伝」第13章第24－25節）」（1865年）

「毒麦の種を蒔く敵（「マタイ伝」第一三章第二四―二五節）」（一八六五年）を下敷きにしています。「マタイ伝」の該当箇所は以下のとおり――

イエスは、別のたとえを持ち出して言われた。「天の国は次のようにたとえられる。ある人が良い種を畑に蒔いた。人々が眠っている間に、敵が来て、麦の中に毒麦を蒔いて行った〔後略〕」。

なお、聖書のこの一節とその周辺における「種蒔く人」にかんするイエスの説教は、ジョン・エヴァレット・ミレイだけでなく、フランスのバルビゾン派の画家ジャン＝フランソワ・ミレーの「種蒔く人」（一八五〇年）にも、ゴッホの「種蒔く人」（一八八八年）にもモティーフを提供しています。ジョン・テニエルは、それを労働者のあいだに広がる社会主義という〈外来〉の急進的思想にかんする不安をあらわす政治批評に利用したのです。

コラム10　海峡トンネル・パニック

一八八二年二月二日、国会議員リチャード・グロウヴナー卿を議長にして海峡トンネル建設の是非を討議する会合がひらかれます。推進派は海底大陸鉄道会社会長エドワード・ワトキン卿、反対派のふたりは、侵略の危険性を訴えたケンブリッジ公爵ならびにガーネット・ウルズリー陸軍中将。

それをうけて、同月二五日号の『パンチ』は、「希望と恐怖、あるいは海峡トンネルの夢」という風刺画を掲載［図Ⅲ－12］。モグラの格好をしてドリルを握っている左側のふたりが推進派――そのひとりは議長のグロウヴナー卿ですが、それは彼がナポレオン三世に促され、一八六七年以降、海峡トンネルを広報する国際委員会の委員長に就任していたから。右側の反対派のふたりのうち、ウルズリー陸軍中将はウサギの手をしており、しかもそこに「臆病うさぎ」と書かれています。

絵の下側に描かれているのは、海峡トンネルから大挙して攻めこんでくる、銃剣を携えた蛙の軍隊――フランス人は蛙を食べることから、蛙は軽蔑をこめたフランス人の表象です。海峡トンネルは、たしかに「希望」であると同時に「恐怖」、夢であると同時に悪夢であったようです。

ウルズリー中将がライオン（イギリスをあらわす）の背に乗って、トンネルから出てきた雄鶏（フランスをあらわす）から一目散に逃げ出すところ。イギリスの侵略恐怖を揶揄しています［図Ⅲ－13］。

一八八六年一月二〇日、マージー川を横断しリヴァプールとバークンヘッドをむすぶトンネルの開通式が皇太子をむかえて行なわれます。その大工事は一八七九年以来、「科学」と「資本」——ふたりの姉妹が象徴している——に恵まれ、順調に進捗したのです。しかしその一方で、ワトキン卿（左下の男）の海峡トンネル計画（帽子の中）は

HOPES AND FEARS; OR, A DREAM OF THE CHANNEL TUNNEL.

図III-12「希望と恐怖、あるいはトンネルの夢」(*Punch*, 25 February 1882)

図III-13「英国トンネル大心配」（"The English Tunnel Bugaboo," American cartoon (1883), cited in Wilson 1994, p. 25）

世論の反対にあい、挫折を余儀なくされていました。マージー・トンネルの成功が物語るように、海峡トンネル計画は、一八八〇年代当時、経済（「資本」）的にも技術（「科学」）的にもじゅうぶんに実現可能な案だったのです。ただ、侵略恐怖がそれを不可能にしていたのです［図III－14］。

二〇世紀になっても侵略恐怖とそれにもとづく国防上の理由は、折にふれて表面に出てくる海峡トンネル計画を阻止しつづけます。そのような状況が最終的に撤回されるのは、「戦略上の反対はいかなる程度においてイギリスからフランスへの海峡トンネルの建設をいまだに阻止しているのか」という労働党議員ランス・マラリューの書面による質問にたいして、時の国防大臣ハロルド・マクミランが「まったくない」と回答した一九五五年二月一六日のことでした（Holliday, et al. 1991, p. 5）。

それから三一年をへた一九八六年一月二〇日、マーガレット・サッチャー首相とフランソワ・ミッテラン大統領のあいだで海峡トンネル建設の合意がかわされます。その翌年の一一月に実際に着工されたその世紀の大工事は、一九九四年五月六日、ヨーロッパ統合を象徴する事件として、エリザベス二世とミッテラン大統領列席のもとに行なわれた開通式となって結実します。海峡トンネル計画は、ほぼ二世紀の曲折をへて、ここにようやく実現することになったのです。

図III-14「マージーの姉妹たち」(*Punch*, 30 January 1886)

コラム11　アイルランド自治法案

ウィリアム・E・グラッドストンは、テロリズムをともなう長年の懸案としての「アイルランド問題」を解決するために、第三次内閣の一八八六年と第四次内閣の一八九三年の二度にわたって「アイルランド自治法案」を提出します。しかし一八八六年の法案は、ジョウゼフ・チェインバレン一派が反対して自由党を離脱し自由統一党を結成した結果、失敗。彼は議会を解散しますが、国民の支持を得るにいたらず、自治権付与に反対する保守党のまえに敗北を喫します。

一八九三年の法案は、延々八五日にわたる攻防［図III－15］の末に、ついに九月一日下院を通過。しかしその一週間後に、上院で否決されます［図III－16］。一八九三年の『パンチ』には「アイルランド自治法案」に関連する漫画が数多く見いだされます。もともと

図III-15「窮境を進む！」(*Punch*, 17 June 1893)

はその年に設定されるはずだった『ドラキュラ』は、しかしそのテクストの表層には「アイルランド問題」の直接的な痕跡をもってはいません。

なお「窮境を進む！」は、「アイルランド自治法案」号の船長としてのグラッドストンを、一八九三年六月二四日に北極点到達へと旅立とうとしていたF・ナンセンに擬しています。船の先頭に立つのは、第一次「アイルランド自治法案」以来、アイルランド問題にかんして彼の右腕だったジョン・モーリー（アイルランド大臣）。

THE "FORLORN HOPE."

図III-16「ついえた希望」(*Punch*, 30 September 1893)

第IV章　アメリカ恐怖と「栄光ある孤立」の終焉

島国としてのアイデンティティ

『一九世紀』一八八二年四月号に、編集長ジェイムズ・ノウルズは折からの海峡トンネル論争に、それに反対する立場から寄稿します。彼が、その前月の『同時代評論』に掲載されたブレイバン卿の「海峡トンネル」という論文を意識していたのは、ブレイバン卿の用いた「人類の普遍的同胞愛」というキーワードを（それがブレイバン卿のものとは明示しないままではあるけれども）引用しているところから明らかです。

ブレイバン卿は、「海峡トンネルの勝利において、諸国民の心を結合し織り合わせるさらなる一歩、人類の普遍的同胞愛の十全にして幸福なる認知へとさらに近づく一歩が達成されるのである」と述べながら、「通過不能の防壁」でもってイギリスを閉鎖しようという、彼のいう「孤立派」の島国根性を批判していたのでした（Brabourne 1882, pp. 539-540）。これにたいしてノウルズは、シェイクスピアの『リチャード二世』の一節をもち出します（*Richard II*, act ii, sc. 1, cited in Knowles 1882, p. 498）。高級総合雑誌にふさわしい格調高い論争です。

この第二のエデン、地上におけるパラダイス、
自然の女神が、外国《とつくに》からの悪疫を防ぎ、
戦《いくさ》の手から守らんとして築いた、この砦、
この幸福な種族、この小宇宙たる別天地、
しあわせ薄くしてねたみにとりつかれた外敵の
悪意の手の侵入にそなえて、みずからを守る
城壁ともなり、館《やかた》をめぐる堀ともなる、
白銀《しろがね》の海に象嵌《ぞうがん》されたこの貴重な宝石、
この祝福された地、この大地、この領地、このイングランド（シェイクスピア　一九八三、五六頁）

すでに述べたように、海峡トンネルをめぐる勝負は結局のところ「孤立派」の勝利に終わります。イギリスはみずからを大陸と陸続きにすることを拒絶し、島国としてのアイデンティティ――「白銀の海に象嵌されたこの貴重な宝石」――を選択するのです。すなわち海峡トンネル問題は、「人類の普遍的同胞愛」のなかに生きるか、あるいは「白銀の海に」閉ざされた「第二のエデン」として生きるかという、イギリスの国家的アイデンティティをめぐ

る問題でもあったのです。

そしてイギリスが選択した島国としてのアイデンティティは、外交的にいえば、「栄光ある孤立」政策の堅持という選択を含意する一方で、軍事的にいえば、英仏海峡を「通過不能の防壁」とするという選択、そして英仏海峡を「通過不能の防壁」とするにじゅうぶんな海軍力の充実という選択を意味していたのです。じゅうぶんな海軍力に裏打ちされた孤立主義——それがイギリスのとっていた外交政策だったのです。

しかしこの一八八二年の段階でイギリスのおのれの海軍力にたいする信頼はすっかり揺らいでいました。たとえばイギリスの海軍力にかんするダンセイニ卿（「提案された海峡トンネル」）の診断はつぎのようなものでした。

われわれの海軍は、すべての外国の海軍を合わせた力には匹敵しないまでも、少なくとも列強のどの二国ないし三国の連合艦隊をも撃破する力は有している、という暗黙の想定がある。しかし実際のところわれわれはそのような海軍をもっていない。ルイ・フィリップの時代（一八三〇—四八年）の初期以降、われわれはそのような優越性をもったことはないのであり、また、われわれの政治制度の特徴を考えるならば、ふたたびそのような優越性をもつことがあると想像する合理的な根拠もない。事実により一致している言い方をすれば、われわれの海軍は平均化すればフランスの海軍と匹敵する程度であり、もしも後者が他の列強の海軍と連合すれば、それよりはるかに劣ることになると言

わざるをえない。(Dunsany 1882, p. 289)

このようなイギリス海軍の評価はひとりダンセイニ卿だけのものではなく、広く信じられていた「事実」でした。たとえば『一九世紀』一八八二年五月号に掲載されたJ・L・A・シモンズの「海峡トンネル——国家的問題」も、まったく同様の評価をくりかえしています、「対仏戦争〔ナポレオン戦争〕の際、〔イギリス〕海軍は、それに敵対してどのふたつの列強が海軍を連合したとしても、それに対抗しうる力をもっていた。しかし周知のことだが、現在のイギリス艦隊はフランス一国の艦隊と同程度の力をもっているにすぎない」(Simmons 1882, p. 664)。

むろんこのようなイギリス海軍の評価は、海軍力の大幅な増強への要求をともなっていました。しかし列強が急速に海軍力をふくむ軍事力の増強に努めるなかで、たとえふたつ以上の列強が海軍を連合しても、それにじゅうぶんに対抗できる海軍力を維持することは、すでに産業経済力において絶対的な優位を失っていた一八九〇年代のイギリスにはほとんど不可能なことだったでしょう。

しかもドイツ、オーストリア、イタリアの「三国同盟」(一八八二年)がすでに成立していたヨーロッパ大陸に、一八九〇年代、もうひとつの強力な同盟が成立しつつありました。一八八八年以降接近しつつあったフランスとロシアが、一八九四年、「露仏同盟」をむすんだのです。ふたつ以上の列強が海軍を連合してイギリスを攻撃すれば敗北は必至である——

「露仏同盟」の存在が一八九五年一月にフランス首相アレクサンドル・リボーによって暗示的に公表されるに及んで、イギリス人の不安はますます募らざるをえなかったはずです。

たとえば「イギリスにたいするヨーロッパ諸国の連合」（『一九世紀』一八九六年五月号）という論文は、以下のようなイギリス人の不安を紹介しています――「このような状況のなかで、われわれは問われている。連合したヨーロッパ諸国が、ある夏の日、大挙してわれわれに襲いかかり、われわれの帝国を破壊し、われわれの海軍を撃沈し、われわれの海軍工廠を燃やし、一度の短い軍事行動で、何世紀にもわたる積年の恨みを晴らすのを、いかにして阻止できるのか、と」(Kebbel 1896, p. 802)。

栄光ある孤立

一八八〇年代から九〇年代にかけて、イギリスの外交政策の基本は、すでに述べたように「栄光ある孤立」と言われる孤立主義でした。他の西欧列強には勢力均衡をつくらせ、それをヨーロッパ政策の枠のなかに閉じこめておく一方で、イギリス自身はそのいずれの国とも同盟関係をもたずに、ただひとり「世界の工場」として、また超ヨーロッパ的世界帝国として発展をとげる――それが「栄光ある孤立」と呼ばれることになるイギリスの外交政策だったのです。

ところでこの「栄光ある孤立」あるいは「あっぱれなる孤立（splendid isolation）」とい

う表現がつくられるのは、『ＯＥＤ（オックスフォード英語辞典）』によれば、一八九六年一月のことです。初出としてあげられているのは一八九六年一月二二日の『タイムズ』の記事。その記事を実際に『タイムズ』に遡って確認してみましょう。タイトルは「ミスタ・チェインバレン、植民地の忠誠心を論じる」。その前夜、植民地大臣ジョウゼフ・チェインバレンが行なった演説の紹介記事です。そのなかにたしかに「栄光ある孤立」という小見出しが見えます。それにつづく一節から一部を引用します。

数週間まえ、イギリスは嫉妬深い競争者とまったく予期しない敵意に囲まれて、世界のなかにただひとり立っているかのようでありました。〔中略〕われわれの失敗の見込みがわれわれの競争者によって、ほとんど隠されることのない満足をもってながめられていることを、認めざるをえませんでした。〔中略〕そのような感情が存在していること、そしてその存在を認めざるをえないということをわたしは残念に思います。しかし実際に存在している以上、それが表現を見いだしたことをわたしは喜んでいます。〔中略〕三週間まえ、（カナダ自治領下院院内総務ミスタ・フォスターの言葉を借りれば）、「偉大な母たる帝国はあっぱれにも孤立して（splendidly isolated）立っていた」のです。そしてこんにち、わが帝国はいかなる状態で立っているのでしょうか。おのれの資源の力において、政党のいかんを問わず国民の確固たる決意において、そして帝国の一端から他端にいたる帝国の子たちのみちあふれる忠誠心において、それは揺らぐことな

く立っているのです。（*The Times*, 22 January 1896）

「栄光ある孤立」という言葉がつくられる契機となった「三週間まえ」の事件とは、イギリスがトランスヴァール共和国にたいして起こした「ジェイムソン侵入事件」に失敗した際、ドイツ皇帝ヴィルヘルム二世がこの策謀を撃退したトランスヴァール共和国大統領クリューガーに反英的な祝電を送った、いわゆる「クリューガー電報事件」（一月三日）を指しています。ヴィクトリア女王の孫が君臨する国として「友情と尊敬を期待してもよかった」(Ibid.) はずのドイツが、イギリスの帝国主義的活動にたいして「予期しない敵意」を示した例の事件です。

この事件を契機に生まれた「栄光ある孤立」という表現は、したがって、イギリスがおのれの孤立主義にたいして確信（「揺らぐことなく立っている」）よりはむしろ、不安（「世界のなかにただひとり立っている」）をいだきはじめたことを証言しているのです。「国際的嫉妬」のなかで、「同盟者のみならず、幸いを祈ってくれる者をもたない」(Mahaffy 1896, p. 529; Kebbel 1896, p. 802) イギリスの「栄光ある孤立」。したがって「栄光ある」は「あっぱれな」という意味は、『ＯＥＤ』の“splendid”の定義にあるとおり、「反対の、あるいは異なった含意を有する名詞を、対照の妙によって限定する」働きをしているにすぎないのです。はっきりと言ってしまえば、「栄光ある (splendid) 孤立」とは、Ｅ・Ｊ・ディロンが示唆するように、実際にはむしろ「みじめな (squalid) 孤立」にほかならなかったのです（Dillon 1896, p. 458）。

それはイギリスが、たとえ島国としての「孤立」したアイデンティティを選択しようとも、その「孤立」を維持していくだけの産業経済力と軍事力（とくに海軍力）における絶対的優位を失いかけていた、あるいはすでに失っていた時代だったということです。もしも「栄光ある孤立」が、「ヨーロッパ大陸の三大強国の連合艦隊を撃沈し、その貿易を破壊するのにじゅうぶんに強力な海軍」を前提としなければならないとすると、その表現が創造された一八九六年一月のイギリスはすでに「栄光ある孤立」を失っていたのです。少なくとも失っているのではないかという不安がイギリス社会の多くの部分で共有されていたのです。

ついにイギリス国民は、いかなる同盟国ももたないという決意が当然招来する〔大陸諸国の〕連合に対抗するじゅうぶんな軍事力をもたないまま、自分たちの国家がまったく孤立した状態にあることを理解するにいたった。〔中略〕脅威を意味する敵意――すべて根拠のあるものだ――に包囲されて、イギリスは突然、孤立を独立と混同する過ちに気づき、「同盟か、さもなくば軍備の倍増か」を求めて声をあげている。数年遅きに失してはいるが。（Greenwood 1896, pp. 158-159; 153）

こうして島国イギリスのアイデンティティでもあった「栄光ある孤立」は、一八九〇年代になると、それを支えていた海軍力の相対的な弱体化とともに見直しを余儀なくされ、イギリスは、ドイツ、オーストリア、イタリアの「三国同盟」と、これに対立する「露仏同盟」とのいずれかの同盟のなかにみずからを組みこんでいく道を検討しはじめることになるのです（むろん「軍備の倍増」をとおして「栄光ある孤立」を維持するという第三の立場もありました）［コラム12］。

『一九世紀』に掲載されたJ・P・マハフィの「国際的嫉妬」、フランシス・ド・プレサンセの「イギリスと大陸諸国の同盟」、『同時代評論』に掲載されたフレデリック・グリーンウッドの「同盟問題」、E・J・ディロンの「四国同盟」、『隔週評論』に掲載されたエドワード・ダイシの「イギリスの孤立」、『国民評論』に掲載された匿名（「勢力均衡」という筆名）の「われわれは同盟を求めるべきか」――すべて一八九六年に公刊されたこれらの論文は、世紀末イギリスにとって、同盟問題がいかに重大な国家的課題であったかを端的に物語っているでしょう。

そして実際、イギリスは一八九八年から一九〇一年にかけて、同盟の可能性を探りながら数次にわたってドイツと交渉をつづけます。しかしそれはついにまとまることがないまま、イギリスは、一九〇二年の日英同盟によって「栄光ある孤立」を放棄したのち、一九〇四年にはフランスと、そして一九〇七年にはロシアと協商をむすぶことになっていくのです。そしてその結果としてヨーロッパにあらわれた「三国同盟」と「三国協商」というふたつの国家連合は、周知のとおり、第一次世界大戦（一九一四―一八年）へとつうじる国際的緊張の基本的構図となっていきます。

アメリカ

『ドラキュラ』の第一八章。ヴァン・ヘルシングは、ドラキュラとの戦闘を開始するにあたって、自分たちの「連合の力（power of combination）」について誇らしげに語ります。彼は、あたかも侵略の恐怖におののくイギリスが「栄光ある孤立」から軍事的同盟の模索へと移行しつつあったことと対応するかのように、「われわれには連合の力がある——それは吸血鬼どもにはあたえられていない力だ」と述べます。

実際、彼ら五人の「善良で勇敢な男たち」は、三人のイギリス人（ハーカー、シューワード、ホームウッド）以外にふたりの外国人を擁する、いわば多国籍軍なのです。すなわちヴァン・ヘルシングはアムステルダム出身のオランダ人、クインシー・モリスはテキサス出身のアメリカ人。オランダとアメリカ——それはともに、ストーカーにとって親近感を覚える国でした。オランダは彼の祖先の国として（Belford 1996, p. 17）、そしてアメリカは、彼がもっとも崇拝する同時代作家として交友関係をむすんでいたウォルト・ホイットマン（『草の葉』を書いた国民的詩人）の国として(1)。

ストーカーのオランダにたいする親近感は、なによりも登場人物の名前にあらわれています。ヴァン・ヘルシングのファースト・ネームは「ア（エイ）ブラハム」。すなわちストーカーは、彼の父親のファースト・ネームであり、そして彼のそれでもあった名前（ブラムはエイブラハムの縮約形）を、このオランダ人の登場人物にあたえているのです。それとともに彼は、ミーナ・ハーカーに、一八九〇年に即位したオランダ女王の名前、「ウィルヘルミーナ」をあたえているのです（オランダもイギリス同様、女王が君臨する王国だったのです）。

そしてクインシー・モリスの国アメリカ。南北戦争（一八六一―六五年）以後急激な発展を遂げていたこのホイットマンの国は、たしかにドイツとともに、イギリスの経済的優位を脅かしていたもうひとつの産業革命後発国でした。一八九〇年代にはその鉄鋼生産力においてイギリスを凌駕することになったアメリカは、世紀末にはイギリスをしのぐほどの科学技術力と産業経済力を着実につけていたのです。

しかし少なくとも一八九〇年の時点で、アメリカはイギリスにとって、それほどの軍事的な脅威ではなかったでしょう。それはたんにイギリスとの空間的距離をいうのではありません。西部のフロンティアの消滅が『国勢調査局公報』一八九〇年版によって宣言されるまで、北米大陸内部に領土的拡張の大きな余地を残していたアメリカは、それ以外の地域にまで出かけることなく、「モンロー原則」（一八二三年）の名のもとに南北アメリカ大陸にたいする「ヨーロッパ諸国」による「将来の植民地化」を拒絶するかわりに、「現存する〔ヨーロッパの〕植民地あるいは保護領」についてはこれに干渉しないという孤立主義的方針をとっていたからです（"The Original Monroe Doctrine: Contained in the President's Message of December 2, 1823," cited in Perkins 1941, pp. 391-392）。

すなわち一八九〇年のアメリカは、たとえ産業経済力においてイギリスに脅威をあたえつつあったとしても、世界各地で実際に軍事的に対立していたフランスやドイツ、さらにはロシアとくらべれば、けっして大きな軍事的な脅威ではなかったのです。しかも、人種という観念が幅をきかせていた一九世紀後半にあって同じアングロ・サクソンの国家として、あるいはまた、英語という同じ言語を国語とする国家として、アメリカはイギリスにとっては親近感すらおぼえる存在だったはずです。そのようなことはアメリカを仮想敵国とした侵略小説がほとんど存在しなかったことからもうかがえるにちがいありません。

そのようなものとしてアメリカは、「ヨーロッパ大陸の主だった国のうちで、大英帝国の偉大さと富と力とによってその野心を挫かれ、自惚れを破られ、利益を傷つけられなかった国はひとつとしてない」状況のなかで大陸諸国との同盟の確立に困難を覚えていたイギリスにとって、格好かつもっとも自然な同盟可能国とうつっていたのです。

たとえば「イギリスの孤立」という論文のなかでジャーナリストのエドワード・ダイシは、たとえ「一時的な国家的悪意の暴発」があるにせよ、「世界のふたつの大きなアングロ・サクソン国家間にある人種、言語、文学、宗教、制度の共通性は、最終的に両者を相互に引き寄せる永遠の力として働きつづけるにちがいない」と述べています。そのうえで、「わたしはこれまでのところ、グレート・ブリテンと合衆国間の和親協約の主張者によって提出された、血は水よりも濃いという原則の執拗な信奉者である」という表現で、英米間のアングロ・サクソン同盟の可能性にもふれているのです(2)。

そのアメリカからやって来たモリスは、ほとんど軽薄にもみえる陽気さ、愚直なまでの男らしさ、その経済力と気前よさといった点で、おそらくイギリスのアメリカにたいする好感を反映させている人物です。「もしアメリカがあのような男を生みつづければ、それはほんとうに世界の強国となるだろう」（第二三章）――このシューワードの言葉は、モリスの人物のすばらしさを称えるとともに、アメリカがしだいに強国になりつつあるという同時代的事実を、一見すれば肯定的に語っているわけです。

そしてモリスはドラキュラ追撃にあたって「善良で勇敢な男たち」の一員として期待にたがわぬ見事な活躍をします。彼はドラキュラの味方をする「ジプシー」の刃にひどく傷つきながらも、ジョナサンとともにドラキュラにとどめを刺すのです――「その瞬間、ジョナサンの振りまわした蕃刀が一閃した。それは〔ドラキュラの〕喉元を切り裂いた〔中略〕。と同時に、ミスタ・モリスのボウイー・ナイフが心臓に突き刺さった」（第二七章）。

こうして「植民地的野心」を見せながら自分の「同類」をつくりつづけようとしたドラキュラを、イギリス人とアメリカ人が協力して退治する――もしも「すばらしいドイツ語」を話すドラキュラがほんとうにドイツ人として造形されていたならば、これは一九〇三年の「ドイツの植民地的野心とアングロ・サクソンの利害」(Eltzbacher 1903) という論文が暗示することになる、少なくとも一部のイギリス人にとっては理想的な同盟関係をものの見事に先どりするものとなっていたでしょう。

しかしモリスは「善良で勇敢な男たち」のなかで唯一落命する存在です。どうしてドラキュラと闘った男たちのうちで、ひとりアメリカ人のクインシー・モリスのみが命を落とさなければならなかったのでしょうか。おそらくそれは彼がアメリカ人であったということと無縁ではないのです。いつか「ほんとうに世界の強国になる」にちがいないアメリカの市民である彼は、そしてドラキュラと同様に金持ちである彼は、「すばらしいドイツ語」を話すドラキュラとともに、死なねばならなかったのです。そこにもじつは産業革命後発国にたいするイギリスの不安が反映されているのです。

モンロー原則

『ドラキュラ』の第一八章、モリスがシューワードの経営している精神科病院を訪れたときのこと、ドラキュラと通じているレンフィールドという異常者がこう言います。

ミスタ・モリス、あなたはご自分の大きな州〔テキサス〕を誇りに思うべきです。それが合衆国に併合されたことは、遠い将来にわたって影響力をもつかもしれない先例となりました。遠い将来、それにならって、極地と熱帯地方も星条旗に忠誠を誓うことになるかもしれません。モンロー原則が政治的物語(political fable)としてその正しい地位を占めるとき、併合条約の力は〔アメリカの〕拡大の大きなエンジンとなっていくかもしれません。(第一八章)

これはたんなる異常者のたわごとではありえません。たしかに彼は正気を失っていますが、シューワードも「彼の狂気にはある論理がある」（第六章）と記すような人物なのです。実際、彼の言葉は奇妙なぐあいにアメリカ史の事実と符合しています。アメリカの影響力のもとでメキシコから独立し共和国（一八三六年）をつくっていたテキサスは、アメリカとの「併合条約」締結（一八四四年四月）後の一八四五年一二月、膨張主義者ジェイムズ・K・ポーク大統領のもと、二八番目の州として合衆国に併合されます。

そのとき「併合」（『民主評論』一八四五年七・八月号）という論文のなかでテキサス併合を主張するジョン・L・オサリヴァンが創造した「明白な天命《マニフェスト・デスティニー》」という観念――「年々増加していく幾百万のわが国民の自由な発展のために、神によって与えられたこの大陸にわれわれが拡大するという明白な運命」（オサリヴァン　一九五三、一八三頁）――は、その後、オレゴンの分割、カリフォルニアとニューメキシコ地方の獲得によるアメリカの西部への「拡大」の、すなわちアメリカという一大大陸国家形成のための「大きなエンジン」となっていくのです。

しかしいまだ北米大陸に利害をもつイギリス、フランスをはじめとするヨーロッパ諸国は、たとえ北米大陸の内側であったとしてもアメリカの「拡大」を「明白な運命」として黙って認めるはずはありません。イギリスとフランスは、「アメリカにおいてわれわれは勢力均衡を必要とする」（フランス首相フランソワ・P・G・ギゾーの言葉（Perkins 1965, p.

71）という立場からテキサスが独立した共和国のままでありつづけるよう働きかけたのです。そのときポーク大統領が歴史のお蔵のなかからもち出したのが、レンフィールドが言及していた「モンロー原則」だったのです。

「モンロー原則」とはなにか。

北米大陸の大部分がいまだにヨーロッパ列強の植民地として列強間の紛争に巻きこまれる恐れが多分にあった一八世紀末、アメリカ外交の基本がヨーロッパとの政治的関与を可能なかぎり少なくしようとする孤立主義だったことは当然のことでしょう。たとえば一八〇一年に第三代大統領に就任したトマス・ジェファソンは、「地球の一隅〔ヨーロッパ〕の破壊的戦乱から、自然により大洋によって幸運にも隔てられている」アメリカの地理的幸運を喜びながら、「どこの国とも平和、通商、公正な友好を求め、どこの国とも面倒な同盟を結ばない」ことを彼の外交政策の基本方針として表明しています（有賀 一九七六、二七―二八頁）。その意味でアメリカは、英仏海峡によって隔てられた地理的幸運を喜びながら、「どこの国とも面倒な同盟を結ばない」という孤立主義（「栄光ある孤立」）をとっていたイギリスと似ていなくもなかったのです。

一八二三年、第五代大統領ジェイムズ・モンローの年次教書のなかで公表された――しかし実際には国務長官ジョン・クインシー・アダムズの力によるところが大きい――「モンロー原則」は、このアメリカの孤立主義の伝統をうけつぎながら、それに重要な側面を付加したものだったのです。つまりそれは、たんにアメリカがヨーロッパの問題に介入しないというだけではなく、その見返りとしてヨーロッパが（アメリカの共和制とは異なる専制という）その「政治制度」を、「南北アメリカ大陸」ないしは「この半球」（西半球）に現状以上に「広げようとする」ことを拒絶するというものだったのです。

そしてそれに付随して「モンロー原則」は、アメリカ合衆国が「現存する〔ヨーロッパの〕植民地あるいは保護領」にかんしてはそれを容認するけれども、その見返りにヨーロッパ諸国が「南北アメリカ大陸」を「将来の植民地化の主題と見なす」ことは、これを拒絶するとも定めていました（反植民地化原則）（"The Original Monroe Doctrine: Contained in the President's Message of December 2, 1823," cited in Perkins 1941, pp. 391-393）。いうまでもなく、この「モンロー主義の反植民地化原則の表明の背後には、アメリカ自身の領土拡大の野心があった」（有賀 一九七六、三二一―三二二頁）のです。「南北アメリカ大陸」において領土を拡大しうるのは、「モンロー原則」によれば、実質的にはアメリカ合衆国だけとなるからです。

そしてポーク大統領は、テキサス併合に際して、一八二三年以来ほとんど利用されることのなかった「モンロー原則」をもち出すことによって、「モンロー原則」に秘められた「アメリカ自身の領土拡大の野心」を実際に証明してみせたのです。「世界の現下の情勢を思うに、現在は、ミスタ・モンローによって公言された原理を反復し再確認するのに適切な機会と見なされる」と述べながら、彼はこう主張します。

もしもこの大陸〔アメリカ大陸〕の、独立国家を構成しているある地域がわれわれ合衆国との合併を提案したとしても、これは彼らとわれわれがいかなる外国の干渉もなしに決定すべき問題である。ヨーロッパ諸国がこの大陸に維持しておきたい「勢力均衡」をかき乱すかもしれないという理由で、このような合併を阻止すべく介入するとすれば、われわれはその介入に同意することはできない。(3) ("Polk's First Annual Message, December, 1845," cited in Hart 1916, p. 114)

クインシー・モリスの州テキサスの併合は、アメリカがそれを獲得するために、「〔アメリカの〕拡大の大きなエンジン」として「モンロー原則」をもち出した最初の大きな事件だったのです。その意味で、モリスのクインシーというファースト・ネームが「モンロー原則」策定の立役者だったジョン・クインシー・アダムズのミドル・ネームでもあったというのは、偶然ではないのかもしれません。一八九〇年三月にストーカーが『ドラキュラ』のためにつけはじめた「創作ノート」では、彼のファースト・ネームは「ブルータス」となっていました (Stoker 1991b, p. 307)。『ドラキュラ』における固有名の多くがそうであるように、「クインシー」という名前の選択もおそらくは意図的に行なわれたのです。

アメリカの帝国主義的拡大

一八九〇年、すでに一大大陸国家を形成していたアメリカは、『国勢調査局公報』一八九〇年版によって、西部の「フロンティア」――「一平方哩《マイル》につき人口が二人以上の密度をもつ開拓地の周辺」――の消滅を宣言します。

> 一八八〇年まで（同年も含めて）は、わが国には開拓地と未開拓地との境界があったが、現在では未開拓地域にそれぞれ孤立した開拓部落がひろく散在してしまっているので、もはや辺境線《フロンティア・ライン》があるとは言えなくなった。それで辺境《フロンティア》の範囲とか、其の西方への移動その他を論議するにしても、辺境はもはや国勢調査報告には記載される場所がなくなっている。

しかし歴史家フレデリック・ジャクソン・ターナーが「アメリカ史における辺境《フロンティア》の重要性」（一八九三年）という有名な論文のなかで予言したように、「（辺境の）消滅と共にアメリカ史の第一期が閉じられた」としても、フロンティアによって形成された「アメリカ人の生活の拡張的な性質」は消滅することはなかったのです（ターナー 一九七三、六、四二、四一頁）。むしろ、国内にフロンティアを失った一八九〇年代のアメリカ合衆国は、あたかも内部の膨張するエネルギーに押し出されるかのように、急速に合衆国の外部にむけて帝国主義的「拡大」を開始します。そしてそのためにアメリカは、海軍士官にして歴史家アルフレッド・T・マハンの『歴史に及ぼした海軍力の影響、一六六〇―一七八三年』（一八九〇年）の影響下に海軍の急速な近代化を断行、一九〇〇年にはイギリス、ドイツにつぐ世界第三位の艦隊を保有するにいたります。アメリカはたんに産業経済力においてのみならず、軍事力においても「世界の強国」となっていくのです(4)。

ところで、ストーカーが『ドラキュラ』の本格的な執筆にとりかかっていた一八九五年から九六年にかけて、アメリカの「拡大」がどの地域にむかおうとしていたのか――それは、『同時代評論』一八九五年九月号に掲載されたW・T・ステッドの「アメリカにおける好戦的愛国主義《ジンゴイズム》」という論文に見ることができます。そのなかでステッドは、シカゴの『タイムズ・ヘラルド』が企画したアメリカのオピニオン・リーダーたちへのアンケートを紹介しています。(1)「合衆国はカナダ、ニューファウンドランド、キューバ、ハワイを併合すべきであるか？」、(2)「アンクル・サム〔合衆国の擬人化〕は最終的に北米大陸を支配するか？」

そのうえでステッドは、このアンケートにたいするふたりの回答を紹介します。ひとりは、「キリスト教の規範にもとづいた、英語を使用する国民の連盟」という観点から「カナダの併合」を主張する元上院議員のジョン・J・インガルズ。(2)の質問に彼は、「最終的にわれわれは北米大陸を支配し、モンロー原則の主張により西半球全体の運命を指導すべきである」と述べています。もうひとりは、「モンロー原則とアメリカの拡大の熱心な主唱者」上院議員のヘンリー・カボット・ロッジ。彼は「キューバは併合されるべきであり、カナダ、ニューファウンドランド、ハワイも同様である」と主張しています（Stead 1895, pp.

335-336)。

実際、マハンが太平洋上の拠点として併合を主張していたハワイでは、一八九三年、合衆国への併合を求めるアメリカ人砂糖プランターのクーデターにより女王リリオカラーニ（カメハメハ王朝）の王国が崩壊。その年、合衆国上院に上程されたハワイ併合条約はグローヴァー・クリーヴランド大統領によっていったん撤回されるものの、五年後の一八九八年には実現を見ることになります（「熱帯地方」のハワイは、「極地と熱帯地方が星条旗に忠誠を誓う」ことになるというレンフィールドの予言をあたかも実現するためであるかのように、一八六七年にロシアから購入された「極地」のアラスカとともに、一九五九年になって正式にアメリカ合衆国に加えられます）。

そしてアメリカがハワイを併合した一八九八年というのは、アメリカの帝国主義的「拡大」を画したとされる米西戦争の年でもあったのです。一八九五年にはじまるキューバ人民の独立運動を契機にして起きたその戦争で、旧帝国スペインにたいして電撃的な勝利をおさめたアメリカは、その結果として、キューバにたいする保護権と、フィリピン、グアム、プエルトリコの領有権をやすやすと獲得することになります（アメリカがハワイ併合を決断したのは、米西戦争中のフィリピン攻撃に際して、ハワイのもつ軍事拠点的意味を実際的に理解したからです）。

ステッドの論文は、アメリカ合衆国に隣接するカナダという自治領を北米大陸にもつイギリスの市民として、「ジンゴイズム」のなかで着実に圧力を増しつつあったアメリカの帝国主義的「拡大」の脅威を憂慮するものだったのです。そして少なくともハワイとキューバにかんしてほどなく歴史が証明することになるように、それはたんなる杞憂ではなかったのです。

要するに、帝国主義的「拡大」を企図していたドラキュラを退治するのに大きな役割を果たしたモリスの国アメリカは、一八九〇年代にいたって、かつてテキサス共和国を併合したのと同様にハワイ王国を併合し、またキューバを実質的に保護国化しつつそれをみずからの「同類」とすることにおいて、ドラキュラが表象する帝国主義的「拡大」の脅威そのものと化していたのです。しかもその「拡大」はイギリスの自治領となっていたカナダをふくむ北米大陸はもとより、その外側にも広がっていこうとしていたのです。

アングロ・サクソンの国家としてともに協力してドイツの脅威に対抗していくべき国でありながら、しかし同時にそれ自身がドイツと同様にイギリスにとって脅威になりつつある「拡大」する帝国――そのような国家の市民として、モリスはどこかしらあやしげな存在です。大胆で独創的な文学研究者フランコ・モレッティならば、推理小説の読者ならば少なくとも一度は、ドラキュラと通じているのではないかと疑いたくなる怪しさをもっている人物なのです。多少長いですが、モレッティの見事な分析を引用しましょう。

アメリカ人モリスは死ななければならない。なぜなら彼もまた吸血鬼だからである。最初に登場した時から、彼は謎に包まれている。〔中略〕「テキサス生まれのアメリカ人でとても好い方。とても若くて元気ではつらつとして見えるので〔中略〕、いろんな土地でいろんな冒険をしておいでになったとは思えないくらい」。どこで？　どんな冒険をしてきたのか？　彼の金の出所はどこか？　職業は何か？　どこに住んでいるのか？　このうちのひとつでも知っている者はいない。だが疑う者もいない。モリスから輸血を受けた直後にルーシーが死に——その後吸血鬼に変身した時でさえ疑いを抱く者はいない。そのしばらく後で、〔中略〕モリスが、パンパスで自分の馬が「あのへんで吸血鬼と言っている大きな蝙蝠《こうもり》の一匹に」生き血を吸い取られたという話を語ったあとでも疑う者はいない。小説の中で「吸血鬼」という名が発せられるのはこれが最初である。しかし、何の反応もない。さらに数行先で、モリスが「私〔シューワード〕に身を寄せて……声をひそめて荒々しく「何がそれ〔血〕を取って行くんだい？」とささやいた」時にも、何の反応もない。〔中略〕さらに、吸血鬼狩りの計画会議の最中にモリスが部屋を出て、準備の様子を窓のところで聞いていた蝙蝠を撃ちに行った時も——もちろん撃ち損じるのだが——疑いを抱く者はいない。あるいはドラキュラが屋敷内に押し込んできたあとモリスが森に隠れた時も、その唯一の成果は彼がドラキュラを見失い、その夜の狩りを中止するように他の人びとをしむけることだけだったにもかかわらず、疑いを抱く者はいないのだ。今述べたのが、モリスが『ドラキュラ』の中で行なう行為のほとんどである。他の登場人物たちとは違って、どういうわけかは謎であるが、吸血鬼の世界に加担するという特徴を持っていなければ、モリスはまったく余計な登場人物となっていただろう。ものごとがドラキュラ有利に動いているあいだは、モリスは共犯者のように行動する。運命の逆転が起こるやいなや、彼は最も強力な敵となる。モリスはドラキュラとの競争に突入する。彼はドラキュラに取って代わって旧世界を征服したのだ。彼は小説の中では失敗するが、この数年後に「現実」の歴史において成功を遂げることになる。

モリスが吸血鬼たちとつながっているという点を理解するのは興味深いことである――なぜならば、アメリカは、現実において最終的には英国を従属させるのであり、英国は無意識のうちにではあるが、それを恐れていたからである。（モレッティ　一九九二、三四―三五頁）

「アメリカ人モリスは死ななければならない」。なぜならモリスは、「吸血鬼」のように「拡大」する帝国、いつかイギリスを追い抜く「世界の強国」となりイギリスを脅かすアメリカの市民にほかならないからです。そして「英国は無意識のうちにではあるが、それを恐れていた」のです。たしかにクインシー・モリスの死には、イギリスを追い越しながら「拡大」していく帝国としてのアメリカにたいする無意識の恐怖が織りこまれているのです。

「拡大」する「世界の強国」としてのアメリカにたいする恐怖。しかもそれはイギリスにとってたんなる「漠然とした恐怖」（第九章）だったわけではありません。イギリスとアメリカのあいだには、実際に一八九五年、イギリス人の心胆を寒からしめる戦争の危機が訪れていました。その原因は南米大陸のヴェネズエラ国境問題にありました。そして「モンロー原則」という「政治的物語」が大多数のイギリス人の感情と意識と記憶のなかに刻印されるのは、じつはこの問題をつうじてのことだったのです。

ヴェネズエラ国境問題

そもそもヴェネズエラ共和国とイギリス領ギアナとの国境問題は、イギリスがオランダからギアナを獲得した一八一四年以来の懸案だったのですが、両国のあいだに交渉がもたれた一八四〇年代、一八七〇年代、一八八〇年代にも解決が得られないまま、それは一八九〇年代をむかえていました。一八八一年以来、仲裁による問題解決を提案していたヴェネズエラは、幾度ものイギリスの拒絶ののち、一八八七年、ついにイギリスとの外交関係を断絶し、アメリカに助力を求めていたのです。

その後、英米間の大使レヴェルの折衝がつづけられますが、アメリカによる仲裁を拒絶するイギリスの意思は固く、事態は膠着します。そのような状況のなか、一八九四年になって、ヴェネズエラ政府の法律顧問として雇われた、元駐ヴェネズエラ・アメリカ大使のウィリアム・L・スクラッグズは、アメリカの世論を覚醒させるべく、「ヴェネズエラにおけるイギリスの領土侵害、あるいはためされるモンロー原則」というパンフレットを公刊します(Perkins 1941, p. 173)。一二月までに四刷が出たといいますから、かなりの関心を引いたにちがいありません。

そして問題の一八九五年。まず、二月、合衆国連邦議会は、仲裁のうけいれをイギリスとヴェネズエラ両政府に求める決議を、下院と上院の両方においてそれぞれ満場一致で通過させます。そしてクリーヴランド大統領がその決議に署名した二月二〇日以降、アメリカの世論が騒然としはじめます。「モンロー原則は一八二三年にそうであったのと同じ程度、一八九五年においても適切かつ重要となっている」(『ニューヨーク・トリビューン』)、「モンロー原則のもと、アメリカ合衆国はヴェネズエラ領土のそのような併合を無頓着に傍観することはできない」(『シカゴ・トリビューン』)といった文章が示唆するように、アメリカの仲裁を拒絶するイギリスの姿勢を「モンロー原則」を蹂躙《じゅうりん》するものとして非難する論調が目立っています(Scudder 1972, p. 92)。

そのなかで、軍事力行使も辞さないとする対英強硬論も浮上してきます。『北米評論』に掲載された上院議員、ヘンリー・カボット・ロッジの論文はそのような論調の典型としてもっとも影響力をもつものでした。結論として彼は述べます、「アメリカの国民はモンロー原則を捨てる用意も、西半球における正当な主権を放棄する用意もない。それどころか、その両方を維持するために、いま戦う用意がある」(Perkins 1941, p. 174)。この好戦的な論調は、アメリカ政府のイギリスにたいするその後の姿勢にも大きな影響をあたえることになります。

そして一八九五年七月二〇日、国務長官リチャード・オルニーが、ソールズベリ卿が総理大臣（兼外務大臣）を務めるイギリス政府宛文書を駐英大使トマス・ベイヤードに送るとともに、ヴェネズエラ国境問題は新たな段階にはいります。その文書の内容はおおむね以下のとおりです。

⑴「モンロー原則」の正当性。⑵ヴェネズエラ国境問題が「モンロー原則」の適用範囲の内部に位置していること。⑶「こんにち合衆国は事実上この〔アメリカ〕大陸における主権者である」こと。⑷「イギリスが論争の対象となっている地域にたいする権利を主張し、かつその権利についての調査を拒絶する」のは、「それ自体が圧制的であるのみならず、合衆国国民の利益をそこなう」ものだということ。⑸「イギリスがヴェネズエラ国境問題を全体として公正な仲裁にゆだねるのに同意するか、あるいはそのことを拒絶するかという問題にかんして、明確な決定が求められている」こと。⑹「その方針〔モンロー原則〕の擁護にとって必要かつ適切な方策は、政府の他の部門によって決定されるべきものではあるが、そのような決定を不要とすることに役立つかもしれないあらゆることを残らず行なうことが行政府の仕事である」こと（Hart 1916, pp. 194-198; Perkins 1941, p. 176）。

「こんにち合衆国は事実上この〔アメリカ〕大陸における主権者である」という拡大解釈された「モンロー原則」に則ってアメリカの仲裁のうけいれをイギリスに迫るこのオルニーの

文書は、八月七日、たしかにベイヤードからソールズベリ卿に伝えられます。しかし⑹に示唆されている軍事力行使の可能性にもかかわらず、イギリスがアメリカの求める「明確な決定」をアメリカにたいして送ったのは、ようやく一一月二六日になってからでした。

しかもその内容はアメリカの主張を根底から否定するものでした。⑴ヴェネズエラ国境問題は、「ヨーロッパの国がアメリカ大陸のいずれかの地域を植民地化するという問題ではない」ので、「モンロー原則」とは関係がないということ。⑵そもそも「モンロー原則」なるものは「諸国家の一般的同意のうえに基礎づけられる国際法」ではなく、「イギリス政府がそれをうけいれた」と理解されるべきではないこと（Hart 1916, pp. 199-201）。

これにたいしてクリーヴランドは、一二月一七日、議会にたいする特別教書のなかで、「モンロー原則は、あらゆる国家はその権利を保護されなければならない〔中略〕という理念にもとづく国際法の原理のなかに、その認知を見いだしている」と述べて、ソールズベリ卿の批判にたいして「モンロー原則」を擁護したうえで、アメリカのとるべき方策をこう提示します。⑴「ヴェネズエラ共和国とイギリス領ギアナの真の国境線を、正当化するに足るじゅうぶんな確証をもって決定するのが、合衆国の義務である」こと。⑵その結果、「ヴェネズエラに属すべきものと決定された地域にたいしてイギリスが土地の横領あるいは管轄の実行を行なっている場合には、あらゆる可能な手段を用いてその行為を、合衆国の権利と利益にたいする故意の侵害として阻止するのが、合衆国の義務となるであろう」こと（Grover Cleveland, "Special Message to Congress: Venezuela Boundary Dispute,

December 17, 1895," cited in Vexler (ed.) 1968, pp. 111-114)。

こうして、それまでは（一八九三年の「ハワイ併合法案」を撤回するなど）膨張主義を否定する傾向にあったクリーヴランド大統領までもが、ヴェネズエラ国境問題にかんしてイギリスと一戦交えるのも辞さないという強硬な態度を示したのです。これにたいしてアメリカ国民はおおむね――むろんその冒険的な態度を批判する知識人や聖職者はいましたが――熱狂的に大統領を支持し、ジンゴイズムの狂熱にとらえられます。これにたいしてイギリス国民のほうはどうだったのか。歴史学者G・M・トレヴェリアンは述べています、「アメリカの国民が大統領支持の喚声とともに立ちあがったのにたいして、イギリスの国民は合衆国との戦争という考えに本能的な恐怖の悲鳴をあげた」のです⑤（Trevelyan 1965, p. 403）［図Ⅳ－1・2］。

たしかにイギリスのなかにも、グラッドストンのようにクリーヴランドの教書を「仰天すべき愚行」と非難する声はありました（Perkins 1941, p. 180）。しかしアメリカとのそれ以上の関係悪化を怖れたイギリスは、急遽、協調の道をさぐることになります。そこにはイギリスがアメリカに投下していた莫大な資本への配慮という経済的要因もありました。しかしより重大な要因は、ヨーロッパにおける「イギリスの孤立」という現状のなかで、「血は水よりも濃い」という原則にもとづくアメリカへの友好的感情だったのではないでしょうか。

たとえばアーサー・バルフォア（イギリスの政治家）は、一八九六年一月一五日、「モンローよりさらに権威のある政治家が、英語を話す国民のあいだで戦争は起こりえないという原

図IV-1 ライオン（＝イギリス）の尻尾をひねるクリーヴランド大統領（Garraty 1992, p. 206）

図IV-2「ジョナサン・ジンゴ！」(*Punch*, 1 February 1896)「モンロー原則」という「古い大砲」に弾をつめる「アメリカの戦闘的愛国主義」。

則をいつか策定することになるだろう」（Scudder 1972, p. 100）と述べているのです［コラム13］。

アメリカにたいするイギリスの友好的感情は、一二月一七日のクリーヴランド大統領の特別教書後のイギリスのアメリカにたいする態度を、それから約二週間後に起きたいわゆる「クリューガー電報事件」後のイギリスのドイツにたいする激烈な反独感情と比較するとき、いっそう明らかになるでしょう。イギリスは軍事的にはいっそう脅威だったはずのドイツにたいするよりも、アメリカにたいしてずっと妥協的な態度に出ているのです。

たとえば皇太子（のちのエドワード七世）とその息子のヨーク公爵（のちのジョージ五世）は、その年のクリスマスに『ニューヨーク・ワールド』あてに、「現在の危機が英米の双方にとって満足のいくかたちで決着し、その後に、両国のあいだに長年存在したのと同様の温かな友好的感情が回復されることを心より信じる」むねの電報を打ちます。このようなイギリスの趨勢のなかでソールズベリ卿も、一八九六年二月には議会において、「合衆国の介入が、われわれにとって満足すべき結果を、それがなかった場合よりも速やかにもたらすかもしれない」と言明するにいたります（"Telegram from H. R. H.'s secretary to *The New York World*, Christmas Day, 1895," cited in Scudder 1972, p. 98; *Hansard*, vol. XXXVII., c. 52, cited in Scudder 1972, p. 99）。

こうしてヴェネズエラ国境問題はその平和的決着を、イギリスとヴェネズエラが指名したそれぞれふたりの委員から構成される合同の仲裁委員会へとゆだねることになります（ヴェネズエラが指名したのは合衆国最高裁判所のふたりの裁判官でした）。その委員会が一八九九年一〇月三日に出した最終結論は、結局のところ、イギリスの主張する国境線に近いものでした。

しかしその最終結論がたとえイギリスに有利だったにしろ、以上のような経過をつうじてアメリカは「モンロー原則」を国際社会において認知させ、そのことをとおして南北アメリカ大陸からヨーロッパ列強の存在と影響力を排除しながら、しだいに「事実上この〈アメリカ〉大陸における主権者」として、西半球全体におけるおのれの立場を強化していくことになったのです。そしてシオドア・ローズヴェルト大統領が、アメリカは西半球における「国際警察力」として行動するという「ローズヴェルト派生原則《コロラリー》」という究極の「モンロー原則」を打ち出すのは一九〇四年、『ドラキュラ』公刊のわずか七年後のことにすぎないのです。

「モンロー原則が政治的物語としてその正しい地位を占めるとき、併合条約の力は〈アメリカの〉拡大の大きなエンジンとなっていくかもしれません」――レンフィールドのこの言葉は、たんに五〇年もまえのテキサス併合を祝福しているのではありません[6]。

むしろその言葉は一八九〇年代のイギリスの読者に、「モンロー原則」が適用された同時代的出来事としてのヴェネズエラ国境問題を想起させずにはいなかったのであり、その問題が明確化してみせたアメリカの帝国主義的「拡大」の方向と、それに必然的にともなう英米間の戦争の可能性とを、恐怖とともに想起させずにはいなかったのです。たとえばエドワード・ダイシは、アメリカが「モンロー原則にかんするクリーヴランド大統領の解釈」にしたがって、「グレート・ブリテンによるカナダの領有はモンロー原則の蹂躙である」と主張し、「イギリスとの戦争を結果させるかもしれない政策」をとる可能性を指摘しています

(Dicey 1896a, p. 339)。

そしてヴェネズエラ国境問題は、アンソン大尉の『一九〇〇年の英米大戦』(一八九六年)という、アメリカを仮想敵国とするきわめて例外的な侵略小説を生み出します。英語とアングロ・サクソンの血を共有する国家として友好的感情の対象であったアメリカが、たんにイギリスをしのぐ産業経済力を獲得しつつある産業革命後発国であるばかりでなく、「世界の強国」として怖ろしい交戦国ともなりうることを、イギリス人はたしかに、ヴェネズエラ国境問題をめぐる恐怖のなかで学んだにちがいありません。

アメリカにたいするアンビヴァレンス

しかしそれにしてもアメリカにたいする恐怖は『ドラキュラ』のテクストに、なんと微妙に織りこまれていることでしょう。「もしアメリカがあのような男を生みつづければ、それはほんとうに世界の強国となるだろう」と賞賛されながら、というよりそれだからこそ「アメリカ人モリスは死ななければな」りません。しかしモリスはいったん死ねば、記憶のなかでは「勇敢な友人」として顕彰され、偶然にも彼の命日にジョナサンとミーナのあいだに息子が生まれると、その息子の名前として生まれかわるのです。「息子の名前はわたしたちの仲間だった男たちの名前をいくつかむすびあわせたものです。しかしわたしたちは彼をクインシーと呼んでいます」(第二七章)――賞賛しつつ殺害し、殺害したのちにふたたび顕彰する、というアメリカにたいするこのアンビヴァレンス。

そしてこのアンビヴァレンスは、アメリカにかんする一八九〇年代のイギリスの多数のテクストに認められるものです。たとえば『ドラキュラ』公刊の前年、イギリスの小説家にして社会改革家でもあったウォルター・ベザントは『北米評論』一八九六年八月号に「アングロ・サクソン民族の未来」という論文を発表します。

その論文のなかで彼は、「支配者的民族」たるアングロ・サクソンが移民の過程をつうじて他民族を「同化／吸収《アブソーブ》」しながら、いかに多くの領土を世界中に獲得することになったかを語ります（「彼はどこに行こうが、同化されることはない――彼は同化するのだ」）(Besant 1896, p. 130)。そのうえで彼は、民族的な絆でむすばれた六つのアングロ・サクソン地域――イギリス、アメリカ、カナダ、オーストラリア、ニュージーランド、南アフリカ――が現在直面している「深刻な危険」(Ibid., p. 129) を指摘するのです。

彼によれば、現在のアングロ・サクソン地域は「一大帝国と一大共和国」という「人口的に等しいふたつのセクション」に割れています。そのうち「一方のセクションは多くの部分に分割分断されており、他方は分割されていない全体として大いにその力を増大させている」というのです。言うまでもなく前者は、それぞれ独立の道を歩みはじめているカナダ、オーストラリアなどを抱えもつ大英帝国、そして後者は「名目的にではなく実質的に統一されている」アメリカ合衆国です (Ibid., p. 137)。

たとえオーストラリアと南アフリカにおける人口増加率の高さを考慮にいれるにしても、

そのうち有利な立場にあるのは後者のアメリカ合衆国であり、大英帝国を構成する「大植民地」は世代ごとに「共和的な観念を強めて」おり、その政体の相違から「感情の面で本国からどんどん分離していくであろう」とベザントは述べます（Ibid., p. 139）。そのうえで彼はアングロ・サクソン世界の「眼前に横たわるふたつの道」について語ります（Ibid., p. 142）。

「ひとつの道は戦争を通過する道」です。それは、「グレート・ブリテンと合衆国とのあいだに長い悲惨な戦争」が起こり、「両国とも疲弊する」という悲観的な道です。しかもその可能性はベザントによれば、「たんにあるというだけではなく、かなり高い」のです（Ibid.）。ここに例のヴェネズエラ問題のもうひとつの反響を見ることができるにちがいありません。その道を避けるためのもうひとつの道は、両国間の利害を調整する「仲裁裁判所」を介在させた「永久的同盟」の創設です。それは、「われわれの民族の偉大な同盟、〔中略〕平和的だが、しかしいつでも戦う準備のある巨大な同盟」、「たとえ全世界が軍事的に結合しても無力でしかないような強力な海軍をもつ、攻撃的あるいは防衛的な堅固な同盟」なのです（Ibid., p. 143）。

こうしてベザントは、イギリスとアメリカのあいだに「防衛的」のみならず「攻撃的」にも明確な軍事的性格をもった同盟の創設を、ひとりのイギリス人としてアメリカの雑誌において訴えているのです。彼にとってもアメリカは、「長い悲惨な戦争」を戦う敵同士であるのか、同じアングロ・サクソン民族として共通の敵と戦う仲間同士であるのか、その両方の可能性をもったアンビヴァレントな存在だったのです。

それにしても、他民族をたえず「同化／吸収」しつつその領土を拡大していくアングロ・サクソン民族は、吸血しつつ彼の「同類」をふやしていくドラキュラとなんと似ていることでしょう。ドラキュラとはじつは抑圧された彼らの自己イメージだったのかもしれません。しかし「分割されていない全体として大いにその力を増大させている」アメリカ合衆国がなおもドラキュラ的「同化／吸収」をつづけているのにたいして、大英帝国は、かつて「同化／吸収」した領土をいまや「分割分断」されようとしています。いわばそれは四肢を分断されようとしているドラキュラなのです。

そしてアメリカがいまだにヨーロッパ諸国との同盟関係を遠く離れて「モンロー原則」による孤立主義を堅持しつづけるのにたいして、産業経済力と軍事力における相対的弱体化を意識せざるをえないイギリスは「栄光ある孤立」を捨てて「吸血鬼どもにはあたえられていない」「連合の力」への道を模索しはじめていたのです。

その意味でドラキュラとしてのアメリカは、じつは、イギリスがかつてそうであったものであり、そうであろうと望みつづけたものであり、そしてついにそうでなくなりつつあったもの――「大いにその力を増大させている」「分割されていない全体」――なのです。「わたしはひじょうに長いあいだ支配者だったので、なお支配者でいたいのだ」（第二章）と語るドラキュラは、そのようなものとして一九世紀末大英帝国の表象そのものであり、そして彼は、つぎつぎに植民地を失っていく二〇世紀の大英帝国の運命を予徴するかのように、ついにその肉体を切り裂かれることによって「支配者」たる地位を失っていくのです。

（1）　ストーカーは一八八六年と八七年のアメリカ旅行中にホイットマンを訪ねてもいます。Stoker 1906, vol. i, pp. 285-288; vol. ii, pp. 92-111; Belford 1996, pp. 146-169.

（2）　Dicey 1896a, p. 338. シャーロック・ホームズも英米同盟の信奉者です。「独身の貴族」（一八九二年雑誌掲載）のなかでホームズは、「モールトンさん、アメリカの方にお会いするのはいつも愉快なことです。なぜならわたしは、ずっと昔にある王様がばかなことをしたり、ある大臣がへまをしでかしたからといって、それでわれわれの子孫がいつか、ユニオン・ジャックと星条旗とをくみあわせた国旗のもとで、同じ世界大の国家の市民になることの妨げになるものではない、と信じるもののひとりだからです」と語っています（Doyle 1981, pp. 299-300）。

（3）　ただし『タイムズ』一八四五年一二月二七日号の社説がポーク大統領の「理論にはまったく根拠がない」と断じているように、「モンロー原則」はいまだヨーロッパ諸国の認知を得たものではありませんでした。

（4）　最大の海軍力を有する国家が世界を制覇すると主張したマハンは、その後も『フランス革命と帝国に及ぼした海軍力の影響』（一八九二年）、『海軍力にたいするアメリカの関心』（一八九七年）といった一連の著作をとおして、世界覇権における海軍力の重要性を説きつづけ、たんにアメリカのみならずイギリスとドイツの海軍政策にも重要な影響を及ぼすことになります。第一次大戦まで延々とつづく列強の海軍力競争の背後には、このマハンの無視しえない影響があるのです。

（5）　ヴェネズエラ国境問題が一八九五年の夏以降いかにイギリス人の関心事となっていたかは、それにかんする論文の多さに端的にあらわれています。See Stead 1895; Somerset 1895; Stanley 1896; Dicey

1896b; Bolton 1896; Maxse 1896; Morley 1896; Low 1896, etc.

（6）「モンロー原則」を「政治的物語／作り話（political fable）」と呼ぶレンフィールドの表現には、それが「諸国家の一般的同意のうえに基礎づけられる国際法」ではないというソールズベリ卿の言葉に代表される、「モンロー原則」にたいするイギリスの反感がこめられているはずです。

コラム12　三国同盟

図IV-3「「三姉妹」あるいは三国同盟」（*Punch*, 27 October 1888）

ヨーロッパの一九世紀末は列強間の同盟が模索された時代でした。まずは一八八二年のドイツ、オーストリア、イタリアの「三姉妹」からなる「三国同盟」［図IV－3］。そして一八九四年のロシアとフランスの「露仏同盟」［図IV－4］。後者について『パンチ』は、「歴史はくりかえす。一度目は悲劇として、二度目は笑劇として」というカール・マルクスの格言を念頭におきながら、フランスとロシアの「美女と野獣」的な不釣り合いな「団結」を「笑劇」と見ています。しかしイギリ

図IV-4「団結、笑劇と化す！」(*Punch*, 21 October 1893)

スは、二〇世紀になると日英同盟（一九〇二年）をむすんだあと、フランスと英仏協商（一九〇四年）、ロシアと英露協商（一九〇七年）をむすぶことになります。三国同盟という「悲劇」に対抗するために「笑劇」との同盟をむすぶことを選択したのです。

コラム13　モンロー原則

「すべての場所のすべてのものはわれわれ／合衆国（US）に属する」という「モンロー原則」にかんする「単純な定義」［図Ⅳ－5］。

ジョウゼフ・チェインバレンとアーサー・J・バルフォアが「モンロー原則」に乗っている「かわいいディック」（リチャード・オルニー国務長官）のご機嫌をとっている［図Ⅳ－6］。チェインバレンの言葉は、「わたしは、星条旗とユニオン・ジャックが人間性と正義によって是認される共通の大義を守護すべくいっしょにひるがえる可能性を、喜びとともに期待する」というもの。バルフォアの言葉は本文参照。

図**IV-5**「単純な定義」(*Punch*, 2 November 1895)

図**IV-6**「かわいいディック！」(*Punch*, 8 February 1896)

反ユダヤ主義の世紀末

THE ALARMED AUTOCRAT!
CZAR OF ALL THE RUSSIAS. "TAKE HIM AWAY!—TAKE HIM AWAY! HE *FRIGHTENS ME!*"

「おびえる独裁君主！」(*Punch*, 13 June 1891)

第Ⅴ章　ユダヤ人恐怖と外国人法の成立

東欧ユダヤ人移民

ことの発端は遠いロシアで起こったひとつの事件――一八八一年三月一三日、ペテルブルクで起きた、ニヒリスト集団の爆弾テロリズムによるロシア皇帝アレクサンドル二世の暗殺です。そこにひとりのユダヤ人女性ハシャ・ヘルフマンが関与していたために、それはユダヤ人にたいする大がかりな迫害と殺戮（ポグロム）のひきがねとなります。実際、一八八一年にウクライナにはじまったポグロムは、官憲の黙認のもと、ほどなくガリツィア（ポーランド南東部からウクライナ北西部にまたがる地域）、さらにはルーマニアへも野火のごとく広がり、東欧の広い地域でたくさんのユダヤ人が命を落とすことになりました［コラム14］。

しかも後継のアレクサンドル三世は、一八八二年五月に、「五月法」といわれる反ユダヤ主義的な「ユダヤ人関連臨時法」を発布します。一八世紀後半の三次にわたるポーランド分割の結果、そのかなりの部分をその地の多数のユダヤ人とともに帝国領土にくみいれたロシアは、それ以降、帝国西端に居留地を設定し、大部分のユダヤ人をその人口過密な居留地内部に制限し、そのうえで職業の制限や少年の徴兵をはじめとするいくつもの反ユダヤ主義的政策をとっていました。しかし一八八二年の「五月法」は、それまで以上にユダヤ人の政治的・社会的・経済的権利を制限することになったのです。しかもそれは臨時法とはいえ、共産主義革命によってロシア帝国が崩壊する一九一七年まで、ついに撤廃されることはありませんでした。

その結果、なにが起こったのか。もともと一九世紀のあいだに人口が五倍にはねあがっていた東欧ユダヤ人たちは、そのことに起因する貧困という経済的要因にも圧迫されていたので、これを契機にあたかも奔流のごとく、国境をこえて西方への移動を開始することになったのです。しかもプロイセンも一八八六年、東方から流れこんでくる大量のポーランド系ユダヤ人の追放に踏み切ります。こうして一八八二年から一九一一年にかけての三〇年間に、四度のピーク（一八八一―八二年、一八九一―九二年、一八九六年、一九〇三―〇四年）をはさんで、おびただしい数のユダヤ人難民が東欧からはるか西にむかって流れ出し、イギリスやアメリカへと押し寄せることになったのです。

たとえば歴史学者V・D・リップマンによれば、一八八一年から一九〇五年にかけて、一〇〇万のユダヤ人が東欧――ロシアから七〇万、ガリツィアから二〇万、ルーマニアから一〇万――を去り、そのうち八五万がアメリカに、一〇万がイギリスに、五万がドイツその他にむかったということです（Lipman 1954, pp. 86-87）。こうしてイギリスには、一〇万の永住者と、二〇万にものぼる、アメリカを最終目的地とする一時滞在者としてのユダヤ人移民が居住することになったのです（佐藤 一九九五、二一九頁）。しかも彼らはほとんど例外なく、居留地から脱出してきたばかりで同化能力に乏しく、英語もほとんどしゃべることのできない人びと、そして「ほとんど例外なく全員が汚れで黄色くなり、ひどい臭いだった」、あるいは「たいがいの場合、彼らはまったく金をもっていない」（Wilkins 1892, pp. 40; 37）と言われているように、独特の悪臭と汚らしさを発散させているというイメージをまとった貧しい人びとでした［図Ｖ－１］。

図V-1　ロンドンのドックに到着した東欧ユダヤ人（「セント・キャサリンズ・ドックに到着した外国人」、Cowen and Cowen 1986, p. 144）

むろん、イギリスの世論はこのようなユダヤ人の運命にたいしてじゅうぶんに同情的でした。たとえば一八八二年二月一日、ロンドン市長が主催し、チャールズ・ダーウィンやアルフレッド・テニスンといった名士たちが賛助するかたちで、ロンドンの市長公邸《マンション・ハウス》で行なわれたユダヤ人救済のための会合は、ロシア政府の非人道的な行動にたいする抗議を決議するととも

図V-2 ユダヤ人救済の会合（1890年12月10日、於ロンドン市庁舎）（「ロシアにおけるユダヤ人迫害――市庁舎での会合」、*The Graphic*, 20 December 1890, cited in Cowen and Cowen 1986, p. 129）

に、救済基金として一〇万ポンド以上の額を集めることに成功しました。同様の会合は一八九〇年一二月一〇日にも、同じロンドンの市庁舎《ギルドホール》で行なわれ、やはり同程度の救済基金を集めました［図V－2］。

そこに反ユダヤ主義から比較的自由であったイギリスの状況を認めることは可能でしょう。三世紀半余りにわたって国外追放されていたユダヤ人が再入国を認められた一六五六年以降、イギリス社会のユダヤ人にたいする姿勢は、おおむね好意的なものだったと考えてもよいでしょう。とくに一九世紀になって、しだいに同化の度合いを強めていくユダヤ人にたいして、自由主義的改革運動を推し進めるイギリス社会は、思想的には宗教的不寛容を排する啓蒙主義の影響下に、いまだに残存していた若干の法的不平等を撤廃する「ユダヤ人解放」をもって応えていくことになります。

その動向は、非国教会系プロテスタント（一八二八年）とカトリック教徒（一八二九年）

にたいして政治的平等が実現された直後から本格化しはじめますが、一八世紀末から一九世紀前半におけるヨーロッパ大陸諸国の「ユダヤ人解放」が第一の目的としていた信教、居住の自由といった市民的権利の獲得は、イギリスではすでに一八世紀後半に実質的に達成されていたために、「英国における「ユダヤ人解放」とは、事実上、公官職就任権獲得の過程として」進展していくことになったのです（佐藤 一九九五、二二四頁）。

そうしたかたちで進展したユダヤ人解放は、「宣誓法」の成立した一八五八年、ライオネル・ネイサン・ド・ロスチャイルドが（改宗することなく）ユダヤ教徒としてはじめて下院議員に就任することによって、目に見える達成を見ます［コラム15］。また一八七一年には、ユダヤ教徒の閣僚就任を妨げてきた法的制限が撤廃され、英国史上初のユダヤ教徒の閣僚（ジョージ・ジェッスル）が誕生し、さらに一八八五年にはヴィクトリア女王がはじめてユダヤ人──ナサニエル・マイヤー・ド・ロスチャイルド（ライオネルの息子）──に英国貴族の爵位を認めることにもなります。

こうして思想的啓蒙主義と政治的自由主義に立脚しながら、イギリスへのユダヤ人の同化は着実に進行していたのです。むろん「ユダヤ人は愛国者たりうるか」（一八七八年）あるいは「ユダヤ人問題」（一八八一年）といった一連の反ユダヤ主義的論文を精力的に発表しつづけたオックスフォード大学歴史学教授、ゴールドウィン・スミスのような重要な例外は存在するものの（Smith 1878; Smith 1881）、同化をつうじての「ユダヤ人問題」の解決は確実に実現の方向に進んでいるように見えていました。

しかし一八八〇年代も後半になると暗雲が広がりはじめます。それは一八八〇年代になって、実際に大量のユダヤ人移民が押し寄せ、しかも彼らのかなりの部分が、それでなくとも人口過密のさまざまな悪影響にあえいでいたロンドン東部のイースト・エンドなど、伝統的にユダヤ人とのつながりが強かった地域へと集中するにつれて(1)、数々の社会問題が目に見えるかたちで生じてきたからです。たとえば人口過密とその結果としての（家屋の不足による）家賃の上昇、および非衛生と伝染病の危険、労働力過剰による「苦汗労働制度《スウェティング・システム》」の出現とイギリス人労働者の失業、売春などの犯罪や労働者のあいだのアナキズム的傾向の助長、などなど。

> 人びとは、われわれの只中で、大声でわめく大いなる悪が抑制されることなく繁茂していることに気づきはじめている。いったんこの事実が理解されると、この現状を矯正するためになにかがなされないかぎり、公的良心が満ち足りることはない。（Wilkins 1890, p. 113）

このようなコンテクストのなかでユダヤ人移民は、しばしば「侵略／侵入《インヴェージョン》」という、あきらかに反感をふくんだ言葉で呼ばれることになります。すなわち世紀末イギリスは、産業革命後発国の軍事的侵略におびえていただけではなく、もうひとつの外国人による侵略／侵入、W・H・ウィルキンズが「外国人の侵略／侵入《インヴェージョン》」と呼び、アーノルド・ホワイトやダンレイヴン伯爵が「貧窮外国人の侵略／侵入《インヴェージョン》」と呼んだ、東欧から流入してくる貧窮ユダヤ人移民にも不安を感じていたのです（Wilkins 1892; White 1888; Dunraven 1892）。

こうして「ユダヤ人問題」は、とくに一八八七年以降、緊急に解決すべき政治的社会的課題として人びとの関心のなかにふたたび顕著に浮上してきます。たとえば一八八七年以降、商務省と議会と王立委員会はそれぞれに外国人移民に関連する種々の報告書の作成にとりかかります。一八八八年には上院に（ダンレイヴン卿を委員長とする）「苦汗労働制度委員会」が、そして下院には「移民問題特別委員会」が組織されます。そしてそのような動向と連動するかたちで、とくに一八九〇年代以降、ダンレイヴン卿の「貧窮外国人の侵略／侵入」を典型的な例とする、「外国人問題」にかんするおびただしい数の論考が、書物や論文のかたちで公刊されつづけることになるのです。

一八九二年、移民制限論者のW・H・ウィルキンズは、「もしもこの国に反ユダヤ主義的感情が勃発するとすれば、それは抑制をうけることなく継続しつつあるようにみえるこのロシア人（ロシアからのユダヤ人移民）の流入のゆえであろう」（Wilkins 1892, p. 53）と予言します。ウォルター・ベザントは、「アングロ・サクソン民族の未来」（一八九六年）のなかで、「アングロ・サクソン民族はこれまで外国人の侵入／侵略をたちまちのうちに同化／吸収《アブソーブ》してきた」（Besant 1896, p. 136）と、イギリスの移民受容能力について誇らしげに語っていますが、しかしそのような能力にたいするイギリス人の自信は、少なくとも一八九〇年代以降、じつは確実に動揺しはじめていたのです。

すなわち一八九〇年代のユダヤ人移民は、「われわれの只中で」繁茂しつつある「大いなる悪」として、イギリスの社会がとても「同化」しえない異物として、イギリス人のあいだに恐怖をかきたてる存在になりつつあったということなのです。実際、イギリスは、二〇世紀になるとすぐに、すなわち一九〇三年に、「外国人移民王立委員会」をつくり、そしてそれからわずか二年後の一九〇五年に、反ユダヤ主義者たちがこぞって要求していた「外国人法」を、賛成二三一人、反対五九人の大差で成立させることによって、実質的にイギリスへのユダヤ人移民の流入を制限しはじめることになったのです。

ロンドン

『ドラキュラ』の第二章。「ロンドンの家屋購入について説明する」ためにはるばるトランシルヴァニアまでドラキュラを訪れたジョナサンは、彼の依頼者が集めていたイギリスにかんするたくさんの書籍のなかに、一巻の世界地図を発見します。

その地図は何度もつかわれていたかのように、自然とイギリスのページがひらいた。そこにはいくつかの場所に小さな輪が書き入れてあったが、よく見ると、そのうちのひとつはロンドンの東近郊、あきらかに今回購入するはずの家屋のある場所だった。あとのふたつはエクセターと、ヨークシャー海岸のウィトビーだった。（第二章）

エクセターはイングランド南西部の港町で、ジョナサンが働いているホーキンズ法律事務所のある場所であり、他方、イングランド北東部のヨークシャーにあるウィトビーは、ストーカーが『ドラキュラ』を構想した場所であるとともに、ドラキュラがイギリス上陸を果たすことになる場所です［地図2］。しかし問題は、ドラキュラの購入する家がパーフリートという「ロンドンの東近郊」にあったという事実です。

パーフリート。それは、ロンドン・シティ区にあるフェンチャーチ・ストリート駅（この名は『ドラキュラ』のなかに何度も登場します）からロンドン・ティルベリー・サウスエンド鉄道に乗って東へ二〇キロメートルほど行ったところにある、テムズ北岸の地域です［地図1］。同じ線路ぞいにあるイースト・エンドあるいはドック地帯ほど人口過密の不潔で不健康な街ではないらしいことは、「多くの樹木がうっそうと茂り」、「澄んだ水」をたたえた「小さな湖とも言えるほどの深い暗鬱《あんうつ》たる池」（第二章）があるという、ジョナサンによる敷地の説明から想像がつくでしょう。

しかしたとえそうだったにしても、「ロンドンの東近郊」にあるパーフリートが富裕な地域であるはずはないでしょう。おそらくそこは、「一九世紀末から二〇世紀初頭にかけて」、それまで「不健康な湿地で居住に不適当ということで、荒地のまま残されていた郊外の部分が、開発業者の手で大々的に比較的安い宅地として造成されることとなった」、「ロンドン北東部から東部地域」にかけての「低所得通勤者のための集団住宅地」の一部にすぎないのです（小池一九九二、二四二—二四三頁）。「小さな湖とも言えるほどの深い暗鬱たる池」の存在は、その地域がかつて「湿地」であったことを示す記号にほかなりません。

そういうものとしてパーフリートは、「部屋の片すみにうずたかく積んである金貨の山」（第四章）に囲まれて暮らす「貴族」（第二章）、「ハプスブルク家やロマノフ家」（第三章）よりも由緒ある出自を誇る富裕な貴族にとって、ほんとうに住むにふさわしい場所だったのでしょうか。「あの広大なロンドンの人混みのなかを歩き、殺到する人びとの渦のなかで彼らの生と変化と死を共有したい」（第二章）と述べるドラキュラには、たとえば「シティ区」とか、ロンドン南西部および西部〔＝ウェスト・エンド〕の繁華な一帯」（第二〇章）のほうが、より住むにふさわしい場所だったのではないでしょうか。

ドラキュラは、ロンドン到着後、パーフリートの家とはべつにいくつかの家を買いいれます。それは、彼が「おのれの逃げ場とする」大きな土の箱（数々のドラキュラ映画では棺として登場）、トランシルヴァニアの土がつまった五〇個にものぼる箱をいくつかの場所に分散させるためだったのですが、そのためにドラキュラを追跡するジョナサンたちの苦労は、いっそうたいへんなものにならざるをえません。彼らは土の箱の運搬を請け負った人夫を探してはひとつずつ届け先を確認していきます。たとえばジョナサンは一〇月一日の日記にこう記します。

〔人夫のジョウゼフ・スモレットが〕言うには、カーファックス〔＝パーフリートのドラキュラの家〕から荷馬車で運びだした荷のうち六箱は、マイル・エンド・ニュータウンのチックサンド・ストリート一九七番地にとどけ、あとの六箱はバーモンジーのジャマイカ・レーンにとどけたという。もしも伯爵がおのれの逃げ場とするこれらの身の毛のよだつ箱をロンドンじゅうに分散させるつもりだとすると、のちほどじゅうぶんに分散できるように、最初にまずこの二か所を届け先として選んだのだろう。（第二〇章）

マイル・エンドは、イースト・エンドの中心ホワイトチャペル地区の東に隣接するイースト・エンドの一地区です。ただし、チックサンド・ストリートが実際に存在していたのはマイル・エンド地区ではなくホワイトチャペル地区で、しかもその実際の番地が六七番地までしかない通りでした。そしてバーモンジーは、テムズ川をはさんでホワイトチャペルの反対側に位置する、テムズ川南岸の地区です。ただしそこにあったのはジャマイカ・レーンではなく、実際にはジャマイカ・ロードです。しかしとにかく、マイル・エンドもバーモンジーも、テムズ川のドック地帯にほど近い貧しく不潔な地区にすぎません〔地図1〕。

じつはドラキュラは、マイル・エンドあるいはバーモンジーという貧しく不潔な地区に第二、第三の居住地を求めたのちに、少なくとももうひとつ、ピカディリ三四七番地にも家をもつことになります。ウェスト・エンドのそれこそ「繁華な一帯」の只中にあるピカディリに家をもつことができる富裕な貴族が、いったいなんの必要があってロンドンのなかでももっとも貧しく不潔な地区に家を求めたのでしょうか。もちろんそれは身をひそめるのに好都合な場所だったからかもしれません。犯罪者が人口過密のイースト・エンドに身をかくす例は、当時、けっして少なくなかったからです［コラム16］。

しかしはたしてそれだけのことだったのでしょうか。ここで注目したいのは、チックサンド・ストリートが、同時代の証言によれば、「通り全部がユダヤ人で占められてい」たという事実です。

〔ステプニーのオール・セインツ地区においては〕、いくつかの通りが〔七年前には〕ユダヤ人が住んでいた家が一軒しかなかったのに、いまや全部がユダヤ人の家となっている。同じことは、一八八〇年以降大幅なユダヤ人の増加を見ているホワイトチャペル地区でも起こっている。なかでもオールド・モンタギュー・ストリート、チックサンド・ストリート、ブース・ストリート、ハンベリー・ストリート、そしてそれに隣接する路地や小路は、通り全部がユダヤ人で占められている。(Wilkins 1890, p. 115)

ストーカーは、彼の主人公たる吸血鬼の居住地を、ユダヤ人移民の連想がともなうイースト・エンドをはじめとするロンドンの貧しく不潔な地区に定めることによって、彼の主人公のうえに、貧窮ユダヤ人移民のイメージを暗示的に投射しようとしていたのではないでしょうか。そうすることによって、『ドラキュラ』の恐怖の源泉を、同時代の「ユダヤ人恐怖(Judaeophobia)」(Adler 1881) のなかに求めようとしていたのではないでしょうか。

ユダヤ人としてのドラキュラ

『ドラキュラ』の第一七章。パーフリートの家に土の箱を運びこんだ配達人夫は、その家の埃《ほこり》だらけの内部をこう記述しています。

あそこの家は、いままで見たこともないくらい奇妙な家でした。この一〇〇年のあいだずっと人がふれたことがなかったんですね。なにしろひどく埃が積もっていて、床にそのまま眠ったとしても身体が痛いなんてことはなかったでしょう。そのくらいほったらかしにされていたもんだから、中はまるでエルサレム旧市みたいな臭いでした。（第一七章）

「中はまるでエルサレム旧市みたいな臭い」――この表現は、ドラキュラのうえにユダヤ人性を巧妙に投射するはずです。それはドラキュラとユダヤ人との類縁性を明示的に示している、おそらくは『ドラキュラ』のテクストのなかで唯一の表現であると言ってもいいかもしれません。しかし『ドラキュラ』のテクストはその類縁性を（たとえ明示的でなくとも）暗示的に示唆するたくさんの細部をふくんでいます。

たとえばドラキュラの外見。「ひじょうに太い眉毛」「異様に尖った白い歯」「先端が尖った耳」「幅広く力強い顎」（第二章）――こういった顔相学的な記述は、のちにミーナが言及することになるイタリアの犯罪学者チェーザレ・ロンブローゾの「生来性犯罪者」の特徴そのものです。すなわちそれらは、人類が進化の過程で克服してきた動物的なるものの隔世遺伝的な身体的痕跡として、彼が「ノルダウとロンブローゾが分類する」ところの「犯罪者タイプに属してい」（第二五章）ることを如実に証明するはずのものなのです（ダルモン一九九二）。

と同時に、ドラキュラの容貌はきわめて「ユダヤ人的」でもあります――「鷲《わし》のくちばしのような鼻と黒いくちひげと尖ったあごひげとをもったひとりの背の高い痩せた男」（第一三章）。むろんドラキュラ自身がみずからをセーケイ人として規定しているように、彼はユダヤ人であることを明示されているわけではありません。しかしながら、鷲鼻（「鷲のくちばしのような鼻」）は当時、典型的なユダヤ人的容貌とされていたものであり、「黒いくちひげ」や「尖ったあごひげ」はユダヤ人の宗教的な習慣として、ユダヤ人のなかでもとくに信仰厚い正統的ユダヤ教徒のステレオタイプを示唆するものでした［コラム17］。

またドラキュラは、十字架、聖餅《せいべい》、聖水にたいするユダヤ人的（と解釈されうる）嫌悪を、彼の吸血鬼たる特徴として、それまでの吸血鬼作品以上に強調されています。たとえば彼は、ジョナサンがひげ剃りのときにあやまってつくった傷口の血を見て、思わず「のどにつかみかかろうとし」ますが、しかし「その手が〔ジョナサンの首にかかった〕十字架のついたビーズの糸にふれ」ると、たちまちひるみます（第二章）。ドラキュラがミーナを襲う場面では、ヴァン・ヘルシングは聖餅のはいった封筒をドラキュラにむけてかざします。「すると伯爵はとつぜん動きを止め、〔中略〕後ずさりをはじめた。われわれ〔シューワードたち〕が十字架をかかげて前進すると、それにつれて彼はどんどんと後退した」(第二一章)。

このように十字架などのキリスト教的な象徴を蛇蠍《だかつ》のごとく嫌悪し恐怖する彼は、ヴァン・ヘルシングたちが幾度となく強調するその「悪魔」のイメージ――たとえば「あいつはけだものだ。けだもの以上だ。悪魔なのだ」(第一八章)――をつうじて、イエスを殺害した「呪われた民」ユダヤ人と等価的な存在へと化していくのです。そしてそれにおうじて、ヴァン・ヘルシングを中心とする「善良で勇敢な男たち」(第二三章)は、自分たちとドラキュラとの戦闘をしだいに、神と悪魔、キリストと反キリストとのあいだの宗教戦争として解釈していきます。たとえばヴァン・ヘルシングはこう述べます。

われわれは、神ご自身の願望の代理人なのだ。この世界と、神の子が生命とひきかえに救われた人間たちとが、その存在自体が神を汚すことになる怪物たちに渡されることがあってはならない。神はわれわれがすでにひとつの魂を救済するのをお許しになられた。われわれはより多くの魂を救済するために、往時の十字軍の騎士のごとく出かけねばならない。(第二四章)

しかしドラキュラがになっているユダヤ人のイメージはそれだけではありません。じつはドラキュラの恐怖は、東欧ユダヤ人移民にかんする一九世紀末の反ユダヤ主義的テクストに織りあげられている、いわば時局的な「ユダヤ人恐怖」とまったく同じ要素から構成されているのです。そしてその要素というのは⑴拡大（増殖）性、⑵孤立性、⑶上昇性、⑷寄生性、にほかなりません。

別言すれば、ドラキュラはこの四つの要素をユダヤ人移民と共有することによって、いよいよユダヤ人性を帯びていきます。そしてそのことによって、「ユダヤ恐怖」をおのれの恐怖の源泉として横領していくのです。

ユダヤ人の拡大と孤立

ユダヤ人が一九世紀末のイギリス人のあいだにかきたてていた恐怖のひとつはその増殖性でした。ユダヤ人の輪は、ちょうど「〔吸血鬼たちの〕輪」がそうであるように、「小石を水に投げたときにできる波紋のようにどんどん広がってい」る（第一六章）――そうイギリス人たちは恐怖とともに感じていたのです。実際、東欧からのユダヤ人移民は、一八八一年以降、毎年二〇〇〇ないし五〇〇〇人の割合でイギリスに流れこんできては、しだいにイースト・エンドのなかのユダヤ人街を確実に拡大させ、さらにその外側へと広がっていきます。

たとえばドラキュラが家を購入したとされるマイル・エンド・ニュータウン地区のユダヤ

人は、一八八二年には三〇〇人程度、一八八八年には一三〇〇ないし一五〇〇人程度だったのが、一九〇〇年までのあいだに（なんと）一万人程度にふくれあがります（Lipman 1954, p. 96）。そして人口過密が社会問題化するにつれて、彼らはしだいにさまざまな地区へ、とくにイースト・エンドの東側に広がるポプラ、ウェスト・ハム、イースト・ハムといった地区へと広がっていきました。

「外国人移民王立委員会」の一九〇三年の報告には、ひとりの盲目のピアノ調律師の証言が載っています。そのなかで彼は、「過去二年間だけで」「外国人移民によってこの地区〔ステプニー地区〕を追われた二〇〇〇人以上の住民」の存在をこう証言しています。

その人たちが追い出されたやり方は、いまわたしが体験しつつあるものとほぼ同じです。わたしの家の隣に、塩漬けニシンの製造場ができました。塩漬けニシンがどういうものか、あなたがたがご存知かどうかわかりません。わたしも口にしたことはありません。しかしその臭いはひどいものです。〔中略〕わたしは自分のことを、それなりの身分の労働者だと考えておりますから、それなりに恥ずかしくない場所に住みたいと思いますし、エクスマス・ストリートは住むに恥ずかしくない通りだと考えておりました。しかしあいつらはあの通りを、その付近でわたしが知っているかぎり最悪の通りに変えつつあるのです。

こうしてユダヤ人は非ユダヤ人地区に、その独特の強烈な「臭い」とともにはいりこんできては、周囲の住環境をイギリス人にとって耐えがたいものに変容させるというのです（「臭い」はつねにユダヤ人を有徴化する記号です）。しかも多数のユダヤ人が流入してきたもうひとつの結果として、彼が述べるには、その地区では家賃が「年間で二四ポンドから三〇ポンドまで」あがったといいます。そういった理由が重なって、彼は最終的にその地区を離れようと決意するのです（*Minutes of Evidence Taken Before the Royal Commission on Alien Immigration*, Parliamentary Papers［Cd. 1742］IX (1903), qq. 9675-99, cited in Englander (ed.) 1994, p. 92)。こうしてしだいに、より多くの地区がユダヤ人地区へと変わっていくというわけです。

このようにユダヤ人は、イギリス社会のなかで空間的に「どんどん広がってい」きます。しかしどんどん広がりながらも、彼らはイギリス社会のなかで孤立したままなのです。そしてそれがユダヤ人にたいする恐怖のもうひとつの要素なのです。すなわち、「連合の力」の欠如（「連合の力――それは吸血鬼どもにはあたえられていない力だ」（第一八章））。たとえば「ロンドンにおけるユダヤ人植民地」という論文のなかでブリューワ夫人なる人物はこう述べています。

われわれのあいだでユダヤ人はどんどん大きくなっていくが、しかし彼らはわれわれの大多数にとってはいまだに赤の他人である。というのは、他の民族と積極的に交わらないというのが、彼らの周知の特徴だからである。したがって彼らの生活は孤立しており、われわれの生活とまったく隔絶している。彼らはわれわれと共通のものをまったく、あるいはほとんどもっていない。〔中略〕言語すらわれわれと同じでなく、食べるもの、飲むものも同じでなく、ともに祈ることもない。(Mrs. Brewer, "The Jewish Colony in London," *The Sunday Magazine* 21 (1892), cited in Englander (ed.) 1994, pp. 69-70)

ここにあるのは、ユダヤ人たちは「どんどん大きくな」りながらも、彼らの宗教的信念と習慣のゆえにキリスト教社会のなかでおのれを「隔絶」させる「孤立」的な人びとであるという感覚です。すなわち同化の欠如。しかもそれは、ゴールドウィン・スミスの「ユダヤ人は愛国者たりうるか」(Smith 1878) という論文が先駆的かつ端的に示しているように、彼らが国家にたいする忠誠心を欠いているという感覚にむすびついていきます。

こうして、帝国主義が急速に激化するなかで西欧各国が国民のあいだにナショナリズムを鼓舞していくにつれて、すでに二〇〇〇年間自分たちの国家を失っていたユダヤ人は、たとえイギリスに住んでいてもイギリス人とは見なされず、しだいにイギリス社会の内部で政治的、経済的に、あるいは文化的にも大きな力を形成するとともに、いよいよ〈国家内に国家〉をつくり、〈帝国内に帝国〉をつくる異物として表象されるようになっていくのです。ユダヤ人は国家という「政治的身体《ボディ・ポリティック》」をむしばみながら増殖していく癌のような存在と見なされたのです。

ユダヤ人の上昇と寄生

ユダヤ人は周囲の社会からおのれを隔絶しながらもしだいにユダヤ人地区を拡大させていきます。しかも彼らはたんに空間的に広がっていくだけではありません。とどまるところを知らずに流れこんでくる貧窮ユダヤ人にあたかも押し上げられるかのように、ユダヤ人は全体として、しだいに経済的あるいは社会階層的にも上方へと拡大し、その一部はイギリス社会の中核へと達するまでになるのです。

のちにシドニー・ウェッブの妻となり、フェビアン社会主義の大黒柱となるベアトリス・ポターはこう述べています。

〔イースト・エンドのユダヤ人たちは〕請負人であれ労働者であれ、ともに、社会階層を上昇する。集団として彼らは上方へ移動し、もっとも低賃金の仕事と、もっとも荒果てた仕事場と、もっとも不潔な宿泊所とを外国からの新来者に残して去っていく。というのは、イースト・エンドのユダヤ人社会は、下方から水量が補給される貯水池のようなものだからである。最底部の貧窮者はつねに存在する。しかし貧窮外国人の流入は、先行の移住者やそこで生まれた住民がたえずより富裕な地域、より豊かな階級へ流出していくことによってつりあっているのである。こうしてユダヤ人はバックチャーチ・レーンから出発して、最後はベイズウォーターへといたるのかもしれないのである。(Potter 1888, p. 177)

貧困のバックチャーチ・レーンから富裕なベイズウォーターへ［地図1］——それは社会階層を急速に上昇していくユダヤ人のイメージを端的に示しています。一八世紀後半以降、改宗という「ヨーロッパ社会への入場券」(ハインリッヒ・ハイネ)(Johnson 1988, p. 312) を得て、あるいは得ないまま、ユダヤ人は政治的にも経済的にも文化的にも目ざましくイギリス社会の上層に上昇していきます。そしてそれがまた、世紀末イギリスの反ユダヤ主義的感情をいよいよ不安にさせていくのです。

〈国家内の国家〉、〈帝国内の帝国〉として周囲の社会からおのれを隔絶するユダヤ人が、しかし政治的、経済的、文化的に国家の中枢に「侵略／侵入」し、そこに寄生しつつある——同化(啓蒙主義的解放)の結果としてあらわれてきたこのような寄生的なユダヤ人像にもとづく反ユダヤ主義は、一八九〇年代のフランスにおいて、ドレフュス事件という典型的な形態をとってあらわれます。一八九四年にはじまったその事件は、参謀本部におけるただひとりのユダヤ人を軍から追放しようとする、露骨なまでの反ユダヤ主義的な陰謀にほかなりません［コラム18］。しかしそのような反ユダヤ主義は、たんにフランスのみならず、「その深刻さの度合いは異なりながら、すべての大陸諸国に存在して」いたのです。

「ドレフュス事件とそれが呼びさました憤激は、ユダヤ人にたいする恐怖と憎悪にその究極の基盤を有している」という文章にはじまる『スペクテイター』（一八九九年九月九日号）の「ユダヤ人恐怖」という記事は、反ユダヤ主義に反対する立場から、世紀末の反ユダヤ主義の本質を適確に指摘しています。記事によれば、「ユダヤ人恐怖」は、つねに一定のユダヤ人イメージにもとづいています。すなわち、「世界の他の人びとから自分たちを猛烈に「隔絶」し」たまま国家の中枢部分にいつのまにか「侵入／侵略」し、「自分たちの人種的利益を増大させ、愚かにも彼らを信頼する社会にたいして損害をあたえるべく協力して行動する」「寄生的人種」であり、いうなれば「吸血鬼（bloodsucker）」であるというユダヤ人イメージ（Anon 1899, p. 338）。

反ユダヤ主義にたいして全体としてもっとも自由であったイギリスも、しかし文化の深層においては、このようなユダヤ人イメージにもとづく反ユダヤ主義からまったく自由であったわけではなく、「バックチャーチ・レーンから出発して、最後はベイズウォーターへといたるのかもしれない」ユダヤ人にたいする恐怖を漠然とかかえもっていたのです。

イギリスにおけるユダヤ人の政治的な進出の象徴的な例としては、一七四八年にイギリスに移住してきたユダヤ人の第三代目、一二歳のときにユダヤ教から英国国教会へ改宗し、のちに一九世紀イギリスを代表する保守派政治家となり、やがては総理大臣にまでのぼりつめ、そして伯爵位すら獲得することになるベンジャミン・ディズレーリをあげるべきでしょう。彼は、ユダヤ教を放棄し総理大臣にまでなったにもかかわらず、ゴールドウィン・スミスにとっては、ユダヤ人の利益のためにイギリスの利益を犠牲にするかもしれない信用しえない存在にすぎなかったのです。

たとえば一八七六年、オスマン帝国（トルコ）の支配からの自由を求めて立ち上がったブルガリアのキリスト教徒が帝国によって虐殺されたとき、時の総理大臣だったディズレーリは、いわゆる「東方問題」にかんする従来のイギリスの政策を踏襲するかたちで、ロシアの南下政策の防御壁としてのオスマン帝国を支持します。しかしスミスはこれを、改宗ユダヤ人であったディズレーリが、親ユダヤ人的態度をとるオスマン帝国にたいして示した肩入れと見なしたのです［コラム19］。そのうえで彼は述べます、「もしもイギリスがこの争いに引きこまれていたら、それはある程度は、ユダヤ人の共感の対象を支持するか、あるいはユダヤ人虐待の復讐をするために、イギリス人の血をもって戦われるユダヤ人のための戦争となっていただろう」(Smith 1877-78, p. 617. See also Holmes 1979, pp. 10-12)。

他方、経済的な進出の例としてはロスチャイルド一族にまさる例はないでしょう。「五人の兄弟が分れて五つの国の国籍をそれぞれ持ち、緊密に協力しながらすくなくとも三つの国家――フランス、オーストリア、イギリス――で金融業務をおこない、しかも彼らの団結はこれらの国々のあいだに存する確執や相反する利害によって一瞬たりとも乱されない」（アーレント 一九八一、四九頁）――莫大な財産を生み出すこのような国際的に緊密な金融ネットワークをつくりあげたこの一族は、イギリスで最初のユダヤ教徒の国会議員を出すことによって、あるいはディズレーリが決定したスエズ運河株式会社の株式購入のために四〇〇万ポンドを用立てることによって、イギリスの政治にも多大な貢献をします［コラム20］。しかしにもかかわらず（というよりだからこそ）彼らは、「それ自体は道徳的にいかなる忠誠にも束縛されることなく、おのれの目的のためならば保護をあたえてくれている政府を喜んで裏切り、それを密かに麻痺させることをも厭わない反国家的な金銭の力」（Smith 1881, p. 496）と見なされ、「吸血鬼の一族」（*The Labor Leader*, 21 November 1891, cited in Holmes 1979, p. 258）として表象されたのです。

ユダヤ人の「反国家的な金銭の力」がおのれの莫大な資本を利用して集中的独占を進め、イギリスの経済を支配しようとしている――こういったユダヤ人のイメージは、「ベアリング社の没落の結果、国際金融をとりあつかう第一級のキリスト教徒の会社は存在しなくなり、ロスチャイルドの銀行のみがただひとり覇権をにぎることになった」（White 1899, p. 199）と言われていた一八九〇年代において、たしかに現実的なものだったにちがいありません。一八九〇年の一一月にあかるみに出たベアリング銀行の経営危機は、イングランド銀行による救済をつうじていちおうは乗り越えられたものの、イギリス経済におけるユダヤ人の力をいよいよ高めるものと感じられていたのです［コラム21］。

『ドラキュラ』の第四章、ドラキュラの居城に監禁されることになったジョナサン・ハーカーは、脱出の方法を求めて思い切ってドラキュラの部屋に侵入します。そこで彼は、その「部屋の片すみにうずたかく積んである金貨の山」、それもさまざまな国の「あらゆる種類の金貨」を発見します。その「古く汚れ」た富の山は、国際的な金融業務を行ない、莫大な資本を所有する金満ユダヤ人との連想をドラキュラにあたえるにじゅうぶんなものです。

ローマ、イギリス、オーストリア、ハンガリー、ギリシア、トルコの、あらゆる種類の金貨が、まるで長いあいだ土中に埋まっていたかのように、ほこりの膜をかぶっていた。気づいたかぎりどれひとつとして三〇〇年より古くないものはなかった。そのほかに鎖や飾りもあったが、なかには宝石がついているものもあった。しかしどれもこれも古く汚れていた。（第四章）

フランコ・モレッティは、「資本とは死んだ労働である。それは吸血鬼のごとく、生きている労働を吸いとることによってのみ生き、生きれば生きるほど多くの労働を吸うのである」というマルクスの言葉をひきながら、『ドラキュラ』を、「埋蔵されていた貨幣が生命を取り戻し、資本となり、世界の征服に乗りだす」物語として要約しています。しかも「この資本は、二〇年間にわたる長い景気後退のあいだ「埋蔵」されて横たわっていた後、再び立ちあがり、集中と独占という後戻りのできぬ途をたどり始め」つつあった一八九七年の資本だというのです。

一八七三年にはじまるいわゆる「大不況」以後に拡大しつつあった「集中と独占」は、「自由競争」という「自由主義時代の最後の名残りを服従させ、あらゆる形態の経済的独立を破壊」しようとしていました。そしてヴァン・ヘルシングのオランダとともに「自由貿易」の「祖国」であったイギリスでは、「独占的集中が（さまざまの政治的経済的理由から）はるかに遅れていた」がゆえに、独占的資本は「外国からの脅威」として知覚されていたのです（モレッティ一九九二、二九―三二頁）。

だとすれば「外国からの脅威」としてのドラキュラは、一八九〇年代のイギリスにおいて「ただひとり覇権をにぎることになった」ユダヤ人資本の表象としても読めるのではないでしょうか。というのは、ドラキュラはイースト・エンドとバーモンジーに第二、第三の家を求めたのち、少なくともさらにもうひとつピカディリ三四七番地にも屋敷をもつことになりますが、ウェスト・エンドの「繁華な一帯」にあるピカディリとは、いくつものロスチャイルドの屋敷があった通りにほかならないからです（一〇八、一四二、一四三、一四七・一四八番地）（モートン　一九七五、一三八頁）［コラム22］。

外国から「侵入／侵略」し、イギリス人の社会とは隔絶しながら空間的に拡大するのみならず、どんどんと社会階層的に上昇し、ついにはイギリス経済の中枢に巣食い、「愚かにも彼らを信頼する社会にたいして損害をあたえるべく協力して行動する」「寄生的人種」＝「吸血鬼」としてのユダヤ人。イースト・エンドのチックサンド・ストリートとウェスト・エンドのピカディリという、いずれにしろユダヤ人との連想を強くもつ地区に家を買い求めるドラキュラは、こうして一八九〇年代イギリスの想像力を「ユダヤ人恐怖」へと刺激していたふたつのユダヤ人像――貧窮ユダヤ人移民のイメージと金満ユダヤ人のイメージ――を、ふたつながら担いつつ行動しているのです。

トランシルヴァニア

イギリスで「ユダヤ人問題」がはっきりとした政治的社会的課題となりつつあった一八九〇年三月、ブラム・ストーカーは『ドラキュラ』のために「創作ノート」をつけはじめます。そのとき彼が、主人公「ヴァンパイア（吸血鬼）伯爵」の居住の地として選んでいたのは、オーストリア南東部にあるスティリアという地方でした。その理由は、彼が感銘をうけていた吸血鬼文学の先行作品、すなわち彼と同様にアイルランド出身の恐怖小説の作家であったジョウゼフ・シェリダン・レ・ファニュの「カーミラ」（一八七二年）が、その地を舞台にしていたからにほかなりません。ストーカーが主人公の居住地をスティリアからはるか東方のトランシルヴァニアに移すのは、それまでたんに「ヴァンパイア伯爵」と呼んでいた主人公を、はじめて「ドラキュラ伯爵」として言及した一八九二年二月あたりのことなのです。

『ドラキュラ』の冒頭部分として書かれ、いったん破棄されたのちに、「ドラキュラの客」というタイトルのもとで死後出版されることになる彼の短編は、主人公の男（「ドラキュラの客」）がいまむかいつつあるドラキュラの居住地を、たしかにトランシルヴァニアに設定しています。しかし同時にその作品は、当初のストーカーの意図を痕跡として示すかのように、「一八〇一年／スティリアのグラーツにて／捜索され死体で発見さる」という墓碑の下に、女吸血鬼とおぼしい姿で眠っている「ドーリンゲン伯爵夫人」——「丸みを帯びた頬と赤い唇をした、棺台のうえで眠っているかのような美女」（Stoker 1991a, p. 358）——を登場させてもいるのです［地図2］。

いったいどうしてストーカーは最初の意図を捨て、主人公の居住地を中欧のスティリアから東欧のトランシルヴァニアに移したのでしょう。伝記的にいうならば、そこには少なくとも三つの要因がからんでいます。ひとつは、アルミニウス・ヴァンベリーというブダペスト大学東洋語教授が、一八九〇年四月三〇日、ライシーアム劇場を訪れ、観劇後に彼およびアーヴィングと夕食をともにし、その席でストーカーに、東欧とその文化にかんする情報を提供したらしいこと。

ふたつめとしては、同年八月、ストーカーは、休暇滞在中のヨークシャーのウィトビーの巡回図書館で、ウィリアム・ウィルキンソンの『ワラキアとモルダヴィア両公国の歴史』（一八二〇年）を借り出し、そのなかでヴラドにかんする記述を読んだこと。彼は、トルコ兵にたいして串刺しという血《ち》腥《なまぐさ》い残虐非道を行なったと伝えられるこの武将のなかに、そしてトルコ兵にたいするその残虐さのゆえに、彼についての一五世紀のふたつの記録のなかのひとつで、すでに「吸血鬼（wampyr）」にたとえられているこの武将（Ludlam 1962, p. 100）のなかに、彼の主人公の格好のモデルを発見したのです［図Ｖ‐３］。

ストーカーが主人公の居住地をトランシルヴァニアに移した第三の要因は、これは恐怖小説研究の第一人者クリストファー・フレイリングが推測していることですが、「一八九〇年三月から九二年二月のあいだ」のいずれかの時点でエミリー・ジェラードの「トランシルヴアニアの迷信」（一八八五年）という論文に出会ったという事実に求められるでしょう②(Frayling (ed.) 1991, p. 319)。この論文の冒頭で「森のかなたの国《トランシルヴァニア》」を「迷信の地」と呼び、「科学の杖によってヨーロッパの他の地域から放逐されたディーモンや妖精や魔女や小鬼の全種族は、この山の塁壁の内部に逃げこんだとおぼしい」と述べるジェラードは、ルーマニア農民たちのあいだに見られる「吸血鬼あるいは「不死者」」への信仰についても語っています（Gerard 1885, pp. 130; 142)。ストーカーは、この記述を介して、血に飢えたドラキュラという歴史的人物と吸血鬼という伝説（「迷信」）的な存在を、ますますむすびつけることになっていくのです。

図Ⅴ-3　串刺し公ヴラド＝ドラキュラ
(McNally & Florescu 1994, p. iv)

　こうして『ドラキュラ』の主人公の居住地は東欧のトランシルヴアニアへと移ることになります。しかし以上にあげた三つの要因は、ストーカーがドラキュラの居住地をトランシルヴァニアに移した経緯を説明するものではあっても、その最終的理由を説明してはいません。いったいどうしてストーカーは、イギリスに侵入／侵略する吸血鬼の居住地として、文学的理由（レ・ファニュ）をもつスティリアではなく、民俗学的理由（ジェラード）をもつトランシルヴァニアを選んだのでしょうか。おそらくその答えは、トランシルヴァニアをそのなかにふくむ東欧という地域が、一九世紀末のイギリス人にたいして喚起したにちがいない連想のなかにあるのです。それが東欧ユダヤ人移民と関連するものであったことは、すでに言うまでもないでしょう。

『ドラキュラ』の第二六章、イギリスからトランシルヴァニアへ逃げ帰ろうとするドラキュラを追跡するヴァン・ヘルシングたちは、ダニューブ川ぞいのガラツィという港市において、ひとりのユダヤ人と遭遇します。それがイマニュエル・ヒルデスハイム――ジョナサン・ハーカーに言わせれば、「羊のような鼻をして、トルコ帽をかぶった、アデルフィ劇場タイプのヘブライ人〔＝ユダヤ人〕」（第二六章）です。地中海と黒海をへて東欧にもどったドラキュラの土の箱（むろん彼はそのなかにひそんでいます）をひきとることで彼の逃亡を支援するという後ろめたい役割まであたえられているこのユダヤ人の存在は、多数のユダヤ人が居住する東欧というイメージを想起させずにはいなかったでしょう。ジェラードのもうひとつの論文「トランシルヴァニアの民族」（一八八七年）によれば、トランシルヴァニアは二万四〇〇〇のユダヤ人人口を有していたといいます（Gerard 1887, p. 327）。

むろんオーストリアにも多数のユダヤ人が居住していました。しかしW・H・ウィルキンズがイギリスへの移民の大多数を「ロシア系、ルーマニア系、ハンガリー系、ポーランド系ユダヤ人」(Wilkins 1890, p. 114) としていたように、政治的には一八六七年に成立したオーストリア＝ハンガリー二重帝国の体制のもとハンガリー王国に編入され、人口的にはルーマニア人が過半数を占めていたトランシルヴァニアは、「侵略／侵入する貧窮ユダヤ人の群れ」(Ibid.) をイギリスに提供する東欧地域の明確な一部だったのです。そしてそれが一八九〇年代のイギリスにとって、東欧のトランシルヴァニアと中欧のスティリアをイメージ的にはっきりと分けへだてる要素のひとつだったのです。

したがってストーカーがトランシルヴァニアを選んだのは、たんに民俗学的な裏づけによるのではなく、それが一八九〇年代のイギリスへとユダヤ人移民を送り出していた東欧の一部だったからなのです。トランシルヴァニアをあとにしたドラキュラは、「デメーテル号という名のロシア籍の船」(第七章) の船倉で、「死のむかつくような臭い」(第四章) をはなつ土の箱に身をひそめながらイギリスにむかいます。たしかにこの彼の姿は、莫大な資産をもつ貴族の旅行者というよりは、「住居についても身体についても清潔にほとんど顧慮することのない」("PRO MEPO 2 / 260, Report on Immigration of Foreigners, 28 July 1888," cited in Englander (ed.) 1994, p. 22)、悪臭ふんぷんたる貧しい存在として表象された東欧ユダヤ人移民の面影を思い出させるものでしょう[4]。

ストーカーがトランシルヴァニアという地名に出会ったのは偶然だったとしても、いったん彼の主人公の居住地として東欧のトランシルヴァニアを決定したとき、彼はその着想がふくむユダヤ人的連想に気づき、吸血鬼を主人公とする彼の恐怖小説の恐怖の源泉としてそれを利用しようとしたのです。というのはユダヤ人は伝統的に吸血鬼としてイメージされていたからであり、しかも折りからの大量の東欧ユダヤ人移民の存在は、拡大性、孤立性、上昇性、寄生性という吸血鬼的特質をとおして、世紀末イギリス社会のなかに「ユダヤ人恐怖」を着実に浸透させつつあったからです。

ドラキュラという東欧の吸血鬼を主人公とする恐怖小説を書いていたストーカーが、その恐怖の源泉として東欧ユダヤ人移民の表象を利用することになっていくのは、その意味で当然のなりゆきだったのです。

（1）「人口増加は、すでに人口密集地であるロンドンのイースト・エンドにおいてとくに顕著である」（Wilkins 1890, p. 114）

（2）ジェラードはのちにこの論文を一部としてふくむ『森のかなたの国』（一八八八年）を公刊することになります。ストーカーが読んだのはこの二巻本の書物のほうだったかもしれません。

（3）ジェラードの「トランシルヴァニアの民族」によれば、ルーマニア人、ハンガリー（マジャール）人、ザクセン（ドイツ）人、ツィガニー人（「ジプシー」）、ユダヤ人など、「さまざまな民族の宝庫」であったトランシルヴァニアにおいて、ルーマニア人は五五パーセントを占めていました（Gerard 1887, p. 327）。

（4）ただし、大部分の東欧のユダヤ人移民は、実際には、黒海に面したブルガリアのヴァルナからイギリスのウィトビーへというデメーテル号の航路をとらずに、ドイツのハンブルクやブレーメン、あるいはオランダのロッテルダムといった北海に面した港からロンドンへという航路をとったのでした。ちょうどミーナがジョナサンのいるブダペストにおもむくのに、ハンブルク経由で移民たちとは反対の方向に進んだように。

コラム14　東欧におけるユダヤ人迫害

図V-4「軍人の面前でのユダヤ人襲撃、於キエフ（キーウ）」(Cowen and Cowen 1986, p. 124)

旧約聖書の「出エジプト記」の時代、ファラオ（古代エジプト王の称号）は、エジプトにおけるヘブライ人（のちにユダヤ人と呼ばれることになる奴隷の民）にたいして、生まれてくる男児を殺害するなどの迫害を行ないます。その迫害を生き延びたモーセは、ヘブライ人の国外退去の許可を求めますが、ファラオはこれを拒絶。その結果、神は一〇の災いをエジプトにくだします——ナイル川の水が血に変わることから、エジプトの長子が皆殺害されることまで。

「ネヴァ川」はペテルブルクでフィンランド湾にそそぐロシア北西部の川であることから、「ナイル川からネヴァ川へ」とは、かつてエジプトで起こったことが、ロシアに場をうつして反復される可能性を示唆しています［図Ⅴ－５］。したがってファラオの亡霊は、ユダヤ人を迫害するロシア皇帝に「自制せよ！　その武器はそれを振るう手をつねに傷つける」と忠告をあたえているのです。

FROM THE NILE TO THE NEVA.
SHADE OF PHARAOH. "FORBEAR! THAT WEAPON ALWAYS WOUNDS THE HAND THAT WIELDS IT."

図Ⅴ-5「ナイル川からネヴァ川へ」
(*Punch*, 9 August 1890)

コラム15　「宣誓法案」

一八四七年、ライオネル・ネイサン・ド・ロスチャイルド——「男爵」とあるのはオーストリアからあたえられた称号——はシティ・オヴ・ロンドンから自由党の下院議員として選出されます。しかしユダヤ人である彼は、宣誓文にある「キリスト教徒の真の信仰において」という語句のゆえに、宣誓式を欠席します。一八三〇年以来、下院はユダヤ人がユダヤ人として宣誓できるよう、新しい「宣誓法案」を五度にわたって通過させていたのですが、上院はこれらをすべて拒否していたのです。一八四九年、下院はもう一度「宣誓法案」を通過させますが、しかし上院はそれをも拒否。ライオネルは辞職します。

一八五〇年、補欠選挙に出馬し、圧倒的な勝利をおさめた彼は、その結果に自信をあたえられ、七月二九日、今度は宣誓式にのぞみます。「旧約聖書で宣誓したい」と述べ、問題の語句についても「これらの言葉は飛ばします、私の良心がとがめないように」と述べますが、事態は変わらず。この絵はそのときのもの。こうして彼は一度も議員席にすわることをゆるされないまま、一八五二年の総選挙をむかえることになります。

そしてそれにおいても勝利。にもかかわらず一八五三年から五六年まで四度の「宣誓法案」はことごとく上院が拒否。そして一八五七年の総選挙で、彼はまたまた当選。上院は「宣誓法案」をまたまた拒否。ライオネルは辞職後の補欠選挙で、またまた当選。その後になって、上院と下院はそれぞれの宣誓の文句をそれぞれが選択できるという法案を通過させることによって、ようやくこの問題に決着をつけることになるのです。

一八五八年七月二六日、ライオネルは「私の良心がとがめない」宣誓を済ませ、はじめて着席をゆるされます。はじめて当選して以来、一一年の年月が経過していました（ウィルソン一九九五、上巻、二八〇―二八七頁）。

図V-6「下院のテーブルのまえに立つロスチャイルド男爵」（*The Illustrated London News*, 3 August 1850, cited in Cowen and Cowen 1986, p. 21）

コラム16　イースト・エンドとウェスト・エンド

ヴィクトリア朝のロンドンは、大別して三つの地区から成立していたと言っていいでしょう。中心に来るのが「シティ・オヴ・ロンドン」、すなわちロンドンがいまだ「ロンディニウム」と呼ばれていたローマ時代にさかのぼる地区です。東はロンドン塔周辺から西はブラックフライアーズ橋とウォータールー橋の真ん中あたりまでの約一マイル（一・六キロメートル）四方の地域です。イングランド銀行、王立取引所といった建造物があることからわかるように、ここは文字どおり世界経済と貿易の中心でした。

その西に広がる地域は、ウェスト・エンドと呼ばれていました。宮殿や国会議事堂といった政治の中心が存在するとともに、リージェント・ストリート、ボンド・ストリート、あるいはピカディリなど、繁華な街並みが続く富裕な地域です。

そしてその反対側、シティの東側に広がっていたのがイースト・エンドです。チャールズ・ディケンズの貧しい主人公たちの住所となるとともに、切り裂きジャックによる一八八八年の娼婦連続殺人事件の陰惨な現場ともなったこの地区は、ギュスターヴ・ドレの絵［図V－7］がリアリスティックに示しているとおり、貧困、不潔、疫病、売春、阿片、犯罪といった否定的な連想しかないスラム街だったのです。

現実には「出会う」ことのない「両極端」としてウェスト・エンドとイースト・エン

ドは、豊かさと貧しさが同居し、持てる者と持たざる者とがディズレーリのいわゆる「ふたつの国民」を形成していたヴィクトリア朝イギリスのいわば地理的縮図にほかなりません［地図1］。

一九世紀後半になると、「首都改良（Metropolitan Improvement）」のかけ声のもと、「両極端」を「出会」わせ「一致」させようとするこころみとして、「スラムは永遠に撤去される」と謳われますが、しかし貧しい人びとは、この風刺画にあるように、「ウェストエンドの人びとで満員になっているパブ」に入れなくなったばかりか、住居からも追い出されることで、より狭い底辺に追放されるだけだったようです［図Ⅴ-8］。

図Ⅴ-7「ホワイトチャペル地区、ウェントワース・ストリート」（小池（編）一九九四、一三〇―一三一頁）

図V-8「両極端は出会う（一致する）」（小池（編）一九九五―九六、第五巻、八二頁）

コラム17　ユダヤ人的容貌

ブラム・ストーカーが一八七八年以来二七年間の長きにわたってマネジャーとして献身的に仕えたヴィクトリア朝随一のシェイクスピア俳優、サー・ヘンリー・アーヴィングこそが、とくに身体的特徴にかんするかぎり、じつはドラキュラのモデルだったという説があります。もしもそれが正しいとするならば、ヘンリー・アーヴィング演ずるシャイロック（『ヴェニスの商人』）のイメージは、ドラキュラの容貌にかんするユダヤ人説とアーヴィング説とをむすぶ接点の役割を演じてくれるかもしれません［図Ⅴ－9］。なぜならばシャイロックは、まちがいなくイギリス人にとってもっとも代表的なユダヤ人のステレオタイプにほかならないからです。

図Ⅴ-9　シャイロックを演ずるヘンリー・アーヴィング（Hibbert 1975, p. 89）

小説家で諷刺漫画家のジョージ・デュ・モーリエの『トリルビー』（一八九四年）には、「大胆で、真っ黒で、抜けめなく光るユダヤ人の

図V-10『トリルビー』のスヴェンガーリ
(Auerbach 1982, p. 19)

目」をもった「汚らしい色黒のヘブライ人」(du Maurier 1901, pp. 62; 68) スヴェンガーリが登場します。ドラキュラをスヴェンガーリの「実質的な視覚上の反復奏」であるとする『倒錯の偶像』(一九八六年) のダイクストラは、「ドラキュラはストーカーがこの小説を書いていた時代に誰もが心配していた恐ろしい生粋のユダヤ人の一人ではないと公式にはなっていたかもしれないが、彼はそれにかなり近かった」(ダイクストラ一九九四、五二三—五二四頁) と述べています。

コラム18　ドレフュス事件

一八九四年、フランス軍の機密にかんする五項目を記載した「明細書」を証拠として、アルフレッド・ドレフュスという名のひとりのユダヤ人のフランス軍大尉が、ドイツ大使館に軍の機密を売ったというスパイ容疑で逮捕されます。これがいわゆる「ドレフュス事件」の開幕となります。逮捕後まもなく、参謀本部は真犯人が金のないフランス人貴族、フェルディナン・エステラジー少佐であることを発見しますが、しかし彼らはエステラジーを有罪にするよりは、ドレフュスという、参謀本部におけるただひとりのユダヤ人を軍から追放することのほうを選択します。その結果、軍法会議で終身刑を宣告されたドレフュスは、一八九五年の一月、士官学校校庭で行なわれた位階剝奪式で官位を剝奪されたうえで、流刑地「悪魔島」に送られることになるのです。

しかしもちろん周知のように、事件はそれで終わりはしません。ドレフュスが有罪を宣告されたのちに情報部長となったジョルジュ・ピカールという中佐が、ある偶然から真犯人を知り、参謀本部からの圧力にもかかわらず正義の実現のために、事実の再調査とドレフュスの再審を要求するからです。その結果、彼は降格を命じられ、チュニジア戦線へと送られることになりますが、彼が喚起した正義の世論は、いまだ少数派ながら、エステラジーの裁判というひとつの結果をもたらします。あらかじめ結末が定めら

図V-11「パリにおけるドレフュス大尉の位階剝奪」(*The Illustrated London News*, 12 January 1895, cited in Cowen and Cowen 1986, p. 174)

れていたに等しいその裁判自体は、エステラジーにたいする無罪宣告と、彼を告発したピカールの逮捕という、きわめて強権的なかたちで終結しますが、その裁判の欺瞞を見抜いた人びとのなかから、一八九八年一月に、小説家のエミール・ゾラが、ジョルジュ・クレマンソーが論説委員を務める『オーロール』紙に「わたしは弾劾する」という文章を掲載し、この事件を「人間にたいする大逆罪」として弾劾することになるのです。

その後、世論の圧力におされてエステラジー少佐は、自分が「明細書」を書いたことを自白します。にもかかわらず一八九九年の再審において、ドレフュスはふたたび大逆罪で有罪を宣告されます（ただし今回は「情状酌量」により一〇年の懲役）。その再審が世界の抗議をうけ、ドレフュスがフランス最高裁判所によって完全に無罪であるとして釈放されるのは、じつにそれから八年後の一九〇六年のことだったのです。

コラム19　ブルガリアの恐怖

一八七六年、オスマン帝国（トルコ）の支配にたいして蜂起したブルガリアのキリスト教徒が帝国によって虐殺されたというニュースがもたらされたとき、ディズレーリはそのニュースを「コーヒーハウスのおしゃべり」にすぎないと述べ、放任の態度をとります。そのディズレーリの態度にたいして、「ブルガリアの恐怖と東方問題」というパンフレットを著したグラッドストンをはじめとして、多数のイギリス人が非難の声をあげたのでした。

NEUTRALITY UNDER DIFFICULTIES.

Dizzy. "BULGARIAN ATROCITIES! I CAN'T FIND THEM IN THE 'OFFICIAL REPORTS'!!!"

図**V-12**「難局のもとでの中立」

(*Punch*, 5 August 1876)

コラム20　スエズ運河株購入とロスチャイルド一族

THE LION'S SHARE.
"GARE À QUI LA TOUCHE!"

図V-13「ライオンの分け前」(*Punch*, 26 February 1876)

エジプトは当時、オスマン帝国（トルコ）の一部でしたが、国の近代化と自分の名声を高めることをねらったエジプト副王イスマーイールのさまざまな野心的事業のゆえに、深刻な財政困難におちいっていました。そこで、一八六九年にフランス人実業家フェルディナン・ド・レセップスによって建設されたスエズ運河を管理運営するスエズ運河会社の四四パーセントの持ち株を売ろうとします。それが一八七五年一一月。

その情報を得たディズレーリは、フランスを出し抜くための素早い行動と秘密厳守の必要から、ライオネル・ネイサン・ド・ロスチャイルドに個人的に四〇〇万ポンドの借金を申しこみ、そして応諾を得ます。ただちにディズレーリはこうヴィクトリア女王に報告します、「四〇〇万ポンド！　しかも即金です。それができる会社はただ一つ――ロスチャイルドです。彼らは実に天晴れです。低金利で資金を前貸ししてくれましたので、エジプト総督が得ていた利益はまるごと、陛下、あなたのものなのです」（ウィルソン　一九九五、下巻、二〇頁）。こうしてイギリスは、大英帝国の「王冠のなかの宝石」と言われたインドへの鍵を手に入れることになったのです。

コラム21　ベアリング銀行の投機失敗

一七六二年にフランシス・ベアリングが兄ジョンとともにロンドンに設立したジョン・アンド・フランシス・ベアリング会社に端を発する、イギリス最古のマーチャント・バンク。一八〇六年にはベアリング兄弟会社へと社名を変更。当初は貿易業と銀行業をいとなんでいましたが、一八一七年にフランスの賠償金支払のための起債をひきうけ、それを機に外国債の発行仲介を主要な業務とすることになります。バイロン卿が『ドン・ジュアン』（一八一九―二四年）第一二歌のなかで、「世界の均衡を保っているのは／いったい誰か？（中略）政治を滑らかにすべるように／進めているのは誰なのか？（中略）ユダヤ人のロスチャイルドと、その仲間の／クリスチャン、ベアリングなのだ」と述べているように（バイロン　一九九三、下巻、二二一頁）、ベアリングはロスチャイルドとともにたんにロンドン金融市場に君臨するのみならず、政治的にも大きな影響力をもっていたのです。そしてその経済力は一八八〇年代にピークをむかえます。

しかし一八八〇年代後半にアルゼンチン政府にたいして多額の貸付を行なっていたベアリング社は、一八九〇年一一月、アルゼンチンの債務不履行によって二一〇〇万ポンドの負債をかかえ、深刻な経営危機におちいります。「スレッドニードル・ストリートの老嬢」ことイングランド銀行の救済策によって倒産は免れるものの、それを機にベアリング社は資本金一〇〇万ポンドの有限責任会社に再組織化されます。『OED』の「有限責任会社」の項を見ると、一八九〇年の用例として「かつてベアリングはイングランド銀行にも匹敵していたが、いまや一介の有限責任会社にすぎない」という一文が記載されています。

その後もベアリング社は、顧客として多数の貴族をもつ一方で、国王に資産運用を委託される名門企業として、イギリス金融界を支配します。しかし一九九五年二月末、ニック・リーソンという、二八歳のシンガポール支店のトレイダーたったひとりがあけた七億ポンド以上の大穴の結果、ベアリング社はあまりにあっけなく倒産し、二三三年の輝かしい歴史に幕を閉じました。まことに「相も変わらず！」。

"SAME OLD GAME!"
OLD LADY OF THREADNEEDLE STREET. "YOU'VE GOT YOURSELVES INTO A NICE MESS WITH YOUR PRECIOUS 'SPECULATION!' WELL—I'LL HELP YOU OUT OF IT,—FOR THIS ONCE!!"

図Ⅴ-14「相も変わらず同じ手で！」
(*Punch*, 8 November 1890)

コラム22　ピカディリー四七・一四八番のロスチャイルド邸

図V-15「ロスチャイルド男爵の新しい邸宅、ピカディリ」(*The Illustrated London News*, 6 September 1862, cited in Cowen and Cowen 1986, p. 52)

一八六二年、ライオネルが一四七番と一四八番の建物をとり壊して建てた豪邸。スエズ運河会社株購入のころ、ディズレーリもしばしばそこを訪問したものでした。ドラキュラがピカディリに購入した邸宅の地番は「三四七番」。下二桁の一致はたんなる偶然の一致なのでしょうか。

第VI章　混血恐怖とホロコースト

人種論的反ユダヤ主義

『ドラキュラ』の第四章。ドラキュラの部屋に侵入したジョナサン・ハーカーは、すでに五日まえに発見していたルートにそって、部屋の片隅の「重い扉」から「石の廊下」へ、その先の「廻り階段」へ、廻り階段のいちばん下の「暗いトンネルのような通路」へ、その通路の先の「墓場として用いられていた古い壊れた礼拝堂」へ、その奥の「納骨堂」へと注意深く進んでいき、最後に「大きな木の箱」のなかで長々と横たわるドラキュラの怖ろしい姿と対面します。

その怖ろしい化け物はからだ全体が血で膨れあがっているようだった。それは、血を吸いすぎてぐったりしている不潔な蛭《ひる》／吸血鬼（a filthy leech）のように横たわっていた。〔中略〕こいつがロンドンへ移り住むのを、自分は手助けしようとしていたのだ。これから数世紀にわたって、こいつはロンドンにあふれる何百万の人びとのあいだでおのれの血の渇きをみたし、悪魔のごとき化け物の輪を新たに創造しそれをたえず拡大させながら、無力な人びとを食いものにして栄えるのだ。（第四章）

そしてジョナサンは、「このような怪物は世界から抹殺してしまいたいという怖ろしい欲求」にとらえられ、たまたまその場に残されていた「シャベルをとり」、「その先端を憎らしい〔ドラキュラの〕顔めがけて」振り下ろしたのち、あわててそこから逃げ出してしまいます。「わたしが最後に見たのは、血に汚れ、悪意の笑みを浮かべたまま強《こわ》ばった、膨れあがったその顔だった」。

ジョナサンの助けを借りてトランシルヴァニアからロンドンへ渡り、「悪魔のごとき化け物の輪を新たに創造しそれをたえず拡大させながら、無力な人びとを食いものにして栄える」ドラキュラ。ここであらためて注意しなければならないのは、ドラキュラが「悪魔のごとき」「怪物」として、「ロンドンにあふれる何百万の人びと」とは別種の存在に属しているという感覚です。そしてこれはイギリス人にとって、そのままユダヤ人にもあてはまる感覚でした。

たとえば「苦汗労働制度《スウェティング・システム》委員会」委員長のダンレイヴン卿は、苛酷な労働条件に耐えられる「肉体的持久力」をもったユダヤ人移民の「侵入／侵略」がもたらした「苦汗労働制度」が、イギリス人労働者にあたえる影響（「堕落もしくは絶滅」）についてふれながら、こう述べています。

現在の〔ユダヤ人〕移民たちは貧しく、役に立つ技能や職をいっさい知らず、彼らが競争するイギリス人よりもはるかに低い生活水準に慣れている。彼らはより下等な人類であり、より下等な生活を送っている。しかしいくつかの点でわれわれよりすぐれている。すなわち彼らは、われわれには不可能なほどの肉体的持久力でもって、われわれには不可能なほどの時間を働くことができる。道端の屑肉を食べ、イギリス人にとっては生活とは言えないほどの下品で不潔で人口過密な状況のなかでも生存することができる。これらすべての点でたしかに彼らはすぐれている。しかしそれは、高等な生物にたいする下等な生物の優越性なのである。〔中略〕

この要素〔ユダヤ人移民〕が〔イギリス人労働者の〕諸階層のなかに侵入し、それと直接接触することから不可避的に生ずる効果とはなにか。すなわち堕落もしくは絶滅である。イギリス人労働者は移民たちと同じ賃金、同じ労働時間、同じ食物、同じ劣悪な環境、同じ生活へと降りていかねばならないか、そうでなければ絶滅しなければならない。生存闘争において高等な生物は下等な生物に屈しなければならないのである。

(Dunraven 1892, pp. 988-989)

イギリスに「侵入／侵略」するユダヤ人は、ここでは「高等な生物」としてのイギリス人とは対照的な、独特な生命力（「肉体的持久力」）をもつ「下等な生物」として定義されています。そしてこれは、「生存闘争」という語句が示唆するとおり、ダーウィニズム的イデオロギーの影響下に一九世紀後半において生じていた反ユダヤ主義の本質的な変化を示しているのです。そもそも「反ユダヤ主義（anti-Semitism）」という言葉がつくられたのは一八七九年のドイツにおいてなのですが（『ＯＥＤ』によれば、この言葉が英語に導入されるのは一八八二年のこと）、キリストを殺害した「呪われた民」という宗教的理由にもとづく伝統的なユダヤ人憎悪は、このときまでに、人種論的イデオロギーにもとづく「反ユダヤ主義」（狭義の）へとしだいに変化していたのです。

　そのような反ユダヤ主義にとってユダヤ人とは、宗教ではなく血と人種の問題であり、したがってユダヤ人はたとえ改宗したとしても、あいかわらずユダヤ人のままなのです。『ヘンリー・アーヴィングの個人的思い出』のなかでもストーカーの友人として一章を割かれている反ユダヤ主義者、リチャード・バートンが、ディズレーリの伝記のなかでいみじくも述べていたように、「洗礼の水ですら血を流し去ることはない」というわけなのです (Captain Richard F. Burton, *Lord Beaconsfield: A Sketch* (London, n.d. 1882?), cited in Holmes 1979, p. 55)。だとすれば、ユダヤ人の同化のためには、改宗（「洗礼の水」）のほかにいったいなにが求められたのでしょうか。

　大規模なユダヤ人迫害《ポグロム》の引き金になったアレクサンドル二世の暗殺を三年後にひかえた一八七八年、「ユダヤ人は愛国者たりうるか」という論文のなかで、ゴールドウィン・スミスは、「愛国者」たりえないユダヤ人の「部族的な排他性」を激しく攻撃し、そのユダヤ人の

「部族的排他性」を根拠に、思想的啓蒙主義と政治的自由主義を背景にして一九世紀をつうじて進展しつつあったユダヤ人の社会的同化の信憑性を、そして国家への同化をつうじての「ユダヤ人問題」の解決の可能性を否認します。

そのうえでスミスは、彼が「愛国者」たりえないと断定するユダヤ人が示す国家への同化の拒否の姿勢の歴然たるしるしを、彼らの「人種間結婚の拒絶」の傾向のなかに認めるのです (Smith 1878, pp. 876-877)。「人種間結婚の拒絶」をもって、ユダヤ人が「愛国者」たりえないことの証左と見なすというのは、しかしひとりスミスの論理ではなく、彼の同時代のイギリス人にかなりの程度共通の論理でした。たとえば、世紀末を代表する反ユダヤ主義者アーノルド・ホワイトはこう述べます。

> 食事が自分たちと異なり、出自が東洋にある人びと、他の国ぐにに住む同宗教、同人種の人びととの結びつきのほうがイギリス人との結びつきよりも密である人びと、そして安楽な階級をのぞけば、居住している国家の国民との人種間結婚を何世代にもわたって拒否しつづけてきた人びとは、それがいかなる民族の者であろうとも、ふつうのイギリス人の好意を得られまい。(White 1899, pp. 208-209. See also ibid. pp. xii-xiii; 6; 195; Smith 1878, p. 877; Smith 1881, pp. 495; 509)

「居住している国家の国民との人種間結婚を何世代にもわたって拒否しつづけ」るユダヤ人

の傾向は、正統的ユダヤ教徒はもちろん、じつは「安楽な階級」においてすら認められることでした。その典型的実例といえば、「ディズレイリの時代にあっては、〔中略〕男はひとりとして一族以外のものとはもはや結婚しなかった」（アーレント 一九八一、一三九頁）というロスチャイルドの一族でしょう［コラム23］。その結果、たんに改宗ではなく「人種間結婚」をつうじて、イギリス社会に完全に同化することをユダヤ人に求めることが、イギリス世紀末の「ユダヤ人問題」にかんする特徴的な主張となっていくのです。たとえばホワイトは、「もしもユダヤ人が同化／吸収《アブソーブ》されること、彼らの血をわれわれの血と混ぜあわせることに同意するならば、すべてはうまくおさまるだろう。もしも同意しなければ、外国ユダヤ人にたいする不人気は増大することになろう」（White 1899, p. 209）と述べます。

こうして、ユダヤ人を「人種間結婚」をつうじて非ユダヤ人化すること、それが一九世紀末のイギリスにとって「ユダヤ人問題」の解決の方法となっていくのです。ユダヤ人たちは、たんに改宗するだけではなく、自分たちの血をイギリス人の血のなかに解消していくことを求められるにいたったのです。すなわち、啓蒙主義的「ユダヤ人解放」が同化をあくまで社会的なものととらえていたのにたいして、人種論的反ユダヤ主義はそれを、「人種間結婚」をつうじて達成される血の同化と見なしはじめていたのです。こうして二〇世紀を目前にして「ユダヤ人問題」は急速に不吉な様相を帯びはじめることになります。

『わが闘争』

ユダヤ教を棄てるほどに社会的同化を進めてもなおユダヤ人にたいする不信が消えないとすれば、彼らに残されている道はふたつしかないでしょう。ひとつは、それ以上の同化を拒否して彼らみずからの国家を建設し、〈国家内の国家〉として寄生するかわりに、〈国家外の国家〉として独立していくこと。もうひとつは、さらに同化を進め、たんに自分たちの宗教を棄てるのみならず、キリスト教徒との「人種間結婚」をつうじてユダヤ人としての血をも棄て去ること。しかしいずれの道も困難な道であることは、その後の歴史——イスラエルとホロコースト——が証明していることでしょう。

一八九四年にはじまったドレフュス事件と同時代にジャーナリストとしてパリに滞在していたテオドール・ヘルツルは、彼自身ブダペスト生まれの同化ユダヤ人でしたが、ドレフュス事件体験によって同化による「ユダヤ人問題」の解決に絶望します。同化によって「ユダヤ人問題」を解決しようという啓蒙主義的方向は、国家の中核に巣食う寄生的なユダヤ人というイメージにもとづいた新たな反ユダヤ主義を醸成せざるをえない、と考えたからです。

そのうえで彼は、ユダヤ人がまわりの社会に「同化／吸収」されるのではなく、ひとつの民族としてのアイデンティティを保ちながら、パレスティナかアルゼンチンに「ユダヤ人国家」を建設するという、「ユダヤ人問題」にたいするもうひとつの解決法——「シオニズム」——を提示します（ヘルツル 一九九一）。それが一八九六年のことです。そして一八九七年には第一回シオニスト会議が実際にスイスのバーゼルで開催されます。

そして第一回シオニスト会議が開催され、また『ドラキュラ』が公刊された一八九七年か、その翌年、場所はおそらくドレフュス事件に揺れていたフランスのパリ（コーン 一九九一、一一六—一一九頁）——金融や出版や政治といったさまざまな分野へのユダヤ人の「侵入/侵略」に危機感をおぼえていたひとりの反ユダヤ主義者が、義憤にかられてか悪意にかられてか、ひとつの文書をひそかに偽造します。それが『シオンの賢者のプロトコル』として知られる悪名高い偽書なのです。世界制覇をひそかにもくろむユダヤの賢者たちが仲間に告知する世界制覇のシナリオ——それがその秘密を偶然知ったという男によって暴露されるという体裁で出版され、世界にたいしてユダヤ人の策謀への警戒を訴えるのです。

それから二十数年後のドイツに、その文書の真正性を信じて、あるいは信じたふりをして、最終的には五〇〇万とも六〇〇万ともいわれるユダヤ人を実際に殺してしまうことになる男が出現します。それがアドルフ・ヒトラーです。彼の『わが闘争』（一九二五—二六年）、とくにその第一一章「民族と人種」は、世紀末に熟成していた人種論的反ユダヤ主義の、いわばクライマックスというべきテクストです。そのなかで彼は、「より高等な人種がより劣等な人種と混血」する「人種交配」の危険を指摘し、「純血への衝動」の重要性についてこう述べます。

程度がまったく同じではないふたつの生物を交配すれば、すべて結果は両方の親の程度の中間となって現われる。つまりこうなのだ。子どもは両親の人種的に低いほうよりは、なるほどより高いかも知れぬが、しかし、より高いほうの親ほど高くはならない。その結果として、かれはこのより高い方との闘争の中でやがて負けるだろう。このような結合は、だが、生命そのものをより高度なものに進化させていこうとする自然の意志に反する。〔中略〕より強いものは支配すべきであり、より弱いものと結合して、そのために自分のすぐれた点を犠牲にしてはならない。（ヒトラー　一九七三、上巻、四〇七、四〇八、四〇六、四〇五頁）

ちょうどそのように、人類にも「より高等な人種」と「より劣等な人種」とがおり、前者が後者を生存「闘争」のなかで淘汰し、けっして混血することなく「より高度なものに進化」していくのが「自然の意志」である、という社会ダーウィニズム的命題をうちだしたうえで、ヒトラーは国家というものを、たんなる政治的経済的メカニズムとしてではなく、「血の純潔の維持」による「種の発展維持」という優生学的目的をもった「共同社会組織」として定義するのです（同上、三〇四、二二〇頁）。

むろん彼はそれと同時に、ドイツ人をアーリア人種という「文化創造」的な「より高等な人種」へ、ユダヤ人を「文化破壊」的な「より劣等な人種」へと分類します。こうしてユダヤ人を宗教ではなく人種として定義したうえで、ヒトラーはユダヤ人を、自分たちの国家をもたず他の民族の国家に寄生する人種として「他民族の体内に住む寄生虫」にたとえます。国家が血の純化による「種の発展維持」という優生学的目的をもった「共同社会組織」だとするならば、多数の国家に離散しながら存在しているユダヤ人は、他の民族国家をその核心から侵食する「悪性のバチルス〔菌〕」ないし「病原体」であり、「ますます広がってゆく寄生動物」であり、他の民族国家の血を吸う「吸血虫」あるいは「吸血鬼」として形象されるべき存在なのです（同上、四三三、四三四、四六九、四三四、四四二、四六六頁）。

このように考えるヒトラーにとって、ユダヤ人がドイツ人と「人種間結婚」することはとうてい許容しがたいことだったわけです。彼にはユダヤ人が、自分たちの女性をドイツ人男性と結婚させることによってドイツ人の血を汚し、ドイツ国家とその文化を弱体化させ、そのうえで自分たちが覇権を獲得しようとしている、と映っていたのです。

なるほどかれらは、しばしば自分の娘を勢力家のキリスト教徒の妻にすることはあるが、しかし自分の男系の子どもは原則としてつねに純粋に保つ。かれらは他人種の血をだめにするが、自分自身のは保護する。男子のユダヤ人は、ほとんど女子のキリスト教徒と結婚しないが、男子のキリスト教徒は女子のユダヤ人と結婚する。だが、混血児にはそれでもなおユダヤ人の傾向が強く現われる。とくに高位の貴族の一部分は完全に腐敗する。ユダヤ人はそうしたことをまったく正しく理解しており、したがって自分の人種的敵の精神的指導者層をこのような仕方で計画的に「武装解除」する。（同上、四五

〇頁)

世紀末イギリスの人種論的反ユダヤ主義者たちの多くがユダヤ人とイギリス人との「人種間結婚」を求め、それをつうじてのユダヤ人のイギリス社会への完全な「同化／吸収」を要求していたのと対照的に、ヒトラーはユダヤ民族との「人種間結婚」をドイツ民族の〈血の汚れ〉として恐怖しているのです。

黒い髪のユダヤ青年は顔に悪魔のような喜びを見せながらなんの疑念ももたない娘を長い時間待ち伏せして、かれらの血で彼女を汚し、それによってその娘の属する民族から彼女を盗むのである。あらゆる手段を使って、かれらは征服しようとしている民族の人種的基礎を腐敗させようとする。かれら自身は計画的に婦人や娘を堕落させるとともに、より広い範囲にわたって他民族にたいして血液的境界線を取り除くことにさえも躊躇しない。〔中略〕つまり、ユダヤ人は、そのことによって不可避的に生じる混血化を通じて自分の憎む白色人種を破滅させ、また高度なその文化的、政治的位置から堕落させて、自分がかれらの支配者の地位に上ろうと企てるのである。(同上、四六三—四六四頁)

居留地ないしゲットーに隔離されていたユダヤ人を周囲のキリスト教社会に「同化／吸

収」することによって「ユダヤ人問題」を解決しようとした一八世紀以来の啓蒙主義は、一九世紀後半の人種論的反ユダヤ主義の登場とともにしだいに変質していきます。すなわち社会的「同化」のかわりに、「人種間結婚」をつうじての血の「同化」を求めはじめていくのです。しかし二〇世紀になるとそれはさらに暗さを増し、「混血」を意味する血の「同化」を〈血の汚れ〉として拒否しつつ、民族皆殺し《ジェノサイド》によるユダヤ人の血の抹殺――「ホロコースト」――を「ユダヤ人問題」の「最終的解決」とするナチズムの思想を生み出すことになるのです。

この狂気の思想は、しかし、ひとりの異常者の頭のなかに突如として飛びこんできたものではありません。それは、反ユダヤ主義が人種論的性格を強める一方で、「血の純潔の維持」という優生学的関心とむすびつくなかで、一九世紀後半以降、徐々に形成されていったものであり、世紀末以降の反ユダヤ主義的オブセッション（強迫観念）の必然的な帰結としてあらわれてきたものにほかなりません。あるいはより根元的にいえば、ホロコーストという思想は、「ユダヤ人解放」[1]の思想的バックボーンであった啓蒙主義が定立した、理性の光による闇の抹殺という理念自体のなかに最初からはらまれていた可能性だったのです。

混血恐怖

ユダヤ人を宗教の問題ではなく血の問題としてとらえながら、「人種間結婚」による血の同化をとおして「ユダヤ人問題」の解決を求める一九世紀末イギリス。それにたいして「人種間結婚」を〈血の汚れ〉として嫌悪し、民族皆殺しによるユダヤ人の血の抹消を、「ユダヤ人問題」の「最終的解決」であるとする二〇世紀ドイツ。いちおうそのような枠組みは可能でしょう。しかし一九世紀末イギリスの人種論的反ユダヤ主義は、「人種間結婚」をつうじてユダヤ人の血を非ユダヤ人化するという徹底的な「同化」の要求だけにほんとうにとどまっていたのでしょうか。ユダヤ人との混血を〈血の汚れ〉として拒否したうえで、ユダヤ人の民族皆殺しを夢想するヒトラー的な意味での反ユダヤ主義から、はたして完全に自由だったのでしょうか。

その意味でおもしろいのは、のちにヒトラーの愛読書となる『一九世紀の基礎』（一八九九年）を書いたイギリス生まれの反ユダヤ主義者、ヒューストン・スチュアート・チェインバレンの存在です。彼はその本のなかでこう述べています。

〔ユダヤ人が〕自分たちの勢力を拡大するためにいかに巧妙に血の法則を利用しているかを考えてみるがいい。主要な幹は無傷のまま、一滴の異なる血もそこにはいることはない。〔中略〕しかしその間、何千もの枝が切り離され、それはインド＝ヨーロッパ人種をユダヤ人の血で汚すために用いられる。もしもそのようなことが二、三世紀もつづけば、ヨーロッパにはたったひとつの純血種（すなわちユダヤ人種）しかいなくなり、他のすべては擬似ヘブライ混血種の群れと化し、肉体的、精神的、道徳的に確実に退化した人種となることだろう。(Houston Stewart Chamberlain, *The Foundation of the Nineteenth Century*, cited in Mendes-Flohr & Reinharz (eds.) 1995, p. 359)

ユダヤ人は「インド＝ヨーロッパ人種を〔みずからの〕血で汚」し、それを「退化した人種」に変える――このチェインバレンの言葉がすでに、ユダヤ人との「人種間結婚」にたいするヒトラー的な恐怖にとらわれていることは明白でしょう。しかし問題は、はたしてチェインバレンを世紀末イギリスの文化圏の脈絡のなかに置いていいかということです。というのは、彼はたしかに一八五五年にイギリスで生まれていますが、一八七〇年、一五歳のときにドイツに渡り、以後そこに住みつづけることになるからです。『一九世紀の基礎』にしてもドイツ語で書かれているのです。

したがってチェインバレンの反ユダヤ主義を世紀末イギリスの文化圏の脈絡のなかでとらえることは、かならずしも適切ではないのかもしれません。彼の反ユダヤ主義は、イギリス文化圏よりもはるかに反ユダヤ主義的色彩が強かったと思われるドイツ文化圏のなかでこそ成立したものかもしれません。しかしそれにしても、「ユダヤ人問題」を宗教ではなく血の問題としてとらえる人種論的反ユダヤ主義がすでに確実に成立していたイギリス文化圏において、ユダヤ人との「人種間結婚」を〈血の汚れ〉としてとらえるイデオロギーがまったく存在していなかったと考えることははたして可能でしょうか。

たとえば『ユダヤ人支配下のイギリス』（一九〇一年）を著したジョウゼフ・バニスター

は、ユダヤ人の血を、汚れたものとして極度に嫌悪する傾向を明確に示しています。

もしも読者諸賢が、「選ばれた民」の血管のなかにいかなる種類の血が流れているかをお知りになりたいのであれば、ハットン・ガーデン、メイダ・ヴェール、ペッティコート・レーン、あるいはロンドンのユダヤ人街のいずれかを散策するに如《し》くはない。躊躇なく言わせてもらえば、一時間も散策すれば、首都のどの街区にしろ一週間逍遥するときに出会う以上の、狼瘡《ろうそう》、トラコーマ、黄癬《こうせん》、湿疹、壊血病の症例を目にすることになるだろう。(Joseph Banister, *England under the Jews*, cited in Holmes 1979, p. 40)

ユダヤ人の血を文字どおり病気に汚れたものと見るバニスターにとって、彼らとの「人種間結婚」が避けなければならないことだったのは当然でしょう。イギリスにおける反ユダヤ主義やファシズムにかんする研究で知られる歴史学者コリン・ホームズはこう記しています、「他の反ユダヤ主義者だったらユダヤ人を、その分離と隔絶のゆえに攻撃したかもしれない。しかしバニスターは〔中略〕逆に、血の混交にたいして警告を発したのである」(Holmes 1979, pp. 40-41)。バニスターはのちに、『ロンドンの編集者たちへの示唆』(一九三四年)のなかでヒトラー擁護を打ち出すことになっていきますが、それもじつは当然のなりゆきだったのです。

「人種間結婚」にたいする不安を示しているもうひとつの世紀末のテクストとしては、ユージーン・S・トールボットの『退化』（一八九八年）をあげることができます。

進化の異なった段階にある人種の混交がもしもある程度大規模に行なわれれば、すぐれた人種が退化をうみだす要素の活動の被害をより多くうけることになると考えてもよいだろう。〔中略〕劣等な骨盤をもった劣等な人種との混交は結果的に退化へといたるだろう。（Talbot 1898, pp. 102-103）

ここには、「劣等な人種」をユダヤ人として特定してはいないものの、のちにヒトラーが共有することになる優生学的な関心がはっきりと認められるでしょう。世紀末のイギリスには、ダーウィニズムのイデオロギー的影響力のもと、のちに『わが闘争』の知的背景を提供することになる優生学という新しい学問がすでに定着しつつあったのです。『遺伝的天才』（一八六九年）において近代優生学の父となったフランシス・ゴールトンが『人間の能力とその発達にかんする研究』において「優生学」という言葉を造語したのはすでに一八八三年のことでした（Galton 1914; Galton 1883）。

そしてダーウィンのいう「自然選択」の人為的な実践として、「思慮分別ある結婚によって数世代のうちに高度の資質をもった血統（race of men）を産み出」そうとするゴールトンの企図は、あるいは「最適者」同士の結婚によって人種（race）の進化をめざそうとする彼の「積極的優生学」（C・W・サリービーの用語）は、いわゆる「不適者」との結婚による人種の退化を恐怖する「消極的優生学」および「予防的優生学」を必然的にともなっていました（Galton 1914, p. 1; Saleeby 1914, pp. 156-244）。アーノルド・ホワイトも、「ユダヤ人問題」にとりくむ以前の『大都市の諸問題』（一八八六年）において、人種退化にたいする恐怖から、すでに「不適者の不毛化」[2]（White 1886, pp. 30-31）の必要性を訴えているのです。

ドラキュラの復讐

優生学的見地からの「人種間結婚」とそれによる退化への嫌悪ないし不安は、すでにイギリス世紀末の文化の深層に漠然と存在していたのではないか。そのように考えざるをえないもうひとつの理由は、じつは『ドラキュラ』のなかにあるのです。東欧から侵入してきた外国人――しかもいかにもユダヤ人的な「劣等な人種」――であるドラキュラが、ミーナ・ハーカーを力ずくで襲う場面には、〈血の汚れ〉としてのユダヤ人との混交にたいするヒトラー的な恐怖が反映していると思われるからです。

実際、「悪魔のような情念で目を赤く燃えあがらせ」（第二一章）ながら、力ずくでみずからの血をミーナに飲ませることで彼女の血を汚そうとするドラキュラは、「悪魔のような喜び」をもって「〔自分の〕血で彼女を汚し、それによってその娘の属する民族から彼女を盗む」と、ヒトラーが記すところのユダヤ人青年となんと似ていることでしょう。

「あいつ〔ドラキュラ〕はその長く尖った爪で自分の胸の血管をひらきました。血がほとばしりはじめると、片手でわたし〔ミーナ〕の両手をきつくにぎり、もう片方の手でわたしの首をつかんで、わたしの口をその傷口におしつけました。ですから、わたしは窒息するか、そうでなければその血を少し飲みこむしかなかったのです。ああ神様！神様！〔中略〕」それから彼女は汚れを拭い落とそうとするかのように唇をこすりはじめた。（第二一章）

『悪夢について』（一九三一年）のなかでフロイト派精神分析学者のアーネスト・ジョーンズは、吸血鬼にたいする民間信仰についてふれながら、「無意識の心において血液はふつう精液と等価である」と述べています（Ernest Jones, *On the Nightmare*, cited in Carter (ed.) 1988, p. 27）。これは『ドラキュラ』のテクストをも支配している文法です。ただし、吸血鬼が男性として造形されている『ドラキュラ』においては必然的に、血は男性の犠牲者から女性の吸血鬼へと移動するよりもむしろ、女性の犠牲者（たとえばルーシー）から男性の吸血鬼（ドラキュラ）へと移動するので、その場合は「血液は精液と等価である」という言い方はかならずしも適切とは言えないでしょう。『ドラキュラ』の場合には、個体から個体への血の移動はつねに性的な体験であり、（もっとはっきりといえば）性的結合そのものを意味する、と言い換えたほうがよいのかもしれません。

たとえばルーシーは、性的体験を暗示する「なかば夢心地の状態」（第八章）で何度かドラキュラに血を吸われますが、そのたびごとにホームウッド、シューワード、ヴァン・ヘルシング、モリスから輸血をうけます［コラム24］。人間と人間とのあいだの血液の移動が官能性とむすびついているこの小説において輸血が性的結合の意味を帯びていることは、「自分の血がルーシーの血管に輸血されて以来、ふたりがほんとうに結婚したかのように感じ、神のみまえで彼女がほんとうに自分の妻となったと感じた」（第一三章）というホームウッドの述懐によって示唆されています。また、自分をふくむ四人の男性の血を輸血された彼女についてヴァン・ヘルシングがなかば冗談に語った、「このとてもしとやかな乙女は多重婚者であり、わたしは〔中略〕二重婚者なのだ」（第一三章）という言葉によっても示唆されています。

だとするならば、ドラキュラが力ずくでみずからの血をミーナに飲ませる場面はおそらく強姦のイメージをあたえずにはいないでしょう。男性の血が女性の体内へと移動するこの場面においては、まさにジョーンズが述べるとおり、「血液は精液と等価」なのであり、ミーナの体内にはいったドラキュラの血は彼の精液にほかならないのです。したがって「わたしは汚れています。汚れています！」（第二一章）とうめくミーナの言葉のなかに、性的に犯された女性の悲痛な心を感じることはそれほどむずかしいことではないでしょう。しかしそこに感じられるのは、たんに暴力をもって性的に犯されることへの恐怖だけではありません。

それは、民族の血が「劣等な人種」の血によって汚されることへの恐怖でもあるのです。そしてその結果として、民族のなかに「劣等な人種」の血が、すなわち「退化」が、「小石を水に投げたときにできる波紋のようにどんどん広がっていく」（第一六章）ことへの恐怖、「劣等な人種との混交は結果的に退化へといたるだろう」というトールボット的な恐怖でもあるのです。少なくともヴァン・ヘルシングはドラキュラが、「その道が生ではなく死へと通じていかざるをえない、存在の新しい種族の父祖あるいは助長者」（第二三章）になるのではないか、と怖れています。

たしかにドラキュラ自身、自分を追跡してくる「善良で勇敢な男たち」にこう言いはなちます、「おれの復讐は、今始まったばかりだ！（中略）おまえたちが愛する娘たちは、すでにおれのものだ。その娘たちを介して、おまえたちもほかの者どもも、すべておれのものになるのだ！」（第二三章）。すなわち、「存在の新しい種族の父祖あるいは助長者」として性的な方法をとおしてイギリス人のあいだに「劣等な人種」の血を広め、イギリス人全体を「退化」へと、そして「死」へと方向づけること――それこそが、イギリス人が恐怖するドラキュラの「復讐」の内実なのではないでしょうか[3]。

しかし「退化」の血をもって東欧から侵入／侵略してきたドラキュラは、ふたたび東欧へと追い返されたうえで、このうえなく残虐に殺害されます――彼自身はまったくの無抵抗のうちに。こうして、「このような怪物は世界から抹殺してしまいたいという怖ろしい欲求」にとらえられ、「〔シャベルの〕先端を憎らしい〔ドラキュラの〕顔めがけて」振り下ろしたジョナサンの「怖ろしい欲求」は、最終的に実現することになります。

したがってそれは物語構造の視点からいえば、たしかに明確なハッピー・エンディングと言うべきでしょう。しかしもしもこのようにして殺害されるドラキュラが、そのさまざまなユダヤ的連想をとおして、ポーランドのアウシュヴィッツへと送られそこで虐殺されたユダヤ人と二重うつしに見えるとすれば、そのハッピー・エンディングは、がぜん不吉さを帯びはじめるのではないでしょうか。それともそのような読みは、一九世紀末のテクストに二〇世紀の歴史を重ねあわせたたんなるアナクロニズム（時代錯誤）にすぎないのでしょうか。

ホロコーストとしてのドラキュラ虐殺

東欧でポグロムが拡大しつつあった一八八二年、南アフリカ生まれのイギリス人旅行家にして作家のロレンス・オリファントは、移住していたパレスティナのハイファで「ユダヤ人と東方問題」（一八八二年）と題する論文をまとめます。そのなかで、ユダヤ人を「あらゆるアジア人種のなかでもっとも才能に恵まれた人種」(Oliphant 1882 p. 255) と定義し、ポグロムの犠牲となりつつあるユダヤ人にたいする同情をじゅうぶんに示している彼は、「〔反ユダヤ主義的な〕感情がなんらかのかたちで〔ヨーロッパの〕あらゆる国に存在しているという事実」(Ibid., p. 252) を指摘したうえで、「虐殺による人種抹消」を回避するためのふたつの「選択肢」(Ibid., p. 254) を提示します。

「虐殺による人種抹消を企図するには文明化しすぎている先進諸国では結婚による人種抹消、そうでなければ若い国家としての隔離」（Ibid., p. 254）——すなわち「人種間結婚」による同化か、それとも、のちにヘルツルによりシオニズムと命名されるものか。そしてこの二者択一に際して、オリファントは、その国がどのくらい「文明化」を達成しているかを選択の基準としています。「文明化」の進んでいる先進諸国では「結婚による人種抹消」、そうではなく実際に「虐殺による人種抹消」が進められているロシアでは「パレスティナへのユダヤ人植民」（Ibid., p. 250）しかありえない、そう彼は述べるのです。

ロシアの状況はすでに深刻な段階に達している。ユダヤ人のみならずロシア人のためにも、唯一の実行可能な解決が、遅かれ早かれはかられることになるであろう。すなわち〔ユダヤ〕民族を、多少とも隔離していられる地域へ移動させることである。メソポタミア、北シリア、小アジアの南部諸地域には、ロシアの全ユダヤ人人口を維持しうるほどの広大な豊饒で未開墾の土地が存在している。しかもそのうちの一部は、このところ深刻な財政逼迫をかかえるトルコ政府が、ユダヤ人の植民に充当する用意のあることを口頭で言明したものである。（Ibid., p. 253）

しかし「虐殺による人種抹消を企図するには文明化しすぎている先進諸国では結婚による人種抹消」という言葉がはからずも示しているのは、「（人種間）結婚」が「虐殺」と同様の意図――「人種抹消」――から生じ、それの文明的代替物でしかなかったということでしょう。ちょうど反ユダヤ主義者にとってのシオニズムが、「西洋の〔キリスト教〕文明の受容を拒否している」アジア人種（イスラム教徒）のなかに、「西洋の文明が受容を拒否している」もうひとつのアジア人種（ユダヤ人）を「隔離」するという意味で、ゲットーの代替物でしかなかったのと同じように。

要するに、「（人種間）結婚による人種抹消」を求めた世紀末イギリスの反ユダヤ主義も、二〇世紀ドイツの反ユダヤ主義より格段にすぐれていたわけではなく、そもそもユダヤ人にたいして「人種抹消」を求めはじめた段階で、「虐殺による人種抹消」というヒトラー的な意味での反ユダヤ主義と同じ衝動を抱えこんでいたのです。世紀末イギリスの文化は、表面上は「（人種間）結婚による人種抹消」による「ユダヤ人問題」の解決を求めながら、その深層ではそれを〈血の汚れ〉として嫌悪し、もっと激越な「虐殺による人種抹消」を夢見ていたのです。

むろんその夢（それとも悪夢と言うべきでしょうか）をそのまま語るには、世紀末イギリスはあまりに「文明化」しすぎていたにちがいありません。反ユダヤ主義にたいする自由主義的批判の伝統があまりに強すぎたにちがいありません。それは反ユダヤ主義者自身が、「イギリスにおいては反ユダヤ主義という汚名はいまだに大いに怖れられている」（アーノルド・ホワイト）（White 1899, p. 200）と述べているとおりです。しかしその夢をはっきりと語ったテクストが、少なくともひとつ、じつはあるのです。「ユダヤ人恐怖」と題された

『スペクテイター』の記事がそれです。

その記事を書いた匿名の記者は、「ユダヤ人は、それがどのような意味であれ「寄生的人種」と呼ばれ」、「吸血鬼」として表象されているという事実にふれたうえで、ヒトラーを先どりするかのように、「唯一の解決策は、ユダヤ人をひとり残らず殺戮し、そうすることでいわゆる寄生的人種を文字どおり抹殺することであろう」と述べています。ただし急いでつけ加えなければならないのは、この一文は同時代の「ユダヤ人恐怖」を批判するためにあえて逆説的に書かれた帰謬法的レトリック（議論を極端にまで推し進めることによってその不条理性を暴露する修辞法）だったということです。記事全体の結論は、「ユダヤ人を容認しえずに、反ユダヤ主義的恐怖に深く鼓舞される国家は、勝利をおさめる国家ではない」というところにあります。すなわちこの記事を書いた記者は、同時代の「ユダヤ人恐怖」が最終的にとることになる形態を予言的に語ることによって、それを帰謬法的レトリックのかたちで批判しているのです（Anon 1899, p. 339）。

とすればやはり「虐殺による人種抹消」による「ユダヤ人問題」の解決という反ユダヤ主義者の夢は、ついに一九世紀末イギリス文化の表面に出てくることはなかったのでしょうか。世紀末イギリスにおいて、それはたちどころに否定されるべき帰謬法的レトリックとして語られるばかりだったのでしょうか。いや、それはかならずしもそうであったわけではなく、あらゆる夢がそうであるように、姿を変えることによって文化的な（「文明化」の）抑圧をかいくぐり、実際に世紀末イギリス文化の表面にあらわれていたのです。

彼らの夢は、たとえ「文明化」の力によって抑圧され、現実化はおろか明確な言語化すら拒否されたとしても、「虐殺」をハッピー・エンディングとしてもつ『ドラキュラ』のような物語を生産することをとおして、というよりむしろそのような物語へと姿を変えることをとおして、じつはつねに自己を実現する機会を窺っていたのです。その意味において『ドラキュラ』という作品は、その主人公の怖ろしさの源泉を、同時代の反ユダヤ主義的ユダヤ人イメージのなかに求めていただけではなく、世紀末文化の深層のなかに抑圧されていた反ユダヤ主義的な「虐殺」の夢を暗示的なかたちで実現したという意味においても、反ユダヤ主義的なテクストだと言えるのです。

しかしそれは、ストーカーが意識的な反ユダヤ主義者であったということを意味するものではありません。たとえストーカーが、ある程度意識的に同時代の反ユダヤ主義的テクストのユダヤ人イメージをドラキュラに織りこんだとしても、その一方で彼は、一九〇五年、ロシアのユダヤ人虐待にたいする抗議に加わってもいるのです（Wolf (ed.) 1993, p. 413）。したがってわれわれが問題にすべきなのは、最終的にはユダヤ人にかんするストーカーの政治的意識ではなく、彼がそのなかでテクストを織りあげていた一九世紀末イギリスの文化を構造化していた「政治的無意識」（思想家・文芸批評家のフレドリック・ジェイムソンの用語）でなければなりません。

その「政治的無意識」が、あらゆる意識的なレヴェルをこえたところで、ストーカーのテクストを、そしてのちにはヒトラーのテクストを、「悪魔のごとき化け物の輪を新たに創造しそれをたえず拡大させながら、無力な人びとを食いものにして栄え」ようとしている「より劣等な人種」にたいする「虐殺」をハッピー・エンディングとしてもつ物語へと構造化したのです。たしかにドラキュラの虐殺とホロコーストは、そのモティーフの同一性あるいは相似性によって、一九世紀末から二〇世紀にかけて英独両文化の深層に横たわる広大な「政治的無意識」の存在をさし示しているのです。

(1)　理性の「光」が非理性の「闇」を掃討することによって人類とその社会は進歩していけるという進歩の思想をともなう啓蒙主義は、帝国主義の思想的バックボーンとなり、白人による有色人種の掃討をも肯定しうる思想となっていきます。ジョウゼフ・コンラッドの『闇の奥』(一八九九年)の読解をとおして、啓蒙主義が必然的にはらむ闇の主題を論じた拙論(丹治 一九九四、一七五―二四四頁)を参照してほしい。

(2)　ただし、ここでホワイトが用いている“the sterilization of the unfit”という語句は、「不適者」が子孫をもたないことを奨励するという「消極的優生学」的な意味にすぎません。しかしそれは、一八九七年の精管切除術の開発によって、二〇世紀になるとほどなく「不適者の断種」という「予防的優生学」的意味へ変容していきます。そしてアメリカでは実際に「断種法(sterilization law)」が、一九〇七年のインディアナ州を皮切りに、一九一四年までに一六もの州で制定されることになるのです。

(3)　世紀末のイギリスがいかに「退化」を恐怖していたか、そしてその「退化」の恐怖がいかにユダヤ人恐怖とむすびついていたかについては、Pick 1989, pp. 155-221; Halberstam 1993, pp. 337-340.

コラム23　ロスチャイルド一族の結婚

ライオネル・ド・ロスチャイルドは三人の息子に恵まれました。すなわち長男ナッティ（ナサニエル）と次男アルフレッドと三男レオ（レオポルド）。このうちアルフレッ

図VI-1「レオポルド・ド・ロスチャイルドとマリー・ペルージャとの結婚」(*The Graphic*, 29 January 1881, cited in Cowen and Cowen 1986, p. 48)

ドは独身をとおしますが、ナッティは、フランクフルト・ロスチャイルド家のエマ・ルイザと結婚。そしてレオはイタリア国籍のユダヤ人女性、マリー・ペルージャと結婚。レオとマリーの結婚式は、一八八一年一月一九日、グレート・ポートランド・ストリート［地図1］の中央ユダヤ教会堂で盛大に行なわれました。

コラム24　輸血

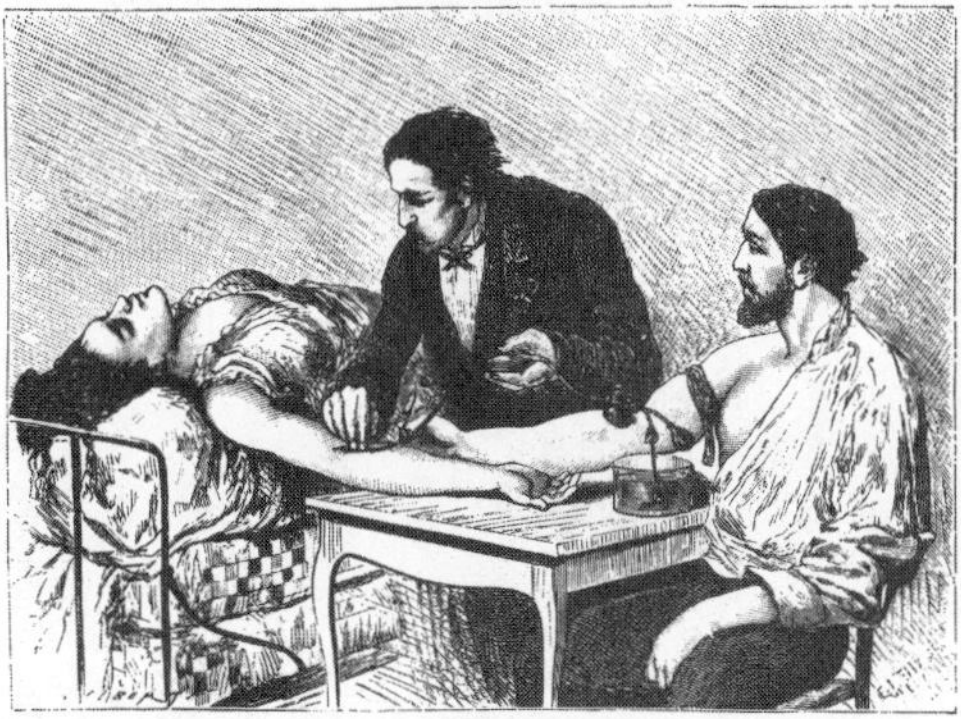

図VI-2（de Vries 1991, p. 146）

人間から人間への輸血を最初に実践したのはイギリス人ジェイムズ・ブランデルで、彼は一八一八年から二九年にわたって人血輸血の実験を何度もくりかえします。輸血の実験はその後もしばしば行なわれますが、しかしそれは一八九〇年代になっても、相変わらず生命の危険をともなう治療法だったのです。というのは、オーストリアのカール・ラントシュタイナーが、赤血球には血液型というものが存在し、その組み合わせによっては凝集が起こることを発見したのは一九〇〇年のことであり、そしてその発見を、「正常人血液の凝集反応について」という論文として公表するのは、ようやく一九〇一年のことだったからです。ということは、ヴァン・ヘルシングは血液型の知識がないままに、自分をふくむ四人の男性からルーシーへと輸血していたのです。

パストゥール革命の世紀末

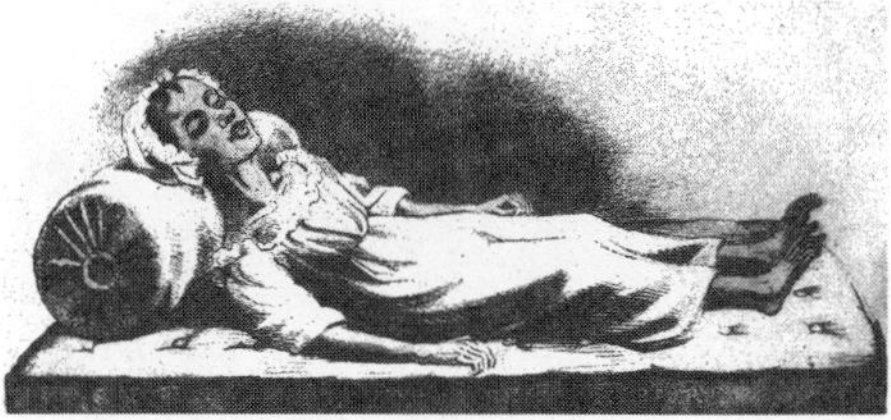

サンダーランドでのコレラの死者（Walvin 1987, p. 31）

第Ⅶ章　コレラ恐怖と衛生改革

コレラのパンデミック化

　一八一七年、それまではインドのガンジス河流域、とくに下ベンガル地域の風土病《エンデミック》であったコレラが、突如としてインド全域に拡大する地域的流行病《エピデミック》に変身します。発生はその年の八月、場所はカルカッタ（コルカタ）の北東およそ一〇〇マイルのところに位置するジェソレ（ジェッソール）でした。その翌月にはカルカッタに侵入、その後、多くの犠牲者を出しながらガンジス河にそって急速に拡大します。そして西進したコレラは一八一八年八月にボンベイ（ムンバイ）に到達したのち、そこからさらにインド国外へと拡大していきます（もちろん西にばかりではなく東にも拡大し、一八二二年には日本にも到達するのですが、いまはふれる必要はないでしょう）。こうしてコレラは、アジア・コレラ（Asiatic Cholera）として世界的流行病《パンデミック》と化していくのです。

　エピデミック化ないしパンデミック化した原因として第一にあげられるのは、インドにおけるイギリス帝国主義確立にともなう、さまざまなかたちでの交通の活発化ということになるでしょう。それがコレラ菌の移動を容易にしたのです。この時期のインドにおけるイギリス帝国主義的支配の確立は、第三次マラーター戦争（一八一七―一八年）の動向が端的に示しています。その戦争でマラーター同盟（中部インドのヒンドゥー教徒の勢力）が最終的に敗退した結果として、イギリスの支配にたいする持続的な武力闘争は、パンジャブのシク教徒をのぞいて当面のあいだ消滅し、そこに「インド半島全体がひとつの帝国にまとま」ることになったのです。

一八二七年の時点ですでに、インド在住の医学者リチャード・H・ケネディはこう記しています。

　この四〇年の間にインド半島全体がひとつの帝国にまとまった。それまでコミュニケーションは隣接する地域の間でも遅くて、まったく当てにならなかった。ところが国内が統一されることで商業活動が盛んになり、コミュニケーションが間断なく、活発におこなわれるようになった。それだけではない。インドの端から端まで軍隊が移動できるようになった。忘れてならないのは、現在みられるような規模での間断ない交通は、一八一七年の最初のコレラの大流行のときにまさしく始まったことである。〔中略〕
　インドの国内は無数の国境線で分断されていた。それが撤廃され、無数にあった小国家（おたがいにいつも嫉妬し、しばしば紛争をおこしていた）がひとつの支配のもとに統合され、相互の交流が盛んになり、途切れなくなった。こうして迅速で恒常的なコミユニケーション体制がインド全土にわたって出来あがった、もしくは強制された。この疫病が異常に広まり、しかもたえず流行するようになった唯一の原因は、以上のようなことだと思われる。(見市 一九九四、二二頁)

しかもイギリスの帝国主義の世界大の展開と、それにともなう世界交通網の整備は、コレラをインドから世界へとパンデミック化させていったのです。こうしてコレラは一九世紀末までつごう五回にわたって世界的に流行します。第一次は一八一七―二三年、第二次は一八二六―三七年、第三次は一八四〇―六〇年(リチャード・J・エヴァンズによれば一八四一―五九年(Evans 1988, p. 125))、第四次は一八六三―七五年、第五次は一八八一―九六年。要するに、コレラは一九世紀のほとんどの時期に世界のどこかで流行を見ていたというわけです。コレラは結核とともに一九世紀を特徴づける疫病だったと言ってもよいでしょう。

しかしコレラは、どこかロマン的な雰囲気が漂う結核とはちがって、かつてのペストをすら想起させる疫病として、徹頭徹尾恐怖されるべき対象でした。なぜか。理由は①致死率の高さ。たとえ罹患する患者数が「チフス熱」(発疹チフスと腸チフス)の患者数より少なかったとしても、コレラに罹患した患者はふたりにひとりは確実に死に至ったのです。②進行の速さ。発病から三日程度で「ころり」と死ぬということで、日本で「三日ころり」と称されたように、進行の速さは当時の治療法ではとどめようもないほどでした。

そして③症状の激烈さ。『一八三二年エクセター・コレラ史』（一八四九年）の著者、トマス・シャプターの記述によれば、コレラ特有の激しい下痢による脱水症状のため、患者は「皮膚が死人のように冷たくなり、唇が紫色に変色し、目が陥没し、どぎつく、獰猛で恐怖にみちた人相」になったといいます（見市 一九九四、一六頁）。こうして身体全体が青みがかるところから、コレラは「青い恐怖」と呼ばれ、「ただ単に致命的であるだけでなく、体を異質な何かに変えてしまう病気」（ソンタグ 一九九〇、六六頁）として格別に怖れられていたのです。

コレラ恐怖

コレラは第二次パンデミックのとき、はじめて中東、ロシアをへて、ヨーロッパ、そしてイギリスにまで到達します。

一八二九年八月、まずロシアのオレンブルクに侵入。そして「一八三〇年、オレンブルク流行の翌年、コレラはヨーロッパにはじめて大いなる歩みを進め」、その年の九月、ついにモスクワに達します（Burdon-Sanderson 1885, p. 175）。一八三一年四月には、ロシア軍のポーランド侵攻を機にワルシャワに侵入。バルト海貿易をつうじてイギリスとも関係の深かったリガに侵入した五月ごろから、イギリスは「完全なパニック状態」（『ロンドン医学報』一八三一年六月一八日号。見市 一九九四、四三頁）に陥ります。そして八月にはベルリン、一〇月にはハンブルクへ進みます。イギリス上陸はもう時間の問題です。「政府は、ハンブルクがイギリスから汽船でわずか三六時間の距離でしかないことを認識しているのか」――サー・リチャード・ヴィヴィアンなる人物のこの言葉は、コレラ侵入の危機をまえにしたイギリス人のパニックを切実に伝えています（Morris 1976, p. 27）。

イギリス上陸は一八三一年一〇月。場所は、大陸との交易が盛んなイングランド北東岸のサンダーランド［地図2］。最初の犠牲者と認定された男が死亡したのは一〇月二六日のことでした。感染源としてはハンブルクからの船が疑われました。その後コレラは、近くのニューカッスルから北はスコットランドへと拡大し、南は一八三二年二月八日にロンドンでも発生が確認されました。こうして一八三一年から三二年いっぱいにかけてコレラはイングランド、ウェールズ、スコットランドに拡大し、三万人以上の死亡者数を記録することになっていきます。「怖ろしい侵入／侵略（dreadful invasion）」と呼ばれた所以です（*The Quarterly Review* 46 (1832) p. 170, cited in Briggs 1985, p. 151）。

それだけではなくコレラは海峡をひとつ隔てたアイルランドにも飛び火し、その北西部、大西洋に面したスライゴーにまで達します。一八一七年にパンデミック化したコレラは、こうして第二次パンデミックのときについに、インド東部からはるばるユーラシア大陸を横切って、ヨーロッパの西の一端にまで達したということになります［図Ⅶ-1］（それだけでなく、コレラはアイルランド移民とともに大西洋をも軽々とこえ、一八三二年六月、北米大陸にも到達します）。

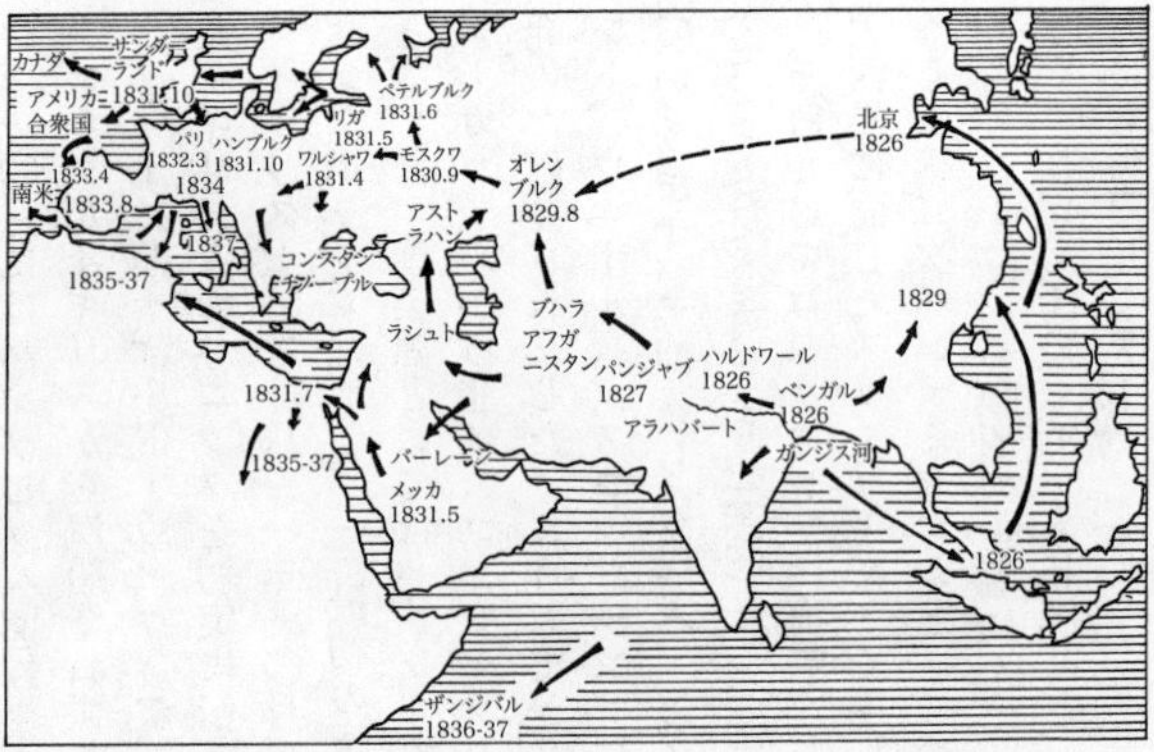

図**VII-1**　コレラの拡大（「第二次パンデミック・コレラ伝播図」、見市一九九四、二七頁）

一八三二年、スライゴーに達したコレラは、地域の「人口の八分の五」を奪うほどの猛威をふるったといいます。その恐怖を体験した、当時二四歳だったシャーロットという名の女性は、のちにそのときのことを息子に語り、しかも一八七五年ごろになって彼の依頼に応じてそれを記録として書き残します。タイトルは「コレラ恐怖」。その第一節はこのようにはじまります。

わたしが若かったころ、世界は新しくて怖ろしい疫病の恐怖にうち震えていました。それは通過するあらゆる土地を荒廃させつつありました。その歩みは規則的だったので、人びとはそれがつぎにあらわれる場所、そしてそれがあらわれそうな日付をも、ほとんど知ることができたほどでした。それが西ヨーロッパには

じめて出現したコレラだったのです。〔中略〕
大いなる疫病のうわさはときどき聞かれました、ちょうど人びとが自分たちの近くに来るはずのない遠くの出来事のことを話すように。しかしそれがどんどん近づいていると耳にするごとに、わたしたちの恐怖は増していきました。人びとは言いました、「フランスに達した」、「ドイツに達した」、そして「イギリスに達した」と。
それからわたしたちは、とり乱した恐怖のうちに、「アイルランドに達した！」という囁きを耳にしはじめたのでした。（"The Cholera Horror," cited in Ludlam 1962, pp. 31; 25-26）

実際に「コレラ恐怖」の細部を語りはじめるや、緊迫感に富むシャーロットの文章は彼女の並々ならぬ文才を証明することになりますが、その文才をとおして、一八三二年の「コレラ恐怖」は、彼女の息子の想像力の根底に残りつづけることになります。その息子というのが誰あろう、『ドラキュラ』の作者となったブラム・ストーカーその人だったのです。どうして彼は一八七〇年代になってから、母親に「コレラ恐怖」の記録を求めたのでしょう。それは彼が、一八三二年のコレラ流行を基にした「ぞっとする小説（grim novel）」を書くという観念に魅せられてしまっていたからなのです（Stoker 1982, p. 74）。すなわち「コレラ恐怖」は、レ・ファニュの「カーミラ」がそうである以上に、ストーカーが恐怖小説を書く原点となった作品だったのです。

図VII-2「目に見えぬ巨人」(An illustration from *Under the Sunset*, 1882 edition, cited in Frayling (ed.) 1991, illust. 12)

とはいえその「ぞっとする小説」はすぐに姿をあらわしてきたわけではありません。それはまず「目に見えぬ巨人」というタイトルの子供向けの短編として書かれ、『日没の下』(一八八一年)という短編集のなかに収められます［図VII－2］。主人公はザーヤという孤児の少女です。

町の上空に彼女は、両腕をあげた巨大な影のような姿を認めた。大きな霧のようなローブに身を包んだその姿は、徐々に大気中に消えていったので、彼女はその顔と気味の悪い亡霊のような手を見ることができただけだった。その姿はとても力強く、下に広がる町はまるで子どもの玩具のように思われた。

しかし町の人びとはザーヤの恐怖を物笑いにするだけです。そうするうちについに「目に見えぬ巨人」は町を襲いはじめます。つぎのテクストは「巨人」が「疫病」であることをはっきりと示しています。

みなが恐怖の叫び声をあげ、声を立てて泣きながら、逃げ惑った。「巨人だ！　巨人だ！　巨人がわれわれのなかにいる！」その姿を見ることができないことが恐怖をいっそう大きくしていた。しかし中心に噴水があるその市場から離れる間もなく、多くの人びとが倒れ、死体をそこに横たわらせていた。〔中略〕人びとの泣き声はどんどん大きくなっていった。巨人――疫病――がわれわれのなかに、われわれのまわりにいる。逃れることはできない。逃げるには遅すぎる。（"The Invisible Giant," cited in Farson 1975, p. 16）

もしもストーカーの作家としての出発点が、母親をとおして語られた一八三二年のコレラ流行にあるとすれば、「ぞっとする小説」としての『ドラキュラ』のなかにその影を認めることはじつに容易でしょう。

あいつ〔ドラキュラ〕はあなた〔ミーナ・ハーカー〕を汚した（infect）。その結果、あいつはこれ以上なにもしなくても、あなたが生きて、これまでどおりうるわしく暮らし、時いたって死ぬと――死は人間の共通の運命であり、神の是認なさったものです――、それであなたを自分の同類とすることができるのです。（第二四章）

ヴァン・ヘルシングがドラキュラの餌食となったミーナについて用いた「汚す（infect）」という言葉は、もともとは「（疫病を）うつす」「感染させる」を意味するものだったのです。

身体全体を青みがかった「異質な何か」に変える「青い恐怖」としてのコレラ、そして一八九二年の『北米評論』に「コレラについて」という一文を寄せたサイラス・エドソンが、「感染の被害者を順々に他の人びとにとっての感染の中心と」しながら「水のなかを拡大していく波紋のように国から国へ移動していく」（Edson 1892, p. 376）と述べていたコレラは、犠牲者を「不死者」という「異質な何か」に変え、感染の被害者を順々に加害者としながら「波紋のようにどんどん広がっていく」（第一六章）ドラキュラの感染力のイメージ的原型たるじゅうぶんな資格をもっていたのです。

ハンブルク

イギリスは、一八三一―三二年ののち、一八四八―四九年（死亡者六万人）、一八五三―五四年（三万人）、一八六六年（一・五万人）にもコレラの大流行を見ることになります。しかしその後は、島国という特性もあって、またなによりも上下水道の整備を中心とする衛生改革の進行（とくに飲料水の質的向上）もあって、大陸諸国に先立ってコレラの猛威から解放されます。

一八六六年以降、イギリス国内の衛生の向上は急速に進展し、それにともないアジア・コレラは、その患者がたびたび海岸線に到達することはあったものの、国内に広がることはおろか、そこに定着することすらなかった。(Hart 1893, p. 189)

しかしそれをもって世紀末のイギリスが「青い恐怖」から完全に自由であったと言うわけにはいきません。衛生改革が進展したといっても、それは以前よりはよくなったという程度のもので、いまだ解決すべき課題が多く残っていました。また、海峡をひとつ隔てたヨーロッパ大陸には一八七〇年代にも八〇年代にも、いまだに大規模なコレラの流行があり、それがイギリスにまったく飛び火しなかったわけではなかったのです。たとえばジェローム・

K・ジェロームの『ボートの三人男』（一八八九年）には「一八七一年のコレラの大脅威」という語句が見られます。それがたんに小説内のフィクションでないことは、ウォルター・ベザント『一九世紀のロンドン』（一九〇九年）添付の年表の一八七一年の項に「コレラ流行」とあることからもあきらかでしょう（Jerome 1957, p. 52; Besant 1909, p. 146）。

一八七〇年代と八〇年代のコレラは、幸い、大規模な流行にいたることはありませんでした。しかしそれはあくまで結果論であり、同時代の人びとはそれなりの恐怖なり不安なりをおぼえざるをえなかったはずです。たとえば一八八五年の「コレラ――その原因と予防」という論文において、生理学者のJ・バードン゠サンダソンは、「一八六六年以来、イギリスにいるわれわれは、長期間にわたって〔コレラ流行を〕免れている」にもかかわらず、その間「くりかえしその脅威のもとに置かれた」ことを認めています。実際、その論文自体が、「昨年の夏と秋におけるヨーロッパでのコレラ発生に刺激されたコレラへの関心」を基にして、「現在、スペインの地中海諸州で無慈悲に猛威をふるっている〔コレラ〕流行」の脅威のなかで書かれていたのです（Burdon-Sanderson 1885, pp. 178; 171）。

とすれば、一八九〇年代はどうだったのでしょうか。

『ドラキュラ』の第八章、ミーナ・マレーは、ドラキュラのもとに赴いたままもどってこない婚約者のジョナサン・ハーカーの消息をついに入手、彼が「激しい脳炎」のゆえに約六週間まえからブダペストの病院で療養していることを知ります。それが八月一九日。そしてその翌朝には彼が収容されているというブダペストの病院に向かいます。彼女はウィトビーから鉄道でハルへ、そしてそこから汽船でドイツのハンブルクに到着します（第九章）［地図2］。ハンブルク――第Ⅴ章ですでにふれたように、そこは多くのユダヤ人移民が東方から流れてきて、イギリスやアメリカにむけて旅立つ、東欧ユダヤ人移民のあふれる港町でした。

ハンブルクにミーナが滞在したのはおそらく八月二一日のことだったでしょう。そして彼女はすぐに汽車でブダペストに向かいます。ジョナサンがミュンヘンからウィーンへ行くのに一一時間もかかった（第一章）ということと照合すれば、その倍ほどの距離があるハンブルクからブダペストはほぼ丸一日の旅程だったかもしれません。しかし彼女は遅くとも二二日のうちにはブダペストに到着し、その日のうちにジョナサンとの再会を果たしたはずです。というのはミーナは二四日に友人のルーシー・ウェステンラに手紙を書き、そのなかで、前々日には病院に到着していたことを示唆しているからです。

ところでもしも『ドラキュラ』の設定されているのが一八九三年だとすると、ミーナがハンブルクに滞在した日のちょうど一年まえの一八九二年八月二一日は、医学ジャーナリストアーネスト・ハートの「いかにしてコレラを撲滅しうるか」（一八九三年）によれば、「ハンブルクにおいてコレラ発生が公式に発表された」日だったのでした[1]（Hart 1893, p. 194）。そしてその日にはじまった一八九二年のハンブルクでのコレラ流行は、「罹患者一万七八九一人（全住民の三・一％）、死亡者七五八二人（一・三％）」（Ibid.）という多くの悲惨を生み出したのち、ようやく一一月一四日に終息します。それは、「一九世紀ヨーロッパでのコレラ流行のうち、最大級のもののひとつであった」（柿本 一九九一、三六頁。See also Evans 1990, pp. 285-327）といいます。とすると、ミーナが通過したのは、おそらくそのコレラ禍の記憶がいまだ色あせてはいないハンブルクだったはずなのです（ちなみに一八九二年のコレラはロシアでも猛威をふるい、チャイコフスキーの命をふくむ多くの命を奪っています）。

このコレラ流行中のハンブルクの模様は、『ブリタニカ』第一一版（一九一〇―一一年）にこう述べられています。

ヨーロッパ大陸のなかでふだんはもっとも活気ある商業都市であり歓楽都市のひとつであった都市は、いまや死者の都市と化した。数千人がそこを脱出し、コレラをドイツのあらゆる地域へと運びこんだ。その地に残ったものは家のなかに閉じこもった。商店は閉鎖され、電車は運転をやめ、ホテルとレストランには人影すら見えず、通りには馬車も歩行者もほとんどいなかった。都市から一〇マイルほどのところにある墓地では、数百人の人びとが昼夜をわかたず、ふたつ重ねにした棺を収めるための長い溝を掘りつづける一方で、葬送の列がほとんど途切れることなく道路を進んでいた。にもかかわらず犠牲者がじゅうぶん速やかに埋葬されることはなく、遺体は死体仮置場として急造された小屋のなかに何日も放置されていた。（Chisholm（ed.）1910, p. 265）［図Ⅶ－3］

図VII-3 ハンブルク、コレラの光景（「1892年コレラ流行時の市営墓地」、Evans 1990, illust. 23）

イギリス人にとってハンブルクは（多数の東欧ユダヤ人移民がそこからイギリスにむけて出港してくる都市であるとともに）、イギリスにおけるコレラ流行が直接そこからもたらされた都市として記憶されていました。たとえばコレラは飲料水を主たる伝染媒体とするという明察で名高い医師ジョン・スノウも、「一八四八年のコレラはハンブルクからロンドンへもたらされた」と述べていました（Hart 1893, p. 187）。その都市にかつて例を見ないほどの激烈なコレラ流行が発生したことは、一八九二年の段階で、もう一度「コレラ恐怖」をイギリスの人びとの想像力のなかにかき立てずにはいなかったはずです。

たとえばハンブルクでのコレラ発生の公表からわずか一〇日後の『タイムズ』は、「われわれは、一八三〇年、一八四七年、一八五三年、一八六六年にヨーロッパを襲ったのと同様のコレラの大流行に直面している」（"The Cholera in Europe," *The Times*, 2 September 1892）と述べ、「コレラ恐怖」の生々しさを伝えています。また、『一九世紀』の一八九二年一〇月号に掲載された「コレラとわれわれの防護策」という論文において、ハートは、「コレラはわれわれの門前に来ており、すでに数人の患者は国内にはいりこんでいる。したがってわれわれはいまだその敵と直面しており、しかるべく方策を講じなければならない」(Hart 1892, p. 632) と述べています。

実際、一八九二年のイギリスはコレラによる死亡者を出しつつあったのです。早くも八月一九日、すなわちハンブルクの当局がコレラ発生を公表する以前に、ハンブルクからもどったばかりのスコットランドの船員(機関助手)がコレラに倒れます。それを皮切りに、八月一八日から一〇月二一日にかけて三八人のコレラ患者が、一一の港をとおってイギリスに侵入します。しかしその時点ではそれらは幸いにも疫病的な流行とはならず、たんなる個別の発生で終わります。地方行政局刊行の『一八九三年のイギリスのコレラにかんする報告と記録』(一八九四年)も、「八月二五日から一〇月一八日にかけて三五人のコレラ患者がわが国の海岸線に到達したが、国外から到達した者以外の人間に広がることはなかった」と記しています(*Reports and Papers on Cholera in England in 1893*, p. vii)〔図Ⅶ－4〕。

ところがいったん一八九二年一一月に終息したかに見えたハンブルクのコレラは、翌一八九三年夏、暑さがもどってくるにつれて、勢力をとりもどし、ふたたび広がりはじめます(ただし、急遽上水道施設に濾過装置をとりつけたことが功を奏し、一八九三年のハンブルクでの流行は限定的な程度で済むことになります)。しかも同年八月には、コレラはイギリスにおいても、とくにイングランド東部のハンバー川河口付近のグリムズビーやハル［地図2］を中心にいわゆる二次感染をも引き起こし、地域的疫病と化すことになるのです。これが、歴史学者エイサ・ブリッグズによれば（Briggs 1985, p. 153）、一九世紀イギリスを襲った最後のコレラ流行となるわけです。

とすれば一八九三年八月二〇日にハルを出港し、翌二一日にハンブルクに到着したミーナの船旅は、たんに一年まえのコレラの記憶に彩られたものであるばかりでなく、コレラの現実的な脅威に包まれたものだったと言ってよいでしょう。一八九三年のコレラによる死亡者はたしかにイギリス全体でも一三九人であり、したがってその流行の規模は以前のものとくらべればはるかに小さなものにすぎません。しかしこの世紀末のコレラ流行は、イギリス人の心のなかに「コレラ恐怖」をあらためて掻き立てるにじゅうぶんなものだったのではないでしょうか。

“BACK!”

図VII-4 1892年のコレラ恐怖（「もどれ！」、*Punch*, 10 September 1892)

実際、『一八九三年のイギリスのコレラにかんする報告と記録』をはじめとする、一八九三年から九四年にかけて公刊された多数のコレラ関連の書物の存在は、同時期の総合雑誌に掲載されたコレラをめぐる論文とならんで（Hart 1892; Hart 1893; Wyman, et al. 1892; Haffkine 1893; Edson 1892; Lanin 1892）、「コレラ恐怖」に対する当時の人びとの敏感さを端的に示すものでしょう。上下水道の整備を中心とする衛生改革によって、ヨーロッパ大陸のコレラ流行を多少とも対岸の火事としてながめることのできた一八七〇年代以降のイギリスは、一八九三年のコレラ流行をとおして、こうしてもう一度「コレラ恐怖」に直面することになります。コレラは一九世紀末イギリスにおいて、克服された過去の疫病となりつつあると同時に、いまだ大いに現実的な恐怖の対象たりうる疫病でもあったのです。

したがって「コレラ恐怖」は、ストーカーの作家としての原体験であるばかりでなく、彼が『ドラキュラ』の執筆を準備しつつあったちょうどその時点で生じていた、きわめて時局的な事件でもあったのです。外国から侵入してくる感染性の恐怖としてのドラキュラのイメージを造形するさいに、彼が一八九〇年代に再燃した「コレラ恐怖」を利用するのは、その意味からいってもきわめて自然なことだったはずです。

外国恐怖症としてのコレラ恐怖

ドラキュラとコレラをむすぶ重要な要素は、両者がともに外国から国内に「侵入／侵略する恐怖（dreadful invasion）」だという点にあります。スーザン・ソンタグは、一九世紀が進むにつれてコレラよりも天然痘のほうがずっと多くの死者を出しながら、しかし結局はコレラのほうが「より強く記憶され続けた」という事実をこのように説明しています。

『罪と罰』（一八六六年）の最後のところに、ラスコーリニコフが疫病を夢想するところがある。「彼は、全世界が、アジアの奥からヨーロッパに流れて来た正体不明の恐ろしい新手の疫病にやられる運命にあると夢想した」、と。書き出しのところでは「全世界」であったものが、文章の途中で、アジアから来た死の訪問者に苦しめられる「ヨーロッパ」に変ってしまう。ドストエフスキーの頭にあったのは、間違いなくコレラである。前々からベンガル地方の風土病であったものが瞬くうちに広がって、一九世紀のほぼ全般、世界的な流行病であり続けた、いわゆるアジア・コレラである。ヨーロッパは特権的な文化の場であるという何世紀来の思い込みの一翼をになうのが、そこは、他の土地から来る死の病いに植民される場でもあるという発想である。ヨーロッパは本来病気からは自由であるというわけだ。〔中略〕恐ろしい病気と外来起源を執拗に結びつけるということこそ、一九世紀のヨーロッパで四回大発生したものの、そのつど死者の数を減らしていったコレラの方が、世紀が進むとともに被害を大きくしたものの、非ヨーロッパ起源の疫病的な病気とは解釈しようのなかった天然痘よりも（一八七〇年代初めの汎ヨーロッパ的な天然痘の流行のさいには、五〇万人の死者が出た）、より強く記憶され続けた理由のひとつである。（ソンタグ　一九九〇、七二―七三頁）

要するに、「コレラ恐怖」とは、「恐ろしい病気と外来起源を執拗に結びつけ」ようとするヨーロッパの（あるいはイギリスの）外国恐怖症の一形態にほかならないのです。「特権的な文化の場」として「本来病気からは自由である」はずのヨーロッパが、「アジアから来た死の訪問者」によって、より具体的に言うならば、インドのベンガル地方から拡大してきたアジア・コレラによって侵略される――このような「コレラ恐怖」の構図は、一九世紀末イギリスが抱えていた外国恐怖症の、じつはもうひとつの典型的形態を示しているのです。

それは、（すでに第Ⅲ章で言及したとおり）スティーヴン・D・アレータが「反転した植民地化（reverse colonization）の不安」と呼んだものです。すなわち「「文明的」世界と表象されてきた地域が「原始的」力によって植民地化されつつある」という不安であり、経済力ならびに軍事力において劣っている文明の後進地域であるアジアやアフリカが、したがって現実においては文明の先進地域である帝国主義的ヨーロッパの植民地と化しているアジアやアフリカが、なにか独特の「原始的」力によってヨーロッパに侵入／侵略し、そこに野蛮な植民地（さらには帝国）を形成しつつあるのではないか、という不安なのです（Arata 1990, p. 627）。

「反転した植民地化の不安」をあらわす小説のなかでももっとも典型的なヘンリー・ライダー・ハガードの『洞窟の女王』（一八八七年）は、二〇〇〇年以上生きつづけるアフリカの不死の女王アーイシャをめぐる超自然主義的な物語ですが、そこに登場するひとりのイギリス人は、彼女がアフリカからイギリスへと侵攻する恐怖をつぎのように述べます。

わたしは、いま眼前に姿をあらわした問題の恐るべき性質に深く思いをめぐらしながら女王のそばを離れた。怖ろしい女王はあきらかにイギリスへ行く決意を固めている。彼女がイギリスに行ったら、どういうことになるだろう？　そう考えるとわたしは体が震える思いだった。わたしは彼女の力がいかなるものかを知っていたし、彼女がその力を存分に発揮するだろうことを疑うことはできなかった。しばらくのあいだは彼女をおさえることができるかもしれないが、いずれはあの自尊心の強い野心的な精神が解き放たれ、何世紀にもわたる長い孤独の復讐を遂げずにはいないだろう。必要とあれば、そして、自分の美しさの力だけで目的がとげられないと知ったら、どんな怖ろしい手段に訴えてでも、みずから設定した目的にむかって進むだろう。彼女は死ぬこともなければ、わたしの知るかぎり殺されることもない。だとすると、いったいなにが彼女をおしとどめることができるだろう。最後には、大英帝国の、そしておそらくは全世界の絶対的な支配権を掌握するにちがいない。(Haggard 1991, p. 256)

文明の後進地域としてのアジア・アフリカから先進国イギリスへと侵攻する不死の存在が、その文明レヴェルの後進性にもかかわらず超自然的な力を用いてイギリスの支配者となり、イギリスを植民地にするかもしれない――そういった「反転した植民地化の不安」において、『ドラキュラ』が『洞窟の女王』と同じジャンルに属していることはすでに言うまでもないでしょう。たしかにドラキュラの居城のあるトランシルヴァニアは、地図上ではアジアでもアフリカでもなく、東欧といえどもヨーロッパに位置しています。しかし、ドラキュラのもとへむかいつつあるジョナサン・ハーカーの五月三日付けの日記は、ミュンヘンを発ちウィーンをへて到着したブダペストの印象をこう記しています——「わたしの印象は、このあたりで西洋を離れ東洋へはいっていきつつあるというものだった。ダニューブ川〔中略〕にかかるすばらしい橋のなかでもっとも西側に位置する橋を渡ると、いよいよトルコ支配の伝統のなかにはいっていく」(第一章)。

すなわちジョナサンの「印象」のなかで、ヨーロッパの文明がアジアの原始的世界へと変わる境界としてのブダペストのはるか東に位置するトランシルヴァニアは、すでに「東洋」なのです。しかもそのすぐあとにジョナサンは、進歩する「西洋」(ヨーロッパ)の効率にたいする停滞する「東洋」(アジア)の非効率というオリエンタリズム的構図を示します。彼は、「東に進むほど汽車の時間は不正確になるようだ。中国ではいったいどういうことになるのだろう」(第一章)と記しているのです。そのような意味でドラキュラは、コレラと同様に、文明の停滞した「東洋」から文明の進歩した「西洋」へ、それをおのれの植民地とするために侵略してくる原始的な力なのです。

そのコンテクストでいえば、『ドラキュラ』のなかで主人公の最初の犠牲となるイギリス人女性の名が、「ルーシー・ウェステンラ (Lucy Westenra)」であるということは、かなり重要なことではないでしょうか。なぜなら「ルーシー」とは「光」を意味する女性名であり、「ウェステンラ」はその名のなかに「西」をふくむからです。ふたつを合成すれば、すなわち「西洋の光」となるはずだからです。ジョナサン・ハーカーの「印象」のなかで「東洋」として定義づけられるトランシルヴァニアから侵入／侵略し、その怪奇な力によって「西洋の光」を餌食にしたドラキュラは、まさにスティーヴン・アレータのいう「反転した植民地化の不安」の象徴的表現にほかなりません(2)。

一九世紀末に支配的であった文明の進歩史観において、原始的な東洋は西洋の文明によって掃討されるはずのものでした。西洋が東洋を植民地とすることは、たとえ軍事力という暴力によって行なわれたとしても、それ自体けっして野蛮なことではなく、光が闇を掃討すべきであるとする啓蒙主義的な文明化の理念にしたがって、文明史的な意味づけすらあたえられながら肯定されるものでした。しかしそのようなイデオロギーは、掃討されるはずの東洋が逆に西洋のなかに植民地をつくり、その野蛮な力を拡大することへの恐怖を生み出していきます。いわば西洋は東洋のなかに、反転した自己像を投影していったのです。

世紀末のイギリス人ないしヨーロッパ人に、「非ヨーロッパ起源の疫病的な病気とは解釈しようのなかった天然痘」ではなく、インド起源の、その名も「アジア・コレラ」を怖ろしい疫病として記憶させることになったのは、『洞窟の女王』あるいは『ドラキュラ』のなかにあらわれている「反転した植民地化の不安」、そしてその不安の背後にあってそれを支えていたオリエンタリズム的東洋観だったのです。「コレラ恐怖」はその犠牲となった死者の数のゆえというよりは、むしろそれが西洋の外部＝東洋から侵入／侵略してくる異質な力であるという事実のうちにあったのです。

バーモンジー

『ドラキュラ』の第二〇章。ジョナサンは一〇月一日の日記にこう記していました。

〔人夫のジョウゼフ・スモレットが〕言うには、カーファックスから荷馬車で運びだした荷のうち六箱は、マイル・エンド・ニュータウンのチックサンド・ストリート一九七番地にとどけ、あとの六箱はバーモンジーのジャマイカ・レーンにとどけたという。もしも伯爵がおのれの逃げ場とするこれらの身の毛のよだつ箱をロンドンじゅうに分散させるつもりだとすると、のちほどじゅうぶんに分散できるように、最初にまずこの二か所を届け先として選んだのだろう。（第二〇章）

ドラキュラがロンドン侵入／侵略後に求めた住居のひとつはどうしてバーモンジーになければならなかったのでしょうか。それは、ドラキュラの原型のひとつが「コレラ恐怖」のなかにあったことと関係があるかもしれません。というのはバーモンジーは、ヘンリー・メイヒューが一八四九年九月二四日号と一一月六日号の『モーニング・クロニクル』において

「バーモンジーのコレラ地帯探訪」という記事を書いて以来、「コレラ地帯」として悪名高い地域だったからです。すなわちそれは世紀末イギリス人の記憶のなかで、とりわけコレラとの連想性をもつ地名だったのです。『ロンドンの労働とロンドンの貧民』（一八五一―六二年）で有名になるこのジャーナリストは、その記事のなかでこう述べています。

> この三か月以内にコレラが原因で生じた一万二八〇〇の死のうち、六五〇〇はテムズ川の南岸で起こっている。そしてランベスとサザクとバーモンジーほど、この怖ろしい数字に貢献している地区はない。流行の絶頂時にはそれぞれの地区が死亡者数の怖るべきカタログに、週に一〇〇人の犠牲者を加えていった。とくに最後にあげた地区〔バーモンジー〕をあえて訪れたものは、この瘴気にみちた地区における疫病の惨害を不思議に思うことはないだろう。というのはそこは、北と東は汚濁と熱病に接し、南と西は貧困と不潔と襤褸《ぼろ》と疫病に接しているからである。ここには、いわばコレラの首都、ロンドンのジェソレが存在している。それがすなわち、ジェイコブ島――共同下水溝によって隔離された一区画の土地なのである。(Henry Mayhew, "A Visit to the Cholera Districts of Bermondsey," *Morning Chronicle*, 24 September 1849, cited in Flint (ed.) 1987, p. 164)

ロンドンにおけるドラキュラの住居のひとつを、「汚濁」、「熱病」、「不潔」、「疫病」といった要素に縁どられたバーモンジーに定めたストーカーは、伝統的に「コレラ地帯」と呼ばれていたその地区がもつコレラとの連想をたぶんに意識していたのではなかったでしょうか。バーモンジーはストーカーにとってまさに、コレラとして表象されるドラキュラ、「諸民族を抹殺する疫病の只中にあって繁栄しうる」（第二四章）と記されているドラキュラにもっともふさわしい居住地だったのです。

ところでメイヒューの引用にはもうひとつ注目すべき事実があります。それは彼がバーモンジーにあるジェイコブ島、共同下水溝によって囲まれているために「島」と呼ばれていたその一地域を、「ロンドンのジェソレ」と呼んでいたという事実です。ジェソレというのは、コレラがはじめてエピデミック化したときにその発生の地と目されたインドの土地、いわばコレラ揺籃《ようらん》の地だったところです。すなわち彼は、ジェイコブ島を「ロンドンのジェソレ」と呼ぶことによって、「汚濁」、「熱病」、「不潔」、「疫病」にまみれたその場所を、疫病を生み出すアジアの、ロンドンにおける「出島」であり、また植民地にほかならないと見なしているのです（見市 一九九二、一四八頁）。

文明の中心たるイギリス（あるいは西欧）のなかに東洋（アフリカもふくむ）の植民地を発見するそのような眼差しは、一九世紀末のイギリスにおいては容易に見いだされるものです。たとえば、軍隊組織を模した福音主義的社会福祉組織である「救世軍（Salvation Army）」の創始者、ブース将軍ことウィリアム・ブースの『イギリス最暗部とその出口』（一八九〇年）の冒頭の一章はその典型的な例といえるでしょう。ブースは、アフリカ探検家、ヘンリー・M・スタンリーが一八九〇年に公刊したばかりの『アフリカ最暗部横断記』から引用しながら、「暗黒大陸」(この表現自体、『OED』によれば、スタンリーの一八七八年の著作『暗黒大陸横断記』にはじまる)であるアフリカの「最暗部」がそのままイギリスにも存在することを指摘するのです。

アフリカ最暗部が存在するように、イギリス最暗部もまた存在しているのではないか。〔中略〕われわれは、われわれの大聖堂と宮殿のすぐそばに、スタンリーが赤道地帯の大森林のなかに発見したのと同様の恐怖を発見できるのではないか。〔中略〕
スタンリーが横断した赤道地帯の森林は、わたしがこれから語るはずのイギリス最暗部と類似している——その広範さにおいて〔中略〕、その単調な暗黒さ、その瘴気と陰鬱さ、そのこびとっぽい非人間化した住人、彼らが甘んじている奴隷状態、彼らの欠乏と悲惨において。(Booth 1890, pp. 11-12)

ブースがあげているアフリカ最暗部とイギリス最暗部の類似点のなかでも、われわれがとくに関心を寄せるべきなのは、衛生状態にかんする記述でしょう。

イギリスの最暗部は、アフリカ最暗部のように、瘴気にまみれている。われわれのスラムが発散する不潔で強い悪臭のする息は、アフリカの沼沢のそれとほとんど同じほど有毒である。そこでは熱病は赤道におけるのと同様、ほとんど慢性的なものとなっている。毎年、何千もの子どもが、いわゆる衛生システムの不備という原因で殺されている。(Ibid., p. 14)

こうしていくつかの類似点を羅列したのちに、ブースはイギリスのなかに存在する「最暗部」を、アフリカの「植民地」と呼ぶのです――「これら異教徒と野蛮人の植民地がわれわれの首都に実在していながら、それがほとんど注意をひいていないというのは、われわれのキリスト教と文明にたいするなんという風刺であろう!」(Ibid., p. 16)。そしてもちろん「救世軍」の「将軍」としてのブースの使命は、暗黒の力によって占有されているイギリス内部のアフリカ「植民地」を、「キリスト教と文明」の光によって解放し救済《サルヴェイション》することにほかなりません。

「イギリス最暗部」に東洋の「植民地」を発見するブースの眼差しは、西洋がもともと「闇」とは無縁の、あるいはすでに「闇」を脱した存在であり、「闇」は西洋の外部すなわち東洋に属するという前提に立つものです。その厚かましい西洋中心主義は、西洋の内部に存在する「闇」を東洋として定義すると同時に、その「闇」を文明の光によって掃討しようとします。イギリスに存在する東洋の「植民地」、コレラ流行のいわば橋頭堡《きょうとうほ》となるその「植民地」を掃討しようとするのです。その過程こそが一九世紀後半をつうじてつづけられた一連の衛生改革にほかなりません。すなわち衛生改革とはある意味では、イギリスの内部にひそむ（しかし本来ひそむはずのない）「東洋」の掃討だったのであり、アジア起源のコレラは、そういうものとしての衛生改革を促進するもっとも重要なモメントとなっていったのです。

　要するに世紀末イギリスは、ある意味では衛生改革という一大事業を、東洋で積極的に展開されつつあったもうひとつの一大事業、東洋の掃討としての帝国主義的植民地政策と同一線上で進めていたのです。衛生改革という二一世紀のわれわれもいまだに共有している価値は、すでにわれわれが共有しえなくなった帝国主義というもうひとつの価値を支えていたのと同一のイデオロギーによって、じつは支えられていたのです。

　世紀末イギリスは、海外のみずからの植民地において東洋を掃討するのとほとんど同じ姿勢で、おのれの内部にある東洋の「植民地」を掃討しようとします。「キリスト教と文明」の光によって、か。そうかもしれません。しかし「救世軍」という言葉が如実に示しているとおり、東洋の「闇」を掃討する「キリスト教と文明」の光は、それ自体が「軍」事力をはじめとする暴力という野蛮な「闇」を内在させていたのです。ジョウゼフ・コンラッドの『闇の奥』（一八九九年）が帝国主義を正当化する光と闇という啓蒙主義的な二項対立的メタファーを解体《ディコンストラクト》し、光がそのまま闇となる過程をいかにも説得的にえがいたのは、『イギリス最暗部』公刊のわずか九年後のことにすぎません（丹治　一九九四、一七五―二四四頁）。

　イギリス国内で衛生改革を成功させた啓蒙主義的光は、その一方で海外においては東洋の植民地化という暴力を実践する暗黒の力でもあったのです。「もっとも怖ろしいのは、この邪悪な存在があらゆる善に深く根ざしているということなのだ」（第一八章）、「善なるものからおのずとしみ出る毒素というものがあるのかもしれない」（第二四章）――まことにヴァン・ヘルシングが述べるように、善と悪とはたがいに絡みあい、あるいはコインの裏表のように一体となっているものなのです。

（1）ただし柿本昭人によれば、八月二一日は、この都市においてコレラの陽性患者が確認された日だったものの、市当局がコレラ発生を公式に発表するのはそれより二日あとの八月二三日のことだといいます。コレラの疑いはすでに八月一六日に出ていたものの、交易の停止とそれによる経済的な損失にたいする懸念がその確認を遅らせていたのです（柿本 一九九一、四一―四二頁）。

（2）「われわれの血管のなかには多くの勇猛な民族の血が流れている」と、ジョナサン・ハーカーにむかって誇らしげに語るドラキュラは、「アッティラの血がこの血管のなかを流れている」とも語ります。アッティラの血とはすなわち、「生きた炎のごとく大地をなめつくす好戦的な怒りをもったフン族」の血を意味しています（第三章）。三七二年ごろアジアからヨーロッパへ侵入したフン族は、アッティラが支配者となった五世紀なかば、現在のハンガリーを根拠地に、東はカフカス、西はライン川、北はデンマーク、南はドン川右岸に広がる大帝国をつくりあげ、ヨーロッパ文明圏に脅威をあたえる存在となります。アジアからヨーロッパへ侵入し、そこにアジアの帝国をつくりあげたモンゴル系の民族として、フン族はのちの蒙古と同様に、「反転した植民地化の不安」をもっとも表象する資格をもつ民族だったのです。

第Ⅷ章　瘴気恐怖と細菌恐怖

嗅覚革命

ハーマン・メルヴィルの『白鯨』（一八五一年）におもしろい箇所があります。

コレラの流行時には、樟脳《しょうのう》を染みこませたハンカチを口に当てて出歩く人がいる。それと同様に、スタッブの煙草は、あらゆる人生の苦難にたいして一種の消毒剤の作用を果たしていたのかもしれない。（Melville 1967, p. 106）

「樟脳を染みこませたハンカチ」がコレラにたいして「一種の消毒剤の作用を果たた」す――『白鯨』の同時代人たちは、いったいどのようにして、こうした（少なくともわれわれにとっては）不可思議な思いこみをもつにいたったのでしょうか。じつはその思いこみの背後には、それより一世紀ほどまえに起こったひとつの感性上の出来事が存在しているのです。それは、社会的視点を特徴とするアナール学派を代表するフランスの歴史学者アラン・コルバンが『においの歴史』（原題『瘴気と黄水仙』）において「嗅覚革命」（コルバン　一九九〇、八〇頁）と名づけたものです。

コルバンによれば、一八世紀の後半、悪臭にたいするそれまでの鷹揚《おうよう》な態度が、不寛容な態度へと急激に変わります。「現在の私たち〔が〕、自分が生きている無臭の生活環境を脅かすもの一切にたいしてきわめて不寛容になってしまっている」（同上、七頁）という事実も、じつはその端緒をこの深い感性の変容にこそ求めることができる――そう彼は述べます。とすれば、どうしてそのような感性の変容が起こったのか。

一七五〇年頃、〔ジョン・〕プリングルと〔デイヴィッド・〕マクブライドの行なった腐敗物質にかんする研究によって、いわゆる気体化学なるものが台頭しはじめ、都市病理学らしきものが現われてきて、そこから、これまでにない不安感がかきたてられてきた。糞便、泥、便槽、死体といったものが、激しい恐怖の念をよびさましたのである。社会階層のピラミッドの頂点から底辺にむかって、恐怖感が伝わってゆき、臭気をしりぞけようとする動きがにわかに激しくなった。腐敗がほうぼうに広まるのを防ぎ、むかつくような腐敗の脅威からのがれるために瘴気のありかを探知する責務を、ほかならぬ嗅覚が担わされたのである。（同上、三二一―三二三頁）

「空気を四大の一つとか、ある種の化合物と考えるのではなく、いくつかのガスの混合物と見なす観点があらわれ」、空気を構成するいくつかのガスの組成を定義していくうちに、「空気はもはや生命力の創造や成熟の場としてではなく、腐敗の実験室として研究されるようにな」っていきます（同上、一八頁）。その結果、空気のなかに存在する悪臭と湿気こそが「腐敗という過程の構成要素」として特定されていき、それを吸いこむことは、「内臓の腐敗と生命の原理が共存」している有機体の内部で生命の均衡を崩壊させることと見なされるにいたるのです（同上、一九、三七頁）。

こうして「死は大気中に死体の臭いとともに」、あるいは「病気の肉体ないしは分解しつつある肉体から発散された腐った瘴気」として、漂うことになります（同上、三七、一九―二〇頁）。すなわち、腐敗した有機物から自然発生的に生じるとされる悪臭としての「瘴気（miasma）」は、生命を解体させる死の原理ないし原因として「激しい恐怖の念をよびさま」すようになるのです。

こうして一八世紀後半、まずは目覚めたエリートたちのあいだで、生命ある物質を腐敗へと導く瘴気にたいする「嗅覚的警戒心」が急速に高まり、「嗅覚的な許容限度が突然厳しくなったかのようにすべてが進行し」ていくのです。これがコルバンのいう「嗅覚革命」です。その結果として、たとえば換気が「空気の弾力性と消毒的性質を回復させる」ものとして推奨されていきます。また、ある種の芳香剤が、樟脳などとともに、「腐敗性瘴気の影響力と効果的に戦うことのできる消毒薬」としてその「治療学的な効能」を云々されていくのです。しかもその際、「麝香鹿《じゃこう》の生殖器ちかくにある嚢《のう》、それも腐敗性の嚢からとれる麝香」のきつい動物性の香水はその腐敗性のゆえに嫌われ、黄水仙のような「生命に溢れた春の花」のほのかな香りが愛好されることになります（同上、二五、七三、一二六、八四、三一三、九四頁）。

そしてそれと同時に、一七六〇年から一八四〇年ごろにかけて、公衆衛生学者は「「あらゆるおぞましいもののなかで最も手ごわい敵に立ちむかう」英雄の地位にまで祭り上げられ」ることになります。その代表的なひとりが一七九四年に公衆衛生学の初代教授に任じられたあのジャン＝ノエル・アレにほかなりません。コルバンが「けしからぬ瘴気を敵にまわして、倦《う》むことなき闘いを続けた汚水溜めのドン・キホーテ」と評した人物です（同上、八一、三頁）。

そして一九世紀は「公衆衛生学者が〔準備した〕「清潔への賛歌」を」歌いあげる世紀となっていきます。すなわち衛生改革は、まずは都市の道路と河川といった公共的空間から、のちには労働者たちの家屋といった私的な空間からも、「瘴気が物質化したものと思われ、病原となる脅威と同一視されていた」悪臭を、たとえば下水道のような汚物処理システムにより、あるいは燻蒸（石灰の燃焼）といった化学的方法により浄化していきます（同上、八一、一三九頁）。

一九世紀の衛生改革は、伝染病の原因になると信じられていた瘴気にたいするこのような恐怖（「嗅覚革命」）から生じていったのです。

瘴気恐怖

イギリスにコレラの「青い恐怖」がはじめて侵入した一八三〇年代、それはすでに以上のような「嗅覚革命」が進行しつつあった時代だったのです。そしてコレラは、糞便や汚物が充満していた人口過密のスラム街を中心に猛威をふるう疫病として、以後数十年にわたって、伝染病の原因が腐敗した有機物から自然発生的に発する瘴気にあるとする瘴気説を実証するなによりの証拠として解釈されることになります。

図VIII-1　煙草によるコレラ予防策（見市他　一九九〇、一八九頁）。伝染病の原因は瘴気にあるという医学的イデオロギーは、樟脳や香水のみならず煙草のなかにも予防的効果を見ていました。

「コレラの流行時には、樟脳を染みこませたハンカチを口に当てて出歩く人がいる」とメルヴィルが記述する光景は、したがって、「腐敗性瘴気」をコレラの原因として恐怖する一九世紀人の心理を如実に示すものだったのです［図Ⅷ－1］。悪臭は悪臭自体のゆえに嫌悪されていたのではなく、それが致死的な伝染病の原因となると（まちがって）信じられていたがゆえに恐怖されていたのです。われわれが第Ⅶ章においてすでに読んだヘンリー・メイヒューの「バーモンジーのコレラ地帯探訪」（一八四九年）というルポルタージュも、「［バーモンジーを］あえて訪れたものは、この瘴気にみちた地区における疫病の惨害を不思議に思うことはないだろう」（Flint（ed.）1987, p. 164）と述べることにおいて、明確に瘴気説に立つものでした。

しかも『白鯨』が公刊された一八五〇年代ごろ、ロンドンをはじめとするイギリスの大都市は、たいへんな悪臭に包まれていました。第一回国勢調査が行なわれた一八〇一年に一〇〇万に達していなかったロンドンの人口が一八五一年にはすでに二三六万強に達していたのであれば、しかも都市のインフラストラクチャーの整備がほとんど進展しないままだったのであれば、それも当然でしょう［コラム25］。

むろんこのような事態にたいしてそれを改善しようという衛生改革のこころみは、すでに一八四〇年代からはじまっています。社会改革者エドウィン・チャドウィックが『イギリスの労働者の衛生状態にかんする報告』を四年越しでまとめたのが一八四二年。瘴気説に立って伝染病を人口密集と上下水道の不備に関連づけようとした彼の努力は、ついに一八四八年の「公衆衛生法」となって結実し、そこに彼を局長とした中央保健局が創設されることになります。

チャドウィックの衛生改革は、中央集権的な行政にたいする人びとの抵抗にあい、かならずしも期待された成果をあげないうちに、六年後の一八五四年、彼は辞任することになります。しかしたとえ彼の衛生改革がいったん挫折したように見えても、その前提となっていた瘴気説にもとづく悪臭ないし不潔にたいする恐怖だけは確実にイギリス社会に広がりつつあり、それはヴィクトリア朝のさまざまなテクストに姿をあらわすことになっていくのです。

伝染病にかんする瘴気説にもとづく、悪臭（「腐敗性瘴気」）とそれを生み出す不潔にたいする恐怖は、『白鯨』のメルヴィルにかぎらず一九世紀のテクストのさまざまな地点に姿をあらわしています。たとえばエミール・ゾラの作品。コルバンによれば、「公共の場、私的な場、貧乏人の家、金持の家、どこであろうとそこにこもる匂い（悪臭）を描くゾラの筆には、コレラの大流行の後、一八三五年頃にさかんであった衛生学者の言説につきまとっていたのと同じ不安感がつきまとっている」（コルバン　一九九〇、二七九頁）といいます。

念のために言えば、瘴気にたいするこのようなオブセッション（強迫観念）はその原因を、かならずしもゾラが自然主義の作家であったことに還元しうるわけではありません。それは、ゾラとはまったく傾向を異にするチャールズ・キングズリーの『水の子』（一八六三年）――著者みずからが「陸の子のためのお伽噺《フェアリーテイル》」（副題）と定義する超自然主義的なテクスト――にも姿をあらわしています。たとえば、いまだ清潔の観念を知らない煙突掃除のトム少年の耳元にひびく次のような教訓的な歌として。

じめじめとしてくさい　じめじめとしてくさい
暗い煙突帽をかぶった黒煙だらけの都市の周辺

くさくじめじめとした　くさくじめじめとした
波止場、下水道、粘土の岸辺の周辺
下流へ進むほどに私は黒く染まり
水がふえるほどに私はいよいよ濁る
いったい誰が罪に汚れた私と戯れようか
母と子よ、私を避け、私から離れよ（Kingsley 1995, p. 25）［コラム26］

一九世紀のテクストを特徴づける「腐敗性瘴気」にたいする恐怖は、『ドラキュラ』にも姿をあらわしています。われわれにとって都合のよいことに、コルバン自身が、悪臭と腐敗にたいする一九世紀的な恐怖の一例として、「ドラキュラ」の名前をあげているのです。悪臭がこもる特徴的な場としての船が、「まず第一に、不安に駆られた衛生学者たちの分析対象に選ばれ」たことを指摘したのちに、彼はこう述べています。

船は「浮かぶ沼地」である。外板の隙間から入り込んだ海水、雨や軽率な甲板洗いのあとで水溜まりとなって淀んだ淡水、さらには索具に浸みこみ、板を腐らせ、砲弾や重りの鉄を酸化させる淡水、こうしたものが黒っぽい有毒な泥を作り出す。さもなければ、ひどい悪臭を放つ液体が船底の垢溝に集まって、ありとあらゆる悪臭の混合体を形成する。〔中略〕アーサー・ゴードン・ピムの乗船、ドラキュラの航海、コンラッドの

『闇の奥』の腐敗した積み荷などは、後代の文学作品であるとはいえ、こうした異臭を放つ船底に対する恐怖心を反映したものである（コルバン　一九九〇、六二、六三頁）。

ここで指摘されている「ドラキュラの航海」というのは、あきらかにドラキュラが「デメーテル号という名のロシア籍の船」（第七章）の船倉に身をひそめてヴァルナからウィトビーへとむかった航海を意味しているはずです。たとえ「デメーテル号の航海日誌」に悪臭にたいする言及がいっさいなくとも、その船が悪臭に包まれていたことは、少なくともそれが積み荷として「腐食土がいっぱい詰まったたくさんの箱」（第七章）を運んでいたことからも想像しうるからです。というのはその箱に詰められた「腐食土」こそが、ジョナサンがドラキュラの居城の、地下の納骨堂に通じる礼拝堂のなかで嗅いだ「死のむかつくような臭い」を発散していた「掘り起こしたばかりの古い土」（第四章）にほかならないからです。

この場合にかぎらず、ドラキュラという存在はつねに、死の恐怖をはらんだ悪臭によって包まれています。吸いこむことによって人を死に至らしめる悪臭と瘴気にたいする「嗅覚革命」以後の恐怖が、『ドラキュラ』のテクストのあらゆる場所に顔をのぞかせているのです。たとえばドラキュラのパーフリートの屋敷を探るために、ジョナサン、ヴァン・ヘルシング、ホームウッド、シューワード、モリスが、その礼拝堂へとはいりこんでいく場面。

そこは小さくて狭い場所だった。しかも長いあいだ使われないままだったので、空気はこもっていやな臭いがしていた。土の臭い、なにか乾いた瘴気（miasma）のような臭いが、それよりもっとくさい空気をとおして漂ってきていた。そのくさい空気、いったいそれをどのように説明したらいいのだろう。人類を苦しめるあらゆる病気が合成された臭い、刺激性の不快な血の臭いという、たんにそれだけではなく、腐敗それ自体が腐ったような臭いだった。フー、思い出すだけで胸が悪くなる臭い。あの怪物が吐き出す息のひと息ひと息がその場所にしみついて、忌わしさをいっそう深めているようだった。

ふつうの場合だったら計画を中止してしまうほどの悪臭であったが、しかしこれはふつうの場合ではなかった。われわれがかかわっている仕事の高邁で怖ろしい目的が、たんなる肉体への気遣いをしのぐ力をわれわれにあたえてくれたのだ。最初に悪臭が鼻をついたときこそ無意識にひるんだものの、その後は、その忌わしい場所がまるで薔薇園であるかのように、われわれは全員、猛然と仕事にとりかかった。（第一九章）

この引用箇所は、これ以上ないほどに「嗅覚革命」以後の悪臭へのオブセッションを実証してくれるはずです。悪臭とはたんに不快なだけではないのです。「ふつうの場合だったら計画を中止してしまうほどの悪臭」あるいは「たんなる肉体への気遣いをしのぐ」という言葉が暗示するとおり、それは生命をうばう可能性のあるもの、「瘴気が物質化したもの」として「病原となる脅威」なのです。そしてこのような瘴気に包まれている「怪物」として、ドラキュラはいよいよ擬人化されたコレラとしての相貌を帯びはじめざるをえないでしょう。すなわち、もしもドラキュラがコレラを表象しているとすれば、それはまずは「嗅覚革命」に起源をもつ瘴気説によって解釈された、致命的な悪臭を身にまとったコレラだということなのです。

パストゥール革命

しかしコレラをはじめとする伝染病の原因が瘴気にあるとする瘴気説は、じつは『ドラキュラ』が公刊された一八九〇年代にはすでにもうひとつの説によって否定されつつありました。すなわち、一八世紀後半に「嗅覚革命」とともに有力になっていった瘴気説は、一九世紀後半に生じた「パストゥール革命」によって姿を消しつつあったのです。その結果、現代のわれわれには常識となっている、伝染病の原因は細菌にあるという細菌説が支配的になっていくのです。

伝染病は生きた「伝染質（contagion）」、すなわちなんらかの微細な生物によって引き起こされるという病因論自体は、けっして新しいものではありません。というよりそれは、ヒエロニムス・フラカストリウス（イタリア名、ジロラーモ・フラカストーロ）がそれをはじめて体系的に打ち出した一五四六年以来、一八世紀末葉にいたるまで、いくつかの浮沈を示しながらも基本的には有力な伝染病病因論だったのです。

それが一九世紀に人気をうしなった理由は、すでに述べたように、究極的には一八世紀後半の「嗅覚革命」にあります。しかしその同じ問題を、より病因論的なコンテクストのなかで見とおしたひじょうに簡便な見取り図が、イギリス近代の社会史を専門とする村岡健次の「病気の社会史」によって提供されています。それによると伝染病細菌説は、「一九世紀にはいると急に人気を失い、一八三一～二年の全西欧的なコレラの大流行の中で完全にその地位を「非接触伝染」説〔瘴気説〕に明け渡し、以後一八六〇年代にいたるまでその劣勢を挽回することができなかった」（村岡　一九八二、一〇七―一〇八頁）といいます。

接触伝染説が劣勢となる最初の契機となったのは、一八世紀末葉から一九世紀の初頭にかけて各地で流行した黄熱病だったのですが、それは「病原菌が蚊によって媒介される」この病気の伝染の状況が、「人から人へ病原菌が移るという「接触伝染」説〔細菌説〕をもってしては、とても説明しつくすことができなかった」（同上、一〇八頁）からです。そして「水の汚染を通じて伝染するところにその一特色があ」るコレラもまた、「「接触伝染」説の意表をついて、思いもよらぬ所へと伝播する」（同上、一一二頁）ことによって、接触伝染説すなわち細菌説の没落に寄与することになります。

しかも「コレラの患者が、糞便、汚物などが処理されずに充満していた工業都市のスラム街に多発した〔中略〕まぎれもない事実」は、伝染病の原因が腐敗した有機物や淀んだ水から自然発生的に発する瘴気にあるとする非接触伝染説を支持するように見えました。その結果、「多くの医師がこのコレラの治療と防疫を通じて、しだいに「接触伝染」説から「非接触伝染」説ないし両者の折中〔折衷〕説へと移行してい」きます。こうして、「とくに第二回目のコレラの大流行があった一八四八～九年には、国家と政府当局はついに「非接触伝染」説の立場をとり、国民健康法〔公衆衛生法〕を成立させる一方、E・チャドウィックを中央保健局の局長に任命して、〔中略〕衛生改革をスタートさせた」（同上、一一二―一一三頁）のです[1]。

しかしイギリスでは、一八五〇年前後より、瘴気説から細菌説へ再度の逆転の動きが出てきます。ウィリアム・バッドとジョン・スノウの研究がその重要な一里塚となります。まず、バッドは、「顕微鏡を用いて、コレラで汚染された地域の水の中に他のそれとは区別される特徴的な「生き物」を検出し、この生物が口から呑みこまれて腸内で繁殖するときにコレラになるのだと結論し」（同上、一一二―一一三頁）ます〔図Ⅷ－2〕。

A DROP OF LONDON WATER.

図VIII-2 水のなかの生き物（「ロンドンの水一滴のなかみ」、*Punch*, 11 May 1850）

その一方で、スノウは、ロンドンに給水している八つの水道会社の取水場所とそれぞれの水道会社が給水している地区における住民のコレラ死亡率とのあいだに関連性があることをつきとめたうえで、「コレラが水の汚染で伝播すること」（同上、一一三頁）を明らかにします。また彼は、一八五四年八月末から九月上旬にかけてのたった一〇日間に、ゴールデン・スクウェア（ピカディリ・サーカス付近）を中心にした半径わずか二三〇メートルの地域内で五〇〇人以上のコレラ死亡者が出たさい、その感染源がブロード・ストリートの井戸にあることを特定します。

こうして、「汚濁」と「不潔」にみちたバーモンジーのような地区で多発することで瘴気説を実証するかに見えていたコレラは、バッドとスノウの研究成果をつうじて、今度は細菌説の再確立にむけた動向にも深くかかわることになります。しかしそのふたりの研究成果も、コレラの病因にかんする数十年来の論争に一気に決着をつけることは、残念ながらありませんでした。

　バッドの研究は、はっきりと特定されたコレラ菌によってコレラが起こることを実証していないし、スノウの研究も、コレラがコレラ菌で起こることを証明したわけではなかった。このことが確定されるためには、最終的には一八八〇年代のコッホの研究を待たねばならなかったのである。（同上、一一三―一一四頁）

ロベルト・コッホという名の細菌学の英雄は、すでに一八七六年、病因としての微生物の観念を、炭疽菌を対象として、異論の余地なく証明するのに成功していました。その彼がコレラの病因としてコレラ菌を実証し、そのことによってコレラの病因論にかんする論争にいちおうの決着をつけたのは、一八八三年、すなわちミーナがハンブルクに渡ったとされる一八九三年のわずか一〇年まえのことにすぎなかったのです。その年の八月、『一九世紀』に掲載された「コレラとわれわれの上水道」という論文は、「病気細菌説はいまだにひとつの理論にすぎないが、ほとんど抵抗不可能なほど多数の事実と観察からなる証拠によって支持されている」と記しています（Frankland 1883, p. 346）。病因論がほぼ細菌説で決着した一八八三年の状況を同時代的に伝える文章と言えるでしょう。

細菌恐怖

コレラをめぐる病因論的論争がいちおうの決着を見た一八八〇年代から、ストーカーが『ドラキュラ』を執筆しつつあった一八九〇年代にかけての十数年は、さまざまな病原性微生物が、あたかもダムが決壊するかのように、つぎからつぎへと（しばしば一年にいくつもという）急速な勢いで実証されていった時代でした。ごく主だったものをあげるだけでも、一八八〇年のマラリア原虫（ラヴラン）と腸チフス菌（エーベルト）、一八八二年の結核菌（コッホ）、一八八三年のコレラ菌（コッホ）とジフテリア菌（クレプス）、一八九四年のペスト菌（イェルサン、北里柴三郎）、一八九七年の赤痢菌（志賀潔）とマラリア菌（ロス）などなど。

それとともに、つぎつぎに発見される病原菌を人工的に培養し弱毒化してワクチンをつくる技術（ワクチン免疫法）も、エドワード・ジェナー（ジェンナー）の種痘に示唆をうけたルイ・パストゥールによって開発され、そのことによって予防医学が急速に発達していきます。すなわち彼は一八七九年から八一年にかけて、あいついで鶏コレラ、炭疽、豚丹毒を予防するワクチン接種の方法を開発したのち、一八八五年には人間を対象とした狂犬病ワクチンの製造にも成功するのです。

こうして伝染病細菌説は、予防医学という具体的な成果をあげながら急速に普及していくことになります。一八八〇年代から九〇年代にかけて総合雑誌に掲載された細菌説にかんする論文の多さは、細菌説の普及の目ざましさを伝えています。そのような論文のひとつ、一八九三年、『隔週評論』に掲載された「アジア・コレラのワクチン免疫法」は、「家畜〔の伝染病〕にかんするパストゥール氏の不朽の仕事」に負う細菌説が、いかに「急速に」「教育ある人びとのあいだのみならず、大衆のあいだにさえ」、いわば「公共の財産」として広がっているかを、「われわれの時代の科学の大進歩」の雄弁な例証として指摘しています(Haffkine 1893, pp. 317; 316)。

そしてコレラにかんする細菌説は、いったん確立されるや、たちまちのうちに文学テクストのなかにもその痕跡を残しはじめます。たとえばラディヤード・キプリングの『高原からの平易な物語』(一八八八年)所収の「細菌破壊者」という短編は、「下ベンガル地域で一五年にわたってコレラを研究してきた」メリッシュという男を登場させています。コレラ菌を完全に「破壊」することのできる燻蒸剤(「メリッシュの無敵燻蒸剤」)を発明したと称するこの男は、「コレラは蒸し暑い大気中を流れるあいだに増殖する細菌である」と、細菌説を確信しているのです（Kipling 1913, p. 100）。

そしてH・G・ウェルズの「盗まれたバチルス菌」（一八九四年）という、細菌学者とアナキストの物語。ひとりのアナキストが、当時イギリスを震撼させていたダイナマイトを用いた爆弾テロとは異なる、まったく新しいテロを思いつきます。彼は、試験管にはいったコレラ・バチルスを盗んだうえで、それをロンドン上水道の貯水池に投げこむという計画を実行すべく、細菌学者の実験室を訪れます。顕微鏡をのぞきこみながら、「この小さな粒子、このたんなる微小の存在が、増殖してひとつの都市を破壊してしまうかもしれない。すばらしい！」と感嘆するアナキストに、細菌学者はコレラ菌のはいった試験管を手にしながらこう言います。

「ここに疫病が閉じこめられている。この小さな試験管を砕いて飲料水の供給源に投げこみ、これらの微小な生命粒子――見るのにさえ染色し顕微鏡の最高度の機能を用いて観察しなければならず、また匂いもしなければ味もしないこれらの粒子にむかって、「行け、殖えよ、増殖せよ、貯水池に満てよ」と言うだけでよい。そうすれば死が、追跡できない神秘的な死、速やかで怖ろしい死、苦痛と汚辱にみちた死が、この都市のうえに解き放たれ、犠牲者を求めてあちらこちらに出没するだろう」。（Wells 1958, pp. 147-148）

肉眼で見ることはもちろん、嗅覚あるいは味覚で感じることもできない細菌が、人間の感覚の届かないところでひそかに、しかし急速に「増殖」し、都市の血管とも言うべき上水道をとおって、「追跡できない神秘的な死、速やかで怖ろしい死、苦痛と汚辱にみちた死」をまき散らしながら、「犠牲者を求めてあちらこちらに出没する」——そういった細菌のイメージは、世紀末の人びとが抱いていた細菌恐怖の本質を如実に伝えるものではないでしょうか。

そして細菌が体現するそのような恐怖がドラキュラの表象する恐怖と通底していることは、いまさら詳述する必要はないでしょう。だとすれば、ストーカーがドラキュラを増殖する恐怖として造形するにあたって、同時代の細菌恐怖を意識的にしろ無意識的にしろ彼のテクストに引用しなかったと想像することははたして妥当でしょうか。しかしすでに見たように、たしかにストーカーはドラキュラの周囲に、死の恐怖をともなう「なにか乾いた瘴気のような臭い」をただよわせることによって、その恐怖の存在を瘴気説によって解釈されたコレラとして表象していました。

いったいストーカーは、すでに一八八三年に一応確立していたコレラの細菌説にたいして無知ないし無関心だったのでしょうか。むろんそうではありません。彼をふくむ五人兄弟（そのほかにふたりの姉妹がいましたが）のうち三人までが医師となり、そのうちとくに長兄のウィリアム（・ソーンリー）[2]はアイルランド王立外科医協会の会長にまで出世し、そして弟のジョージはライシーアム劇場専属の医師としてつねに彼の周囲にいるという環境に恵まれた彼は、おそらく当時の一般の人びとはおろか、平均的な知識人よりも確実に多くの医学的知見と、医学にたいする幅広い関心をもちあわせていたのです。

なによりもドラキュラと戦う五人の男たちのうち、ヴァン・ヘルシングと、ヴァン・ヘルシングを「得体の知れない病気にかんして世界の誰よりも多くを知っているわが旧友にして師」（第九章）と尊敬するシューワード（精神科医）のふたりが医師であったということ自体が、精神医学をふくむ医学にたいするストーカーの並々ならぬ関心を物語っているはずです。実際、『ドラキュラ』のテクストには、それが世紀末の細菌学的イデオロギーにしたがって織りあげられていることを決定的に示すふたつの単語を発見することができるのです。

死　毒

『ドラキュラ』の第二四章、シューワードは、ドラキュラによって「汚された」ミーナの変化についてこう記しています。

彼女の血管のなかにはいった怖ろしい毒素の一部が作用しはじめているということだろうと思う。伯爵は、ヴァン・ヘルシングのいわゆる「吸血鬼の血の洗礼」を彼女にほどこしたとき、彼なりの目的をもっていたのだ。そう、善なるものからおのずとしみ出る

毒素というものがあるのかもしれない。死毒《プトマイン》の存在がいまだ神秘である以上、なにごとにも驚いてはならないのだ！（第二四章）

現在は一般には用いられることのない「死毒（ptomaine）」という言葉は、『OED』によれば、はじめ"potomaine"というかたちで、一八七六年、セルミという名のイタリアはボローニャ大学教授によってギリシア語からつくられ、さらにその二年後に"ptomaine"と訂正されたものです（しかしギリシア語に即して本来は"ptomatine"であるべきだったといいます）。意味は、「腐敗する動植物の体内で発見されるいくつかのアルカロイド物質の総称で、その一部はきわめて有毒」とあります。

英語の初出は一八八〇年の『薬学年鑑』。一八八一年の『薬学ジャーナル』には「セルミ教授が発見した、人体に死後形成される、死毒と彼が呼ぶところの有毒なアルカロイド」という用例があります。その後は一八八四年の『アセニーアム』、一八九一年の『ランセット』とつづきます。『OED』の用例はいずれも一八八〇年代と九〇年代の、それもほとんどが学術誌・学術書からのものです。『ドラキュラ』のほかにもアプトン・シンクレアの『ジャングル』（一九〇六年）（Sinclair 1920, pp. 42; 113）という小説がこの言葉を用いているように、世紀末から二〇世紀初頭にかけてある程度は用いられた言葉だったにしても、にもかかわらずそれはかなり専門的な学術用語だったはずです。

「死毒」という言葉が世紀末の細菌学的言説《ディスコース》のなかで実際にどのように用いられているか

を概観してみましょう。テクストは「アジア・コレラのワクチン免疫法」。その論文はまず、「存在の階梯《かいてい》の最下段である微小な有機体」、すなわち「「微生物」、そしてもっと特定して「バクテリア」と呼ばれるもの」が、条件によっては「二四時間で数十兆以上の同類を生み出す」ほどに「驚異的な増殖力」を有すること、「その多くの種がより高次の動物内に存在する」こと、そして「ある種の微生物〔病原性微生物〕の〔より高次の〕有機体への侵入《インヴェイジョン》が、われわれにとっては伝染病として現出するひじょうに重大な障害の原因となる」ことを指摘します。そのうえでこうつづけます。

微生物は、概していえば、（われわれはそう信じがちであるが）その存在自体が動物の有機体に直接作用するのではなく、それがつくりだす化学的な物質、有機体にとって危険な毒である化学的な物質によって作用するのである。この点を例証するにあたり、わたしはただ、現代の化学的な発見に通じている諸賢に、一五年ほどまえに発見された「死毒」の存在をあげるだけでよいだろう。(Haffkine 1893, pp. 316; 318)

要するに、コレラをはじめとするあらゆる伝染病の致死的作用は、有機体の体内に「侵入」した微生物の存在そのものによって生じるのではなく、そこで「驚異的な増殖力」をもって「増殖」していく微生物がつくりだす「死毒」と呼ばれる「化学的物質」の働きによって生じるということです。別言すれば、「微生物の毒性は、それが分泌する化学的毒物の効果」なのです。これは一八九〇年代の一般大衆の「信じがちである」ところをこえる、かなり専門的な医学的知識だったといいます。

ストーカーが、ドラキュラが「汚した／感染させた」ミーナの「血管のなかにはいった怖ろしい毒素」を、「死毒」という医学的用語をとおして形容したのは、彼が同時代の細菌説について知的な関心をもっていたことを証明しているのです。しかもその用語は、ドラキュラが健康な肉体内部に「侵入」しては「増殖」し、それを「感染」した肉体へと変容させる細菌——最終的にみずからが生産する「死毒」によってその肉体を死へといたらしめるコレラ菌のような細菌——として表象されていることを暗示しているのではないでしょうか。

殺菌／消毒

『ドラキュラ』の第一八章。そこには、ドラキュラと細菌としてのコレラの関連を示すもうひとつの重要な言葉をふくむ箇所があります。ヴァン・ヘルシングは吸血鬼にかんする博学を披露したうえで、吸血鬼退治の方法を仲間たちにこう指示します。

われわれは〔ドラキュラがねぐらとする〕例の〔土の〕箱をひとつひとつ追跡せねばならない。そして用意ができれば、この怪物がねぐらで休んでいるところをとらえるか、殺すかしなければならない。あるいはもはやそこに逃げこむことができないよう、

その土を、いわば殺菌／消毒（sterilise）してしまわなければならない。（第一八章）

ここで用いられている“sterilise”という言葉は、元来、土地を「不毛化する」という意味をもっていた言葉ですが、それが「消毒する」あるいは「殺菌する」という意味を獲得するのは、『ＯＥＤ』によれば、ジョン・ティンダルの『科学論断章』第六版（一八七九年）のことです（「シュヴァンは……煮沸によってフラスコを殺菌／消毒した」）[3]。この言葉が「殺菌／消毒する」という意味をもちはじめたのが、「細菌説」がほぼ確立した一八七〇年代後半という時期に相当するというのはけっして偶然ではありません（それ以前にも「消毒」を意味する“disinfect”という言葉は存在していましたが、それはかならずしも細菌の存在を前提にするものではありませんでした）。

『ドラキュラ』のなかには、先の引用のほかに、「殺菌／消毒」という言葉が全部で五か所出てきます――第二〇章、第二二章（三か所）、第二三章。そのなかからもう一か所だけ引用しておきましょう。

「われわれにはここでなすべき義務がある。この土を殺菌／消毒しなければならないのだ」。〔中略〕その土はこもった黴《かび》臭いにおいだった。しかし誰も気にしているようすはなかった。というのは、われわれの関心は〔ヴァン・ヘルシング〕教授に集中していたからだ。彼は箱のなかから一片の聖餅をとりだすと、それを恭《うやうや》しく土のうえにおい

た。（第二三章）

こうしてヴァン・ヘルシングは、「聖餅」によってドラキュラのねぐらとしての「土」を「殺菌／消毒」するのです。その土が「こもった黴臭いにおい」をしていたという箇所には、いまだに瘴気説の痕跡が認められなくもないのですが、土の「消毒／殺菌《ステリライズ》」という観念は、そこに世紀末の細菌学的イデオロギーが働いていることを示唆しています。たとえば、イギリスが直面しつつあるコレラにたいする「防護策」のいくつかを提示しようとするアーネスト・ハートの「コレラとわれわれの防護策」（一八九二年）には、「土の汚染(pollution of the soil)」を問題視するつぎの一節があります。

> コッホによるコレラ・バチルスの発見は、〔土の汚染という〕主題にかんするわれわれの知識に、厳密さを加えてくれるものである。土は病原性微生物の大いなる容器であり、もっとも好ましい培地である。コレラ菌にとってすぐれて好ましい培地として土が果たす影響力にかんするペッテンコーファーの周知の研究は、コンマ・バチルス〔＝コレラ菌〕が土のなかにとどまったあとにいかに力強くその毒性を更新するかにかんする他の研究者たちのその後の観察によって確証され説明された。〔中略〕コンマ・バチルスが土のなかで生き、繁栄し、増殖するとすれば、空気と水に加えて土を清潔に保つべしという訓令は、われわれにとって新たな生き生きとした意味を帯びることになろう。

(Hart 1892, pp. 647-648)

ここで言及されているペッテンコーファーというのは、環境医学の祖と評価されるドイツの衛生学者、マックス・フォン・ペッテンコーファーのこと。現在では通常、コレラ流行の要因として環境的側面を重視する立場からコッホの細菌説に異論をとなえ、みずからコレラ菌を飲んだ（しかも罹患しなかった）という、多かれ少なかれ反時代的な人物（エコロジー的関心をもった、時代に先んじた人物という意味でも）として記憶されているかもしれません。しかし彼は少なくとも同時代の人びとにとってはコッホと並び称される権威だったのです。たとえば「コレラ――その原因と予防」（一八八五年）の著者は、ペッテンコーファーのことを「コレラの病因論にかんするもっとも卓越した科学的権威のひとりと認められている」と記しています（Burdon-Sanderson 1885, p. 172）。

そのペッテンコーファーが「コレラ菌にとってすぐれて好ましい培地として土が果たす影響力」を強調したのです。たしかにコッホによるコレラ菌の発見は、「汚染された土」から自然発生的に発する悪臭なり瘴気にコレラの原因を帰することを不可能にしたはずです。しかしにもかかわらずコッホの細菌説は、ある意味では「汚染された土」は浄化されなければならないというペッテンコーファーの訓令に、瘴気説とは異なる新たな根拠をあたえるものでもあったのです。すなわち土は、そこから自然発生的に瘴気が発するからではないにしても、そのなかでコレラ菌が「力強くその毒性を更新」する、「コレラ菌にとってすぐれて好ましい培地」となりうるがゆえに、「清潔に保」たれなければならないというのです。コレラ菌がそのなかで「力強くその毒性を更新」する「汚染された土」というイメージを介して、世紀末のコレラ恐怖を反映しているはずの、そして増殖する感染性の恐怖としてのドラキュラは、「汚染された土」のなかで「生き、繁栄し、増殖する」コレラ菌とインターテクスチュアルな相互関係をむすんでいるのです。そのようなものとしてドラキュラは、コレラ菌同様、医師がその「培地」としての「土」を「清潔に保つ」＝「殺菌／消毒」することによって追放、そして究極的には殺害しなければならない存在なのです。

しかしそれにしても、「諸民族を抹殺する疫病の只中にあって繁栄しうる」（第二四章）細菌としてのドラキュラが、細菌説のディスコースの内部で織りあげられている一方で、まわりに「瘴気」をただよわせていることにおいて瘴気説のディスコースの刻印も示しているのは、どうしてなのでしょうか。それはおそらく、スーザン・ソンタグが『エイズとその隠喩』のなかで指摘しているように、「伝染症の原因としての障気（瘴気）説が細菌説に破れたあとも、この障気は、第一種原因の地位を奪われたまま、多くの病気を説明するさいの曖昧な随伴要因のひとつとして生き続けた」という事実と関連しているのではないでしょうか。

コレラのような特定の病気だけでなく、一般に病気にかかりやすい状態も、「感染した」（あるいは「汚れた」）空気が、何か不潔なものから自然発生的に発散されるのが原因であると考えられたりした。〔中略〕こうした主張を最終的に潰したのは、パスツールとコッホによる特定の微生物の働きの発見であった。一八八〇年までには科学者は瘴気（そうした発散物の呼び名）や自然発生を信じなくなっていた。〔中略〕しかし、伝染病の原因としての障気説が細菌説に破れたあとも、この障気は、第一種原因の地位を奪われたまま、多くの病気を説明するさいの曖昧な随伴要因のひとつとして生き続けた。（ソンタグ　一九九〇、六〇―六一頁）

別の言い方をすれば、瘴気は病因としては否定されたとしても、病因としての細菌の存在を示す記号としてはいまだに恐怖されていたのです。細菌説と瘴気説との関係は、前者が後者を完全否定するという対立的なものではなく、むしろ前者が後者に新しい根拠をあたえるという相補的なものだったのではないでしょうか。「パストゥール革命」と呼ばれる瘴気説から細菌説への移行は、あらゆる革命がそうであるように、かならずしも非連続的な面ばかりではなかったのかもしれません。

軍事的隠喩

スーザン・ソンタグは、『隠喩としての病い』と『エイズとその隠喩』において、細菌説の確立が世紀末の医学的ディスコースにもたらした変化についてこう述べています。

医学の中で軍事的な比喩が広く使われ始めるのは、細菌が病因となりうることがつきとめられる一八八〇年代に入ってからのことである。細菌は「侵入する」、「潜入する」と言われた。（ソンタグ　一九九二、九九頁）

ダン〔ジョン・ダン〕〔一五七二―一六三一年〕のイメージでは、病気は侵入者なのだ。近代の医学思想は、おおまかな軍事的隠喩が特定化しだしたときに始まる、と言ってもいいだろうが、それはようやく、フィルヒョウの細胞病理学に代表される新しい研究法が導入され、病気はそれとわかる特定の目に見える（顕微鏡の助けを借りれば）生物によってひき起こされるのだという正確な理解が生まれるようになったときのことである。ほんとうの意味で医学が力を発揮し始め、軍事的隠喩が新たな信憑性と正確さをもつに到るのは、病気が侵入者とされることがなくなり、微生物が病気を起こすとされるようになったときであった。そのとき以来、医学にかかわりのある場の記述というと、その到るところに軍事的隠喩がますます浸透するようになった。今では病気はエイリアン的生物の侵入で、肉体の方は、免疫学的な「防衛機構」を動かすといった軍事行動で対抗すると言われる。たいていの化学療法の言葉では、医学も「攻撃する」。（ソンタグ　一九九〇、一二一―一二三頁）

肉体に「侵入する」のが病気そのものではなく、「目に見える（顕微鏡の助けを借りれば）」「エイリアン的生物」としての細菌と特定化されるにしたがって、「一八八〇年代」以降、「医学の中で軍事的な比喩が広く使われ始め」、というよりむしろ「新たな信憑性と正確さをもつに到」ったのです。要するに、病因として特定された細菌は、肉体の外から内へ「侵入」し、それにたいして「肉体の方は、免疫学的な「防衛機構」を動かすといった軍事行動で対抗」する一方で、医学は「侵入者」にたいして「攻撃」を加える――細菌説の確立とともに、このような「軍事的隠喩」が医学的ディスコースのなかで「新たな信憑性と正確さをもつに到」ったというのです。

肉体と細菌の戦争、あるいは肉体を戦場とする医学と細菌の戦争という、病気をめぐる細菌学的ディスコース。ルーシー・ウェステンラとミーナ・ハーカーの肉体をめぐって戦われる、医師（ヴァン・ヘルシング）を中心とした「善良で勇敢な男たち」と、細菌の表象としてのドラキュラとのあいだの闘争をえがく『ドラキュラ』は、一八八〇年代の細菌説の確立とともに「新たな信憑性と正確さをもつに到」ったこのような細菌学的ディスコースの内部で織りあげられたテクスト、あるいはその内部で解読しうるテクストとも言えるのです。

ルーシーの場合、病因がはっきりと確定されないままに、彼女は死に、細菌が勝利します。しかしミーナの場合、細菌がつくり出す「死毒」が彼女の肉体を破壊するまえに、医師たちは、細菌が「力強くその毒性を更新」する「汚染された土」を「殺菌／消毒」することで彼に攻撃を加え、そして最後に彼を殺害します。こうしてミーナは健康をとりもどし、

図VIII-3 コレラの軍事的隠喩。「炭酸」砲などが並ぶ「防衛線」にむかって進軍するコレラ菌の「侵略軍」（見市他一九九〇、一九二頁）

『ドラキュラ』という物語は医学の勝利を言祝《ことほ》ぐのです。それは、「軍事的隠喩」からなる細菌学的ディスコースが世紀末において約束していた医学の未来なのです。

ところで「軍事的隠喩」は、たんに個人の肉体のレヴェルでのみ用いられたわけではありません。国家のことを英語では「政治的肉体」あるいは「政治的身体」（body politic）といいますが、細菌説に基づく「侵入」、「防衛」、「攻撃」といった「軍事的隠喩」は、「政治的身体」としての国家のレヴェルにも適用されます。実際、「コレラとわれわれの防護策」におけるハートがコレラにたいするいくつかの防護体制を「防衛線」にたとえているように（Hart 1892, p. 641)、国外からイギリスの「政治的身体」の内部へ侵入した細菌は、「防衛線」において戦うべき侵略軍と見なされるのです［図Ⅷ－3］。

ということはどういうことか。前章で述べたように、ソンタグは『エイズとその隠喩』において、「恐ろしい病気と外来起源を執拗に結びつける」ヨーロッパ人の傾向を指摘していました。ペストからエイズにいたるまで、疫病は元来、国外からやって来る「怖ろしい侵入／侵略」と見なされる傾向にあったのです。それはむろんコレラにかんしても認められる傾向でした。たくさんの生命を破壊するものとして、国外からやって来るとされる疫病は、つねに侵略軍として表象される傾向をもっていたのです。

だとすれば、細菌説の確立はその傾向を強めることになったはずです。というのは、瘴気をはらんだ不潔な環境を東洋の「植民地」と比喩的に定義する瘴気説よりも、細菌説ははるかに直接的に、そして文字どおりに、疫病の「外来起源」を主張しうるものだったからです。そういうものとして細菌説は、世紀末イギリスがその外国恐怖症的テクストを織りあげるのに、まことに都合のよいディスコースだったのです。細菌説が急速に普及することのできた理由は、それが実現した予防医学的成果とともに、細菌学的ディスコースのもつ外国恐怖症的イデオロギーのゆえだったのかもしれません。

こうして肉体に侵入しそこで増殖し病気を引き起こす細菌は、国家という「政治的身体」の外から内へ侵入する破壊的力の表象と化し、それと同時におびただしい修辞的な力を獲得していくことになります。アドルフ・ヒトラーがユダヤ人を、国家の核心に侵入しそこを侵食する「悪性のバチルス〔菌〕」にたとえたように（ヒトラー　一九七二、上巻、四三四頁）、「軍事的隠喩」をそなえた細菌学的ディスコースは、国家に内在する「外来起源」の力（とされるもの）を破壊的なものと定義づけ、それにたいする攻撃を正当化するイデオロギー性を帯びることとなります。

細菌とユダヤ人

細菌説は、風まかせで空気に運ばれる瘴気を病因と見なす瘴気説よりも、国外から国内へ細菌をもちこむ媒体を特定しようとする傾向を帯びます。「コレラは不潔な人びとによって不潔な場所へと運ばれる、不潔さを原因とする疫病である」というハートによるコレラの定義に見られる「不潔な人びと」を、疫病の媒体として特定しようとするのです（Hart 1892, p. 633; Hart 1893, p. 186）。要するに、国内への侵入者を細菌と特定した細菌説は、そうすることによって、細菌を運びながら国外から侵入してくる、周囲に瘴気をただよわせる「不潔な人びと」を、疫病の媒体として特定しようとするのです。

一九世紀のコレラ流行を社会思想的観点から論じる柿本昭人は、一八九二年のハンブルクでのコレラ流行のさい、東方からのユダヤ人移民が「コレラ菌の〈持ち込み〉および伝染の〈犯人〉捜し」の対象となっていたことを指摘しています。それによると、「一八九二年のコレラの流行時には、〔東方からのユダヤ人移民を、〕当局ばかりでなく、社会民主主義者が、ある文化に持ち込まれた「外来の力」とみなし」、「撹乱をもたらすものとして掃討の対象と」したというのです（柿本 一九九一、四〇頁）。ハンブルクの当局者はこう述べています。

いかにしてコレラは、ハンブルクにやって来たのか。以前から嫌疑は、ロシアからのユダヤ人移民に向けられていた。恐らくそうであろう。ロシアでは、ハンブルクで流行が起きる前からコレラが蔓延し、最下層の者が大量にアメリカに向けて移住する途上にあった。八月には、五五〇〇人がハンブルクの町を通過したのだから。(同上、四二頁。See also Evans 1990, pp. 390-396)

ユダヤ人移民を疫病をもたらす「外来の力」と見なす眼差しは、たんにドイツだけの現象だったのでしょうか。歴史的にハンブルクから、コレラとともに、多数のユダヤ人移民の供給をうけていたイギリスは、そのような眼差しから自由だったのでしょうか。おそらくそうではなかったでしょう。たとえば『外国人の侵入／侵略』(一八九二年)におけるW・H・ウィルキンズは、それほどあからさまにではないですが、ユダヤ人移民と疫病とをむすびつける眼差しを暗示しているように見えます。

ウィルキンズは、外国人移民たちのはらむ「衛生上の危険」について、こう述べています(彼は「外国人移民たち」をかならずしもユダヤ人に限定しているわけではありませんが、別の箇所では「外国からのユダヤ人移民は、衛生の観点からいえば最悪の犯罪者と思われる」と述べています)。

〔移民たちのむさ苦しい住居は〕疫病の温床にほかならない。たとえ明日それをきれいに一掃しても、同じくらい劣悪な別の住居がまもなくあらわれるだろう。というのは、これら外国人移民たちの不潔で不衛生な習慣は生来のものであり、どこに行こうと彼らはその習慣をいっしょにもっていくからである。国家がこのような傷口を脇腹にかかえているのは健康なことではない。しかしわれわれはこの疫病の流行地（plague-spot）がわれわれの只中に存在しつづけ、その汚染を広く遠くに拡大させるのを放置している。〔中略〕このおぞましい悪を漂白するには「石灰」では足りない。不潔で不衛生な習慣をもちこむ人びとは、共同体の他の人びとにとって継続的な危険の源泉である。伝染病の感染地域からやって来る家畜はわれわれの港で入国を拒否される。われわれのうちのもっとも卑しいものの健康ですら多くの家畜よりたしかに重要なはずだからである。(Wilkins 1892, pp. 97; 102-103)

「不潔で不衛生な習慣」を「生来」的にもっているユダヤ人移民は、そこから「汚染〔が〕広く遠くに拡大」していく「疫病の温床」であり、したがって「伝染病の感染地域からやって来る家畜」同様、「われわれの港で入国を拒否される」べきである、とウィルキンズは暗示的に語っているのです〔コラム27〕。

疫病の細菌とユダヤ人というふたつの「外来起源」の存在は、ちょうどドラキュラという人物造形のなかで融合しているように、ウィルキンズの反ユダヤ主義的テクストのなかでも融合しています。そしてわれわれはその融合のもう少しむこうに、ユダヤ人を細菌にたとえたうえで、「軍事的隠喩」をそなえた細菌学的ディスコースによってユダヤ人を「殺菌／消毒」することを主張したヒトラーの姿を認めることができるのです。

一八八〇年代に確立した細菌学的ディスコースは、いよいよ外国恐怖症を醸成しながら、二〇世紀にむけてじつに強力な政治性ないしイデオロギー性を有するディスコースとなっていくのです。

（1）　ただし、細菌説にたいして瘴気説が優勢を示すにいたった経緯は、たんに病因論的な論争の結果なのではありません。その経緯をうながす圧力として陰に陽に働いていたのは、細菌説に立脚した隔離検疫制度——イギリスでは一七〇九年に法制化——を貿易にたいする阻害要因としてとらえ、一八世紀末葉以来それにたいして明確な反対の立場をとっていた貿易商人を中心とするブルジョワ階級の経済的関心でした。

（2）　一八八七年四月二日号の『英国医学ジャーナル』は、ウィリアム・ストーカーの「膝関節の摘出にかんする成功の諸要素」という論文を掲載しています（Stoker 1887）。また、クライヴ・レザデールによれば、「ブラムは、ドラキュラの致命的な攻撃をうけたレンフィールドにたいして施された穿孔器による手術を記述するに際して、それに必要な技術的知識を彼〔ウィリアム〕から得た」といいます（Leatherdale 1987, p. 174）。

（3）　『科学論断章』は一八七一年に刊行されますが、「シュヴァンは……煮沸によってフラスコを消毒／殺菌した」という一文をふくむ第二巻第一三章「自然発生」は、同書が一八七九年に二巻本として大幅増補された第六版以降に加えられます。なお、シュヴァンとは、一八一〇年生まれのドイツの生理学者、動物学者のテオドール・シュヴァン（Theodor Schwann）のこと（出生地のノイスが一八一六年までフランス領だったため「シュウァン」というフランス語の発音で表記されることもあります）。また、ジョン・ティンダルは当時の一流の物理学者であるとともに、より一般的な科学的知識の普及にも努めた著名な科学者の一人でした。

コラム25　ロンドンとテムズ川の汚染

『白鯨』が公刊された一八五〇年代ごろ、ロンドンをはじめとするイギリスの大都市がいかに悪臭にまみれていたか、それはすでにわれわれの想像をこえるものとなっているでしょう。しかしたとえば第一回国勢調査が行なわれた一八〇一年に一〇〇万に達していなかったロンドンの人口は、一〇年ごとに行なわれる国勢調査においてイギリスの都市人口がはじめて農村人口を抜くことになった一八五一年には、すでに二三六万強に達

FARADAY GIVING HIS CARD TO FATHER THAMES;
And we hope the Dirty Fellow will consult the learned Professor.

図VIII-4「テムズ父さんに名刺を差し出すファラデー」(*Punch*, 21 July 1855)

DIPHTHERIA.
SCROFULA.
CHOLERA.
FATHER THAMES INTRODUCING HIS OFFSPRING TO THE FAIR CITY OF LONDON.
(A Design for a Fresco in the New Houses of Parliament.)

図VIII-5「麗しいロンドン市に子どもたちを紹介するテムズ父さん」(*Punch*, 3 July 1858)

していました。しかも増加したのは人間だけではありません。尿はもちろんのこと糞便をも遠慮なく垂れ流したはずの馬が、主要な交通手段であった馬車の動力として街路にあふれていたのです。

そしてそれだけの急激な（人間と馬の）人口増加が都市のインフラ整備がまったく進まない状況下で生じたのです。その結果が都市環境の急激な悪化であろうことは当然のことです。ロンドンの街路は、それを清掃する多くの貧しい清掃人夫の存在にもかかわらず、とくにスラム街を中心にして泥濘と汚物にあふれ、同時にロンドンじゅうの汚物と下水が垂れ流されるテムズ川も、耐えがたいほどの悪臭にまみれていたのです。

そのテムズ川の汚染の程度は、一八五五年にテムズ川の汚染にかんするレポートを作成したマイクル・ファラデー――『ろうそくの科学』で有名なヴィクトリア朝の代表的科学者――をえがいた「テムズ父さんに名刺を差し出すファラデー」［図Ⅷ－4］、さらには「麗しいロンドン市に子どもたち（「ジフテリア、ルイレキ、コレラ」）を紹介するテムズ父さん」［図Ⅷ－5］といった『パンチ』の絵をとおして、われわれにも伝えられています。

しかも一八九〇年の「悪臭」という絵は、世紀末にいたってもいまだにロンドンが悪臭にまみれていたことを示しています［図Ⅷ－6］。

THE SMELLS.
1.
Look on London with its Smells—
Sickening Smells!
What long nasal misery their nastiness fore-tells!
How they trickle, trickle, trickle,
On the air by day and night!
While our thoraxes they tickle,
Like the fumes from brass in pickle,
Or from naphtha all alight!
Making stench, stench, stench,
In a worse than witch-broth drench,
Of the muck-malodoration that so nauseously wells
From the Smells, Smells, Smells, Smells,
Smells, Smells, Smells—
From the fuming and the spuming of the Smells.

図**VIII-6**「悪臭」(*Punch*, 1 November 1890)

コラム26　石鹸の広告

チャールズ・キングズリーは英国国教会の牧師でもありました。彼は、コレラ流行中の一八四九年九月二七日、説教壇のうえから会衆にこう説教しています。

「友よ、飲酒癖が手の震えと肥満をもたらすのと同じ確実さと当然さをもって、不潔は疫病をもって復讐するのです。熱病とコレラは、あなたがたが予想するとおり、不潔と怠惰、汚れた空気、汚れた食物、汚れた排水、汚れた寝室というわたしたちの罪にたいする神の審判、神の意見、神の警告の表現なのです。それらが存在するところ、コレラは存在するのです」。(Kingsley 1890, p. 141)

こうして「不潔」というものが「疫病」という罰をともなう「罪」と定義されるにつれて、それと対立する清潔という価値はほとんど清潔教と呼びたくなるほどに宗教的色彩を帯びて強調されていきます。そのことを例証するもっとも象徴的な言葉は、チャドウィックの衛生改革運動の思想的バックボーンであった一八世紀末のジョン・ウェズリー(メソディスト教会の創始者)の「清潔好きは信心に次ぐ(Cleanliness is next to Godliness)」という文句でしょう。その文句は一九世紀をつうじて多用され、たとえば以下のようなかたちで、ペアーズ石鹸のコマーシャルのコピーとしても利用されます。

「故ヘンリー・ウォード・ビーチャーはこう書いた、「もしも「清潔好きは信心に次ぐ」のであれば、石鹸は恩寵の手段と見なされなければならない。だから道徳的な事物を推奨する牧師は、進んで石鹸を推奨するはずであろう」、と」。(An advertisement in *The North American Review*, June 1889)

このように「清潔好きは信心に次ぐ」という文句は、いわば一九世紀後半のイギリスを特徴づける格言と化していきます。悪臭と不潔を恐怖する「清潔好き」という美徳

図 **VIII-7**「ペアーズ石鹸」(An advertisement of the early 1880s, cited in Haigh (ed.) 1985, p. 274)

は、「信心」に次ぐものとして、「信心」と同様にリスペクタブル（まっとう）な階級をそうでない階級から区別するほとんど宗教的な価値となっていくのです。リスペクタブルな女性が、「わたしは長年貴社の石鹼をつかっております。それ以外の石鹼はつかったことがありません」［図VIII－7］と述べているのにたいして、そうではない男性は「二年前わたしは貴社の石鹼をつかいました。そのとき以来、石鹼はつかったことがありません」［図VIII－8］と書いています。

　リスペクタブルな階級とそうでない階級を区別するその美徳は、そのまま「文明」と「未開」を区別する観念ともなっていきます。それは、一九世紀後半のドイツの国家主義的歴史家ハインリッヒ・トライチュケが「イギリス人は石鹼と文明を混同している」

図VIII-8「ペアーズ石鹼」広告のパロディ（A *Punch* cartoon of 1884, cited in Haigh (ed.) 1985, p. 275）

（Evans 1990, p. 120）と言っているとおりなのです。あるいは「文化への不満」のなかでフロイトが「今日では、石鹸の消費量をずばり文化の尺度だと主張する人がいても誰も怪しまない」と述べているとおりなのです（フロイト 一九六九b、四五五頁）。

その意味でアフリカにもちこまれるペアーズ石鹸は、アフリカの「未開」を洗い流す文明の表象となっています［図Ⅷ－9］。

図 **VIII-9**「イギリスによる征服の公式」（*The Illustrated London News*, 27 August 1887, cited in Richards 1990, p. 122)

コラム27　「不潔なユダヤ人」

図 **VIII-10**「到着直後」(G. R. Sims (ed.), *Living London*, cited in Englander (ed.) 1994, p. 20)

「イギリスに同化したひとりのユダヤ人がまじめな顔でこうわたしに語ったことがある、「正統と汚れはつねに一緒です。前者はかならず石鹸と水の影響下で消え去ります」と。すなわち「正統」ユダヤ教徒は「汚れ」をまとった不潔な者たちであり、彼らの同化の程度は「石鹸と水の影響下」にどのくらい彼らが清潔になったかによって測られるというのです。まさしくフロイトが述べるように、「石鹸の消費量」は「ずばり文化の尺度」となっているのです」(Englander (ed.) 1994, p. 102)。

おわりに——ヴィクトリア朝外国恐怖症《ゼノフォービア》の文化研究

この本を最初に刊行した時の副題は「ヴィクトリア朝外国恐怖症《ゼノフォービア》の文化研究」でした。外国恐怖症とは何なのか。文化研究とは何なのか。最後にできるだけ平易に、しかし多少は理屈っぽくそれに答えてみたいと思います。それが本書のこころみを支えているふたつのキーコンセプトだったからです。

外国恐怖症

これまでヴィクトリア朝外国恐怖症の具体例として、侵略恐怖、ユダヤ人恐怖、コレラ恐怖について語ってきました。恐怖の対象となっていた外国が西欧諸国とアメリカ合衆国から東欧へ、そしてアジアへと拡大するにつれて、外国恐怖症の内容がしだいに比喩的になっていくにもかかわらず、しかし外国恐怖症の構造にはなんらかの共通性が存在していたのではないでしょうか。その共通性とは、外国恐怖症が、じつはイギリス自体のものである否定的要素を外国へと投射することによって成立しているということです。

たとえば第一の帝国主義的侵略。それは、イギリス自体が先進諸国に率先して世界大の規模で展開していたことにほかなりません。たとえそれが未開の闇に文明の光をもたらすものとして正当性を付与されていたとしても、その利己的な残虐さはなによりもイギリス人自身にとって明白なことだったでしょう。そして自国の産業経済力とそれにもとづく軍事力が相対的な弱体化の徴候を示しはじめるにしたがって、イギリスは残虐な自己像をドイツ、フランス、アメリカといった産業革命後発国へと投射し、自己の鏡像としての外国を帝国主義的侵略者として恐怖していくことになるのです。

第二の「貧窮外国人」としてのユダヤ人の侵略。イギリスが「苦汗労働制度」という労働者搾取の制度をもっていたのは、一八八〇年代にユダヤ人が「侵入／侵略」してくるはるか以前からのことです。それはもともとイギリスに存在するものだったのです。また、イギリス人労働者の失業率が増加したのも、あるいはイギリス経済において独占化と集中化の傾向が進行したのも、第一義的には、資本主義というイギリスの経済体制それ自体が必然的に生み出さざるをえない構造的な「大不況」のゆえだったはずです。にもかかわらず世紀末イギリスは、みずからの抱えていたさまざまな社会的問題をユダヤ人のうえに投射し、ユダヤ人のなかに諸悪の根源を求めることによって、外国恐怖症としてのユダヤ人恐怖にとらえられていくのです。

第三のアジア・コレラの侵略。たとえアジア・コレラがその名のとおりアジアのインドを揺籃の地とするとしても、その疫病が猛威をふるったのは、もともとイギリスのなかにそれをゆるす劣悪な環境が存在していたからにほかなりません。その証拠にヴィクトリア朝イギリスは、たとえコレラの侵入がなくても、天然痘やチフス熱といった内在的な疫病に苦しんでいました。にもかかわらずイギリスは、たんにアジアから「侵入／侵略する恐怖」としてのコレラを天然痘やチフス熱以上に怖れるのみならず、そもそも疫病の猛威をゆるす劣悪な環境をアジア的と見なすことさえしていたのです。

このようなものとして外国恐怖症とは、それが外国であるがゆえに、あるいは外国のものであるがゆえに生じる恐怖なのではなく、そもそも自国のなかにあったはずの恐怖の原因を外国に求め、その恐怖を外国へと投射した結果として生じてくる恐怖にほかならないのです。

要するにヴィクトリア朝外国恐怖症における外国とは、この時代のイギリスがおのれの否定的イメージ――たとえば自己の内部にあってほしくないもの、自己のものと認めたくないもの――を自己の外部に投射したところに生ずる、いわば幻影としての他者だったのであり、外国恐怖症とはその幻影としての他者があたえる恐怖にほかならなかったのです。とすればどうしてヴィクトリア朝イギリスは、おのれの否定的イメージを自己の外部に投射しなければならなかったのでしょうか。しかし、それはたんにヴィクトリア朝イギリスだけの問題ではないのです。

ちょうどギリシア人が、自分たちの言語を用いない異邦人を“barbaros”という名の他者として一括し、その他者のうえに「野蛮（barbarous）」のイメージを投射しながら、自己を「理性」的存在と定義していったように、およそあらゆる国家は自己を世界の中心に据えながら、周縁に位置する世界のいずれかの部分にたいして、往々にして否定的なイメージを投射し、そこに他者像を構築しながら、それと同時に、その他者像と対立するものとして多かれ少なかれ肯定的な自己像を獲得するのです。

したがってある国家が外国にむかって投射するイメージは、結局のところ、その国家の無意識的な深層に抑圧されている、その国家の自己像と対極的補完的な関係にある否定的な自己イメージ、すなわちユングのいわゆる「影」なのです。そういうものとして他者像は、かならずしも他者の実体をリアリズム的に反映したものである必要はなく、その国家の自己像からはみ出した否定的なイメージを織り糸にして織りあげられる、多少なりとも恣意的なテクストにほかなりません。

その意味において、ある国家が自己像を獲得することと他者像を構築することとは相互に補完的なプロセスなのであり、外国恐怖症というのはそのプロセスのなかから必然的に生じてこざるをえないもの、いわばナショナリズムの必然的症状と言ってよいのです。フロイト的な言い方をするならば、外国恐怖症とは、深層に抑圧された自己の否定的イメージが外国という「無気味な」姿をとって回帰してくるものであり、「抑圧されたものの回帰」（フロイト一九六九a、三五三頁）の一典型なのです。

本書は文学研究です。全体をつうじて『ドラキュラ』を中心的なテクストとして論じ、そして『ドラキュラ』が議論の余地なく文学テクストに分類されている以上、この本が文学研究であることは明白な事実です。にもかかわらず、わたしは本書を文化研究のひとつの実践例として構想しました。本書のどこが文化研究なのでしょうか。

それは端的にいって、この本の関心が最終的に『ドラキュラ』のテクストそれ自体にむかっているのではなく、テクストに認められる外国恐怖症というヴィクトリア朝の文化的コンプレックスにむかっているからです。文化がこの本の最終的な関心だからなのです。だとすると文化研究が研究対象とする文化とは何なのか、あるいは何でないのか。

「文化的生活」、「文化人」、「文化勲章」という語句にふくまれる文化の概念は、それが人類進歩の果実であるという啓蒙主義的な進歩の観念を前提として（「原始的生活」と対立する）います。文学が文化の一部であるという言い方は、この進歩の果実としての文化の概念にそったものです。文学が文化の一部であるならば、文学研究はその性格と方法のいかんにかかわらず必然的に文化研究（の一部）となるわけですが、とするならばあえて文学研究のかわりに文化研究という名称を用いる意味もないはずでしょう。わたしが想定する文化研究はそれとは異なります。

わたしにとって文化は、たとえば「文化類型」という語句のなかに含意されている文化人類学的概念です。それは『人類の歴史哲学考』（一七八四―九一年）において啓蒙主義的な進歩の観念を攻撃したヨハン・ゴットフリート・ヘルダーに由来するもので、人類学者エドワード・B・タイラーの『原始文化』（一八七一年）によって英語のなかに決定的に導入された意味です。そこでは「原始」と「文化」は、原始から文化へという進歩の観念にもとづく対立する概念ではありません。原始もふくめてすべての社会はそれ独自の文化をもつのであり、それぞれの社会なり歴史的段階なりがもつ文化のそれぞれは、進歩の尺度のうえで計測されるべきものではない、価値において相対的なものなのです。それらはたんに「類型」を異にするのみなのです。

　すべての社会がそれぞれに独自の文化を有すると考えるわたしにとって文化とは、比喩的にいえば、ある歴史的段階の、ある社会のなかに生きる人びとの感情なり認識なり表象なり行動なりを、その人びと自身が意識するにしろ意識しないにしろ、その社会に特有の、ある程度一定のパターンへと方向づけるイデオロギー的力が多様に交錯する磁場のようなものです。

　われわれはたとえ自分ではそう思いこんでいるとしても、自由にものを感じたり認識したり表象したり行動したりしているわけではなく、われわれの感情なり認識なり表象なり行動なりをある一定の模様へと方向づけるイデオロギー的力の交錯する、いわば文化的磁場のなかで、かなりの程度それに制約されながら生きているのではないでしょうか。おそらく「主体《サブジェクト》」は、（全面的にとは言わないまでも）かなりの程度まで文化的磁場に「従属する存在《サブジェクト》」（＝「臣下」）なのです。

　だとすれば、ちょうど砂鉄が磁場のなかである模様をえがくように、われわれの感情、認識、表象、行動は、われわれがそれを意識するとしないとにかかわらず、往々にしてわれわれの文化に特徴的な模様をえがいてしまうはずです。われわれの感情、認識、表象、行動——ひと言で言えばわれわれが織りあげるテクスト（テクストとは語源的に「織物」の意）——は、われわれの文化に特徴的な模様を織りこまれることになるはずです。

わたしの想定する文化研究は、そのようなイデオロギー的力としての文化を研究するものです。したがってわたしの究極的な目的は、ある社会のなかで生産された無数の文化的テクスト（言語的テクストばかりではありません）を総合的に、いわゆる学際的に読解し、そこに発見されるいくつかの模様から、その社会に働いていた無意識的なイデオロギー的力の構造を想像的に再構成することにあります。ヴィクトリア朝文化の研究者ニーナ・アウアバックが『女とディーモン』のなかで用いた卓抜な比喩を借用させてもらえば、ちょうど「人工物の欠片《かけら》から、失われた信仰の世界を再構成する考古学者」(Auerbach 1982, p. 3) のように、ある社会のなかで織りあげられた多様なテクストのなかに発見されるいくつかの模様から、失われたイデオロギー的磁場としての文化の構造を再構成することにあるのです[1]。

文化研究の学際性

文化研究のキーワードのひとつに「学際性」という言葉があります。しかしそれは、どの伝統的なディシプリン（学問分野）——文学、歴史、思想、芸術など——においても周縁的と見なされるテーマをえらぶということを意味しているわけではありません。文化研究は伝統的なディシプリンの狭間に、いわば日陰の花として存在している隙間産業であるという意味で学際的なのではありません。

先述したように、文化研究の目的は、ある社会のなかで織りあげられた多様な文化的テクストを総合的に読解し、そこに発見されるいくつかの模様から、その社会に働いている無意識的なイデオロギー的力の構造——文化的磁場——を想像的に再構成することにあります。文化研究が対象とするそのようなイデオロギー的力は、ディシプリンを識別することなく、あらゆるディシプリンに属するあらゆるテクスト（むろん言語的テクストにかぎりません）にまんべんなく働いている力です。

したがって、あらゆるディシプリンにまんべんなく働いているそのような力を研究する文化研究は、その研究の対象となる文化の本質からいって必然的にディシプリン横断的——学際的——な傾向をもたざるをえないのです。文化研究にとって、あるひとつの社会のなかで織りあげられたすべてのテクストは、相互に類似した模様をとおして交響しあいながら途切れなくむすびあう一枚の広大な織物——インターテクスト——として存在しているのであり、文学的テクストもその広大な織物の、象徴的ではあってもけっして特権的でない一部として存在しているのです。

したがって文化研究は、たとえば『ドラキュラ』のような文学的テクストを、自己完結的で閉ざされた全体性と見なすことはせずに、なんらかの文化的磁場によって構造化されながら織りあげられ、そしていったん織りあげられると他の無数のテクストと相互にむすびあい、そうすることによって文学というディシプリンの境界をもやすやすと超えていく、そういったつねに他のテクスト、そして他のディシプリンにたいしてひらかれたものと見なすのです。

われわれが「文学的テクスト」と呼びならわしている存在は、結局のところ、ある文化のなかで織りあげられた無数のテクストが、相互に類似した模様をとおして交響しあいながらむすびあう、ひと連なりの広大な織物としてのインターテクストを、文学、思想、歴史といったいくつかのディシプリンへと切り分けた結果として、歴史的に生じてきた人為的制度にすぎません。

その意味でいえば学際性は、ディシプリン〈以後〉に来るべきものではなく、じつはそれ〈以前〉に存在していたものにほかならないのです。ディシプリンこそが学際的に存在しているテクストを効率的に処理するために、〈以後〉に導入された歴史的制度です。文化研究の学際性とは、したがって、歴史的制度としてのディシプリンの背後で見失われる傾向にあったテクストの学際的な様態にたいして、ふたたび率直であろうとする意識的な志向そのものと定義しうるのかもしれません。

文化研究は、たとえ一個の文学的テクストをその中心的テクストとしてあつかう場合にも、それを文学という制度内に閉ざされたものとして特権化せずに、さまざまなディシプリンに属する言語的テクストとの、あるいは絵画的なテクストとの、さらには感情あるいは行動といった（こういってよければ）身体的テクストとのインターテクスチュアルな関係のなかでとらえるという、ある意味ではひじょうにあたりまえのところから出発するのです。

そして文学的テクストを特権化しない文化研究は、その一方で文学的テクストをたんなるフィクションとして、いわゆる「現実」との関わりをもたないものとして排除することもしません。文化のイデオロギー的力はフィクションにもフィクションでないものにも同様に働くものであってみれば当然のことながら、文化研究にとっては、フィクションである文学的テクストも、それ以外のテクストと同じ程度に「現実」との関わりをもつものであり、そこからイデオロギー的力を想像的に再構成していくための重要な資料となるのです。

ディシプリンを問わず、そしてフィクションであるかいなかを問わず、ただすべてのテクストがひと連なりの広大なインターテクストとして見えてくるまでに、そしてそのなかに散在するいくつかの模様をつうじて、それをつくりあげている文化的磁場の構造が見えてくるまでに、『ドラキュラ』と同時代の後期ヴィクトリア朝の無数の、そして多様なテクストをひたすら読みつづける——この見果てぬ夢であるはずのものが、この本がイメージする文化研究のあり方だったのです。

そして文学的テクストを特権化することも、たんなるフィクションとして排除することもともに拒絶するそのイメージのなかに、結局は文学研究の新たな可能性も豊かに秘められているのではないでしょうか。この本は、あまりにも前途遼遠ながら、そのイメージにむけての文学研究から文化研究への最初の一歩であるとともに、じつは文学研究の多様な可能性にたいする自分なりのあつい信仰告白でもあります。

（1）「ある社会の文化」という表現は、それが均一な全体性として存在しているかのような印象をあたえるかもしれません。しかしそれは実際には、地域・階級・性差・宗教その他によって隔てられた複数の文化の複合体として、しかも空間的にも歴史的にも並列的なさまざまな社会の文化との交響関係のなかで、いわば揺らぎながら存在しているにすぎません。

増補　もうひとつの外国恐怖症――エミール・ゾラの〈猥褻〉小説と検閲

はじめに

本書の前身、東京大学出版会による『ドラキュラの世紀末――ヴィクトリア朝外国恐怖症《ゼノフォービア》の文化研究』が世に出てから、すでに四半世紀が過ぎた。その間に、書籍や学術専門誌に発表された、タイトルに「ドラキュラ」という固有名詞をふくむ批評論文は優に六〇〇をこえている。その数字は、『ドラキュラ』という作品が、新歴史主義・文化研究と呼ばれる批評的立場が支配的だった一九九〇年代以降の批評風土にとって、いかに特権化された作品だったのかを、端的に示しているといえるだろう。

そのようなものとして『ドラキュラ』は、多種多様な主題のもと、それが生み出された一九世紀末の政治的・歴史的なコンテクストのなかでさまざまに解釈されてきた。まずは『ドラキュラの世紀末』でわたしがとりあげた外国恐怖症。具体的にいえば、外国（とくに西欧列強）の軍事的侵略、東欧ユダヤ人移民の流入、インドからの伝染病（コレラ）の侵入――すなわち、大帝国と化したヴィクトリア朝イギリスが、あまりに長くなったために揺らぎはじめていた国境線に感じていた恐怖、国境線という「細胞膜」をとおして国家という〈政治的身体〉を侵す悪についての細菌学的な恐怖である（Otis 1999）。

そしてこれらに加えて、「家庭の天使」と「新しい女」、セクシュアリティとジェンダー、サイエンスとテクノロジー、進化論と退化論、心理学と心霊研究といったところが、『ドラキュラ』にかんする、これまでの定番の文化研究的主題だったと言えるだろう。それらがこの二五年間に書かれた『ドラキュラ』論の八割方をしめると言っていいのではないだろうか。

このたび講談社学術文庫の一冊として『ドラキュラの世紀末』の増補版を出版することになり、新たな一章を加えることになった。独創的な主題を見つけるのはむずかしいだろうと思いつつ、未読の『ドラキュラ』論を読みすすめていたのだが、外国恐怖症についてもいまだ探究すべき主題があることに気づかされた。外国からの〈猥褻〉小説の流入が世紀末イギリスのなかにかき立てていた恐怖ないし不安という主題である（猥褻かどうかは主観的な判断であることを示すために〈〉で囲んだ。以下同様）。

その主題は外国恐怖症だけではなく、女性恐怖症ないし女性嫌悪症とも、「新しい女」とも、性科学とも、催眠術とも、退化論ともかかわりそうである。あるいは、「フィクションの検閲」――『ドラキュラ』の作者ブラム・ストーカーが一九〇八年に発表した論文のタイトル――とも、さらには一九世紀後半に発達した消費社会を主題とする消費文化論とも交差していく可能性がある。以下、フランスの〈猥褻〉小説の侵入について、すぐれた世紀末論であるブラム・ダイクストラ『倒錯の偶像』（一九九四年）を道標としながら論じてみたい。

フランスの〈猥褻〉小説

本章は、外国から侵入し女性を官能化させるドラキュラという恐怖の怪物を、「イギリスの家庭の神聖さ」[1]に侵入する同時代のフランスのポルノグラフィックな〈猥褻〉小説のメタファーとして解釈するものである。

女性読者の性欲を刺激するフランスからの〈猥褻〉な文学の侵入――それは、フランスの軍事的侵略の恐怖に揺れていた一八四四年、コヴェントリー・パトモアが長編詩「リリアン」のなかで「槍ではなくペンによる」侵略と呼んでいたものである。そして詩人は最後にイギリスに呼びかける――「あらゆる外国の精神的進軍、しかしとくにフランスのそれを警戒しなければならない」。「フランスの小説を読むことによって女性の心に生じる悪い影響」（『ブラックウッズ・エディンバラ・マガジン』匿名書評子）、「女性の純潔と美徳にたいする偽りの文学の腐敗と害毒の影響」（リー・ハント）（Atkinson 2017, pp. 195-196）に警戒せよ、ということである。

「ペンによる」フランスの侵略にたいする恐怖は、じつはヴィクトリア朝の初期にすでに萌芽が見られる。たとえばヴィクトリア女王即位の前年、『クオータリー・レヴュー』に掲載された政治家にして文筆家J・W・クローカーの「フランスの小説」（一八三六年）である。ルソーからユゴー、デュマ、バルザック、サンドなど有名どころをふくむ一〇人程度のフランス人作家の作品の不道徳性をあげつらい、「このような出版物は、私的だけでなく公的な道徳をもゆがめ、個人だけでなく国家をも堕落させ、ヨーロッパ社会の構造全体を脅かす精神の原因と結果を交互に引き起こしている」と診断し(Croker 1836, p. 66)、最後に、「わが国の文学は悪書によって汚染され、わが国の裁判記録はしばしば残虐な罪によって汚されている。筆者は、最近のイギリス人小説家のなかに、パリの出版社の影響の徴候が見られることを遺憾に思っている」(Ibid. p. 128)と結んでいる。

リスペクタビリティを特徴とするヴィクトリア朝が、性的な主題を大胆にあつかうフランスの作家を一貫して嫌悪し恐怖していたというのは、しかし正しくない。ヴィクトリア朝文化の研究者ジュリエット・アトキンソンによれば、一八四〇年代からフランスの小説の「洗練と大胆さ」を評価する声はあったし、一八五〇年代になれば「社会的・性的な制約にイギリスの作家ほどじゃまされないフランスの作家の高い芸術性に注目する」評論家もいたからである。しかも一八七〇年ごろを境として、フランスの小説を評価する文人たち(マシュー・アーノルド、アルジャーノン・チャールズ・スウィンバーン、ウォルター・ペイター、ジョージ・ムーア、ジョージ・メレディス、ヘンリー・ジェイムズなど)の声は「より声高に、より大胆に」なっていく(Atkinson 2017, pp. 349-351)。

こうして一八七〇年代以降、フランス小説のなかに堕落と恐怖を認める人びとと、そこに社会的・性的な制約にとらわれない高い芸術性を認める人びととのあいだに大きな裂け目が生じていた。そして、ストーカーが『ドラキュラ』の構想を固めはじめる一年半前の一八八八年一〇月、[2]それはひとつの出来事を生むことになる。全国自警団の働きかけによって、フランスの自然主義作家エミール・ゾラの『大地』（一八八七年）を英訳し一八八八年に出版したヘンリー・ヴィゼテリーという、ひとりの出版業者が逮捕・起訴され、一八五七年制定の猥褻出版物法によって有罪（罰金）判決をうけたのである（彼はそれまでに、ゾラの『居酒屋』と『ナナ』、フローベールの『ボヴァリー夫人』の英訳も出版していた）。

作者がポルノグラフィーを意図したかどうかではなく、その作品が「不道徳な影響に心が開かれている人びと、この種の出版物を入手する可能性のある人びとを堕落させ腐敗させる（deprave and corrupt）傾向があるか」というヒックリン基準にそっての判決だった。ヴィゼテリーは、再犯を理由に翌八九年にも有罪判決をうけ、今度は罰金と禁固刑となった。その結果、彼は一八九〇年に破産し、三年ほどして亡くなった。

しかしヴィゼテリーの裁判は波紋を広げる。ヒックリン基準のような理由によって小説を発禁にすることへの批判が、その擁護とともに沸騰したのである。一八九〇年一月号の『ニュー・レヴュー』で、ウォルター・ベザントとイライザ・リントンとトマス・ハーディが「イギリス小説における率直さ」という主題のもと、誌上シンポジウムをおこなったのもそのひとつ。〈猥褻〉文学をめぐる議論はその後もつづくが、その間、小説にかんする圧倒的な購買力と購買実績を背景に非公式な〈検閲〉機能を担っていた巡回図書館と呼ばれる貸本屋（代表格はミューディーズ）は複数の作家による批判に曝され、それとともに巡回図書館を支えていた高価な三巻本という出版形態は、一八九四年には廉価な一冊本に道を譲り消滅する（Bassett 2005, p. 73）。

ストーカーが一冊本として『ドラキュラ』を構想していたのは、全国自警団の事務局長ウィリアム・クートが、「不道徳な文学や猥褻な絵画の流通によってもたらされている膨大な量の悪」の「拡大にかんしてイギリスの男らしさをよびさます」べく「警鐘」（Becker (ed.) 1963, p. 351）を鳴らしていた時代だった。そしてその一方でハーディは、ミューディーズによって購入を拒否されることになる『ダーバヴィル家のテス』（一八九一年）執筆の傍らで、「人生は生理学的な事実」であり、したがって「人生の正直な描写」は「ありのままの性的関係に基づく破局」にこそあるが、巡回図書館の制度はそのような「人生を反映し暴露する小説の成長をうながすことはない」（Hardy 1890, pp. 16-17）と書いていた。

ストーカー自身、一九〇八年に「フィクションの検閲」という論文を書いて、この論争に遅ればせながら身を投じることになっていくのだが、それは二〇年ほど先の話になる。そこに飛ぶ前にまずは『ドラキュラ』のなかに彼の立場を窺うことにしよう。そこに読者が見いだすのは、全国自警団の憤激を買いそうな、ルーシーという名の女性のあまりに官能的でポルノグラフィックな姿態と、それにたいする男性たちのサディスティックな攻撃性である。

そのようなポルノグラフィックでサディスティックな作品として、『ドラキュラ』はこの論争からおよそ二〇年後に書かれた「フィクションの検閲」と同様、当時、〈猥褻〉小説として裁判沙汰になっていたゾラの『大地』と、それにつづくセンセーショナルな論争にたいするストーカーなりの反応として書かれたのではなかったか。だとすれば彼の反応は全国自警団と同じものだったのか、それともハーディの側に立つものだったのか——それが本章で確認しようとすることである。

吸血鬼の恐怖

吸血鬼に血を吸われるとはどのような経験なのか。ドラキュラのイギリス上陸後、最初の犠牲者となるルーシー・ウェステンラのケースを見てみよう。「夢遊癖（sleep-walking）」の遺伝的素質——「父親にも、同じ癖があったそうです」（第六章）——をもつルーシーは、ドラキュラがイギリスに接近しつつある七月二六日、その症状を発現させる。そして、八月一一日の未明、「夢遊癖」がもたらす半睡半醒の状態のなかで、催眠術をかけられたかのように家の外におびき出された彼女は、ドラキュラに血を吸われる。そのときの様子を、遠くからながめていたミーナは以下のように記録する。

なにか黒く、長いものが、もたれかかった白い人影の上にかがみ込んでいました。〔中略〕私は墓地の入り口へ急ぎました。〔中略〕再び見えるところまで来ると、雲はすっかり晴れており、月の光が煌々と差し込み、ルーシーが頭をベンチの背にあずけ、のけぞるようにもたれているのを、はっきりと見ることができました。（第八章）

「のけぞるよう」な姿勢――それはダイクストラが「背骨の折れたニンフ」と呼んだ世紀末の絵画によく見られる官能的な女性の姿態である。

〔産婦人科医バーナード・S・〕タルミーの報告によれば、恍惚状態に達すると、この女性――フランス人女性〔中略〕――は、「首と背中の筋肉が痙攣し、そのために体全体が後ろへ反り、脊柱は腹の方へ向かって凸面状の弧を描き、ヒステリーによる正真正銘の背部緊張《オピスソトーヌス》となる」(『女性』)(ダイクストラ 一九九四、一七四―一七五頁)

「背骨の折れたニンフ」のようなルーシーの姿勢は、現実と夢のあいだの「恍惚状態」のなかで、ドラキュラが彼女の血を吸うことに成功したことを示している。すなわち、吸血鬼は「なかば夢心地の状態」(第八章)の人物に性的な快感をあたえることで、その血を吸うことができる――のちにヴァン・ヘルシングが述べるように「恍惚のなかでこそあいつはもっともよく血を吸うことができる」のである(第一五章)。

そしていったん血を吸われると、犠牲者は性欲への誘惑に抵抗できなくなる。じっさいルーシーは、この出来事の後、ますます「夢遊癖」の傾向を増大させ、それに応じていよいよ官能的な徴候をあらわにしていく。以下は九月二〇日、四人の男性から輸血をうけたにもかかわらず失血死を迎えようとしている臨終の場面である。

ルーシーはこの上なく美しく見えた。柔らかくなめらかな顔立ちが、天使のような美しい目と調和していた。次第にルーシーの目が閉じられ、眠りに落ちていった。しばらくの間、ルーシーの胸が柔らかく波打つと、疲れ果てた幼な子のように寝息を立て始めた。

すると私が夜中に気づいたあの奇妙な変化が、わずかにだが現れ始めた。息遣いが荒々しくなり、口が開き、血の気が失せた歯茎が後退し、そのため歯がいつもより長く、鋭く見えた。ぼんやりと夢うつつで、心ここにあらずといった様子で、目を見開いた。その目も、今や鈍く、しかも厳しかった。そして今まで聞いたことがないような柔らかく、官能的（voluptuous）な声でこう言った――

「アーサー！　ああ、アーサー、あなたが来てくれて、うれしいわ！　さあ、私に、キスをして！」（第一二章）

目覚めているときの「天使のような美しい」ルーシーは、「ぼんやりと夢うつつ」の状態に落ちていくと、一転して「官能的な」[3]女性へと変貌し、婚約者であるアーサーを誘惑する。この場面が示唆しているのは、ルーシーがヴィクトリア朝の文献にしばしばあらわれるニンフォマニア（女子色情症）の患者と化してしまったということである。「ニンフ」には「美しい娘」という意味もあるが、ドラキュラはルーシーという「美しい娘」を、吸血行為をとおしてニンフォマニア患者へと変貌させたのである。「ニンフォマニアは、最も臆病な娘すら恥知らずなバッコスの巫女に変える」(Lombroso and Ferrero 1895, p. 296; ダイクストラ 一九九四、四〇四頁)――これこそが吸血鬼のもつもうひとつの恐怖の能力なのである。

血を奪われたルーシーは、その都度、彼女に求婚した三人をふくむ四人の男性――ホームウッド、シューワード、モリス、そしてヴァン・ヘルシング――から多量の輸血をうけていた。「無意識の心において血液はふつう精液と等価である」(Ernest Jones, *On the Nightmare*, cited in Carter (ed.) 1988, p. 27) というフロイト派精神分析学者アーネスト・ジョーンズの言葉を踏まえるかのように、ヴァン・ヘルシングはルーシーを「多重婚者 (polyandrist)」と呼ぶが (第一三章)、これは、この四か月ほど前ルーシー自身が「どうして三人の男性と、あるいは求愛してくれるすべての男性と結婚して、こうした悩みを解消してはいけないのかしら」(第五章) とミーナ宛てに打ちあけていた「一妻多夫的」欲望の実現である。(4) それに加えてルーシーは、「あのやさしいドクター・ヴァン・ヘルシングを愛している (I quite love that dear Dr. Van Helsing)」とも日記に記している (第一一章)。たしかに彼女は「一妻多夫的」女性なのである。

多量の輸血にもかかわらずあえなく失血死をむかえたルーシーは、死後、淫乱な女吸血鬼と化し、幼児の血を吸うために墓を抜け出し、あたかも男をさがす娼婦のように夜の巷を彷徨することになる。墓にもどってきて、待ち伏せていたアーサーたちと出会った彼女は「すつかり変わり果ててい」る。ジョナサンは以下のように記している。

可憐な美しさは狷介で冷酷な残忍さへと変わり、無垢な清純さは官能的な奔放さへと変わってしまっていた。〔中略〕ルーシーは私たちを見ると、あとずさり、猫が不意を突かれたときにするように、怒っているような唸り声をあげた。〔中略〕私たちが知っている清純で穏やかな瞳は消え失せ、その眼は濁り、地獄の業火で燃えあがっていた。まさにその時、わずかに残っていた私の愛情さえもが憎悪へと変わった。もしその時、彼女を殺さなければならなかったとしても、私は野蛮な悦びを感じて、手を下すことができたであろう。(第一六章)

ドラキュラに血を吸われたルーシーは、今度は彼女自身が吸血鬼となって、新たな犠牲者をつくりだし、あたかも「小石を水に投げたときにできる波紋」のように「不死者」の「輪」(第一六章)を広げる――その吸血鬼の宿命から彼女を〈救済〉するために、四人の男たちは、以下のような残虐な方法で彼女を〈殺害〉する。[5]

渾身の力を込めて、アーサーは杭を打ち込んだ。

棺のなかで不死者が身悶えした。開いた口から恐ろしい、血も凍りつくような悲鳴が上がった。身体が揺れ動き、震え、激しく捩じれ痙攣した。食いしばった鋭い歯が唇を噛み破り、鮮血は泡となって口を染めた。それでもアーサーはひるまなかった。なんらためらうことなく腕を何度も降り下ろした。〔中略〕アーサーの表情は動かず、高邁な使命感で輝いていた。

〔中略〕

〔ヴァン・ヘルシング〕教授と私〔シューワード〕のふたりで、杭の先は身体に残したままその上部を鋸で切り落とした。さらに首を切り離し、口に大蒜《にんにく》を詰めた。鉛棺をハンダづけし、蓋をネジ留めした。(第一六章)

「身悶え」し「捩じれ痙攣」する官能的な女性の肉体にうちこまれる男根的な「杭」とは、露骨にポルノグラフィックであるとともに、精神分析的解釈を誘いそうなサディスティック／マゾヒスティックなイメージでもある。しかも男たちはルーシーの遺体の首を切り落とし、その口に大蒜を詰めこむ。ほとんど「ネクロフィリア(死体性愛)[6]的な凌辱」(ダイクストラ一九九四、一九三頁)を思わせるにちがいないこの場面は、『ドラキュラ』とほぼ同時代にイースト・エンドのホワイトチャペル地区で発生した連続殺人を連想させるだろう。少なくとも五人の娼婦を殺しその死体の下腹部を無惨に損壊した切り裂きジャックによる事件(一八八八年)である。

その連続殺人事件は結局は迷宮入りすることになったため、犯人像も動機も明らかになっていないものの、『ドラキュラ』におけるルーシー殺害という正義の行為とホワイトチャペルでの残虐な犯罪行為に共通しているように思われるのは、官能的な女性にたいするサディスティックな攻撃性であり、「野蛮な悦び」と「高邁な使命感」がない交ぜとなっている女性嫌悪症なのではないか。[7] 以下では、ヴィクトリア朝においてそのような女性嫌悪症が生まれてきた歴史的な背景を探ってみたい。

「家庭の天使」と「新しい女」

女性の官能性へのサディスティックな攻撃性は、ダイクストラによれば、その直接の原因を一八五〇年代までには確立された「家庭の天使（the angel in the house）」、「家庭の尼僧（the household nun）」という女性表象に求めることができる。「家庭の天使」とは、言うまでもなくコヴェントリー・パトモアの長編連作詩（一八五四―六二年）のタイトルであるが、「男性ほど致命的な堕落によって損なわれていないので、／気質は敬虔であり、／顔つきは天使」（ダイクストラ　一九九四、五一頁）と謳われた、なによりも「無性欲」の存在だった。

キリスト教の歴史をつうじて女性は、蛇に誘惑され堕落したイヴであると同時に、性欲の影響をうけにくい霊的な存在として両義的に表象されてきたが、女性史研究者ナンシー・コットによれば、一七世紀後半から一九世紀なかばにかけて、「貴族的な冒瀆や放蕩に反対

チャールズ・オルストン・コリンズ「尼僧院の物思い」(1851年)

し、家庭生活を大切にし、両性の貞操と慎み深さを提唱した」(Cott 1978, p. 225) 中産階級的な福音主義の主たる影響のもとで、「天使」「尼僧」としての女性表象——「無性欲のイデオロギー (the ideology of passionlessness)」(Ibid. p. 221, et al.) ——に一元化していったという。

その結果、ラファエル前派ともつながりのあった画家、チャールズ・オルストン・コリンズは、「尼僧院の物思い」(一八五一年) において、無性欲的な処女の〈純潔〉を象徴する「百合に囲まれた永遠の庭のなかでうなだれた尼僧」をえがく。その一方で、社会思想家・美術批評家であり、ラファエル前派の精神的経済的支援者だったジョン・ラスキンは、『胡麻と百合』(一八六五年) において、女性の才能は「慎ましい奉仕」のため、「自己発展」ではなく「自己放棄」のためにあり、女性の仕事は家庭を「神聖な場所、ウェスタの祭壇、炉辺の聖堂」に変えることにあると述べる。(ダイクストラ 一九九四、三八—四〇頁)

さらに、医学者のウィリアム・アクトンは、『生殖器の機能と疾患』（一八五七年）のなかで、医学的権威をもって「無性欲のイデオロギー」を肯定する。ヴィクトリア朝文学の研究者スティーヴン・マーカスは、ヴィクトリア朝のポルノグラフィーをあつかった『もう一つのヴィクトリア時代』の第一章でアクトンをとりあげているが、そこで以下の有名な箇所を引用している。

女性の大多数は（幸運なことに）いかなる種類の性的感情にもあまり悩まされてはいないようである。男性にとっては頻繁に起こることが、女性では例外的にしか起こらないのだ。たしかに離婚訴訟で見られるように、ごくわずかではあるが、性的欲望がかなり強く、男性のそれをしのぐような女性がいるということは私も認める……精神病院を何度か訪れた人なら知っているように、〔女子〕色情狂（nymphomania）にまで至る性的興奮があるということも認める。だが、これらの悲しむべき例外を除いて、大多数の女性においては、性的感情は休止状態にある……それがもし目覚めさせられたときでも（そんなことはそうそうないのだが）、男性のそれに比べれば、ごく穏やかなものにすぎない。〔中略〕

一般的に言って、節度のある女性は、自らの満足のための性的欲望などほとんどもつことはないのである。女性は、夫を悦ばせたいがために、夫に従うのであり、母親になりたいという欲望がなかったなら、むしろ、夫の欲望から身を避けたいとさえ思うものだ。〔中略〕妻というものは、愛人のように遇されたいなどとはまるで望んではいないのである。（マーカス　一九九〇、五九―六〇頁）

こうして文学者、画家、思想家、医学者たちがこぞって「無性欲のイデオロギー」を、多少の「悲しむべき例外」を認めながらも原則肯定していたのである。女性は本来性欲をもたないというこの女性観は、性欲をもつ女性は「例外」的＝異常な存在であるという含みをもないながら、一八五〇年代と六〇年代を支配する。しかしながら一八七〇年代になると、ふたつの方面から挑戦をうけることになる。

ひとつは、「一八六〇年代に始まっていた女性の行動様式についての科学的研究」（ダイクストラ　一九九四、一二一頁）――「性科学（sexology）」――が、女性の「自体性愛（autoeroticism）」＝自慰という「悪徳」の研究をとおして、「女性は、結局のところ、性欲動を持っている」（同上、一二八頁）ことを白日のもとに曝したことである。

代表的な性科学者といえば、アルベルト・モル、ジャン＝マルタン・シャルコーの弟子のシャルル＝サムソン・フェレ、リヒャルト・フォン・クラフト＝エービング。そして彼らの発見にもとづき、躁病的警世家ニコラス・フランシス・クックは、『社会の悪魔』（一八七〇年）において、女子寄宿学校をとおして広がる自慰という「伝染性の悪癖」（同上、一三七頁）の危険を、じつにセンセーショナルなかたちで社会に警告したのである。そのなかで、彼は自慰の徴候を以下のように要約している。

倦怠と弱々しさと肉の削げ落ちなど全体に表われる症状。活発さと美しさ、健康な顔の色艶や唇の赤みや歯の白さなどが消え失せ、それに代わって生じる、青白く、肉落ち、腫れて、締まりのない、土気色の顔つき。落ち窪み、どんよりとして、生気のない目の周りの青い隈。悲しげな表情、乾咳《からせき》、ほんのわずかな骨折りにも付きまとう重苦しい感じと喘ぎ、肺病の初期症状のような様子。（同上、一三七頁）

この自慰の症状はなんとルーシーの病状に似ていることだろう。のちほど述べることになるが、おそらくストーカーは、自慰によって解放される女性の官能性／セクシュアリティが社会におよぼす弊害の危険性を、そしてそれに由来する危機感をクックと共有していたにちがいない。だからこそ、無性欲的な〈家庭の天使〉から官能的な〈宿命の女《ファム・ファタール》〉へと変貌したルーシーは、男根的な杭によって心臓を貫かれて殺害＝救済されなければならなかったのである。

一八五〇年代に確立された「無性欲のイデオロギー」を揺るがしたもうひとつの動向はフェミニズムで武装した「新しい女」の出現である。『ドラキュラ』のなかにもその存在は記されている――「私たちはそこでとびっきりの「盛大なる食事」をいただきました。きっと私たちの食欲を見たら「新しい女」であってもさぞびっくりしたことだろうと思います」（第八章）。無食欲症が無性欲のメタファーだったとすれば、「新しい女」たちの旺盛な「食欲（appetite）」が性欲（sexual appetite）を暗示するのは当然だろう。「無性欲のイデオロギー」のなかで、「性衝動はそれ自体男性的衝動」と見なされていたが、男性的なものとしての「性衝動」をあらわにする「新しい女」は、「自らの本来無性欲的な身体」を「異常に刺激することによって」「ますます男性的になり」、「それによって、能動的な男性と受動的な女性とのあいだに自然が創造した」（同上、二五八―二五九頁）壁を破壊し、社会に「性的無秩序」（Showalter 1992, p. 3）――『余った女たち』（一八九三年）などの作品で有名なジョージ・ギシングの書簡のなかの言葉――をもたらすかもしれない存在として、嫌われるとともに恐れられたのである。

一八四七年生まれのストーカーを典型として、世紀末の人びとは、女性とは性欲をもたない「天使」「尼僧」であるという女性観のもとで人格形成期を過ごし、一八七〇年代以降、女性のなかに伏在する官能的な「性的感情」「性的欲望」を、衝撃とともに認識させられることになる。「可憐な美しさは狷介で冷酷な残忍さへと変わり、無垢な清純さは官能的な奔放さへと変わってしまっていた」（第一六章）というルーシーの変身には、彼らがうけた、女性の官能性の発見にともなう衝撃の大きさが映しだされているのではないか。

いまや女性は「天使」「尼僧」から「悪魔」「吸血鬼」へと転落する可能性のあるものになっていた。「天使」か「吸血鬼」か、しかしその中間――人間――はない。これにたいして、ヴァーノン・リーの短編小説「ふまじめな改心」（一九一一年）のニチェンコ夫人は「私ども女のことを、天使と吸血鬼の二つにしかお分けにならないなんて、少し厳しすぎるとお思いになりませんこと」（ダイクストラ　一九九四、五〇八頁）と抗議するが、むだである。

こうして「無性欲」の「天使」であるべき女性のなかに官能的な「吸血鬼」を発見することによって、世紀末は女性嫌悪ないし女性恐怖の症状を呈することになる。男性の性欲は自然のものとして容認されるどころか、女性が「無性欲」であっても種の保存が可能なように神からあたえられたものとして肯定される。しかし、女性の性欲は「例外」的な異常性として、たとえどんなに「穏やか」なものであっても容認されえないものだったのである。「男性的な衝動」であるはずの性欲は、「天使」であるべき女性のなかにあってはならないものだった。性欲を、本来あってはならない女性のなかに発見したこと――それがサディスティックな攻撃性をともなう女性恐怖症（gynophobia）と、「野蛮な悦び」と「高邁な使命感」がない交ぜとなっている女性嫌悪症（misogyny）を生みだしたのである。そしてだからこそヴァン・ヘルシングとアーサーたちは官能化したルーシーを、そして切り裂きジャックは娼婦たちを、もっとも残虐なかたちで殺害することになったのである(8)。

『ドラキュラ』のなかでドラキュラの犠牲になって死ぬのはルーシーだけではない。同じように命を奪われるレンフィールドやデメーテル号の船長は、しかし、ルーシーのように官能化して血を求めて彷徨するところをえがかれないし、誰もふたりの「不死者」への変貌を（ルーシーを心配するようには）心配していない。あたかも男性が官能化することになんの問題もないというかのようである。性にかんするダブル・スタンダードは、このようなところにも刻まれている。

女性嫌悪／女性恐怖と退化論

「無性欲」の「天使」であるべき女性のなかに不穏な官能性を発見した世紀末の男性は、その官能性を退化の徴候としても恐れることになる。

もし少しでも女性が、男性が自分の幻想に合わせて形作り得る受動的な人の形をした粘土としての役割に甘んじて、理想の美の構造に関する男性の認識を助けるだけの分別を示していたら、すべてはうまくいっただろう。しかし女性は、男性の詩的精神が女性の上にかぶせた、見せかけの文明の下にいる単なる動物のままであり続けたばかりか、〔中略〕先祖返り的な退化の傾向を示すことすらあった。〔中略〕女性は、沼地のようなものであり、震えおののきながら広がってゆく本能的な肉欲であり、その原始的な本性は、男をとらえ、飲み込み、可能とあらば吸い尽くし、男を女性の単純な肉体的欲求に屈従させようというものなのだ。（ダイクストラ　一九九四、三八四―三八五頁）

人間でしかない女性に「天使」の美装をかぶせた男性が、その美装の下に、「荒れ狂う捕食動物」（同上、三七九頁）とともに、「先祖返り的な退化の傾向」を執拗に発見し、ますま

ジョン・ウィリアム・ウォーターハウス「ヒュラスとニンフたち」(1896年)

す嫌悪と恐怖を募らせていたということである。その絵画的表現は、官能と退化の「沼地」のなかに男性を誘いこむニンフたちの姿をとらえているジョン・ウィリアム・ウォーターハウスの「ヒュラスとニンフたち」(一八九六年)に見いだすことができる。そこに描かれた、官能性を秘めた「新しい女」たちのなかに魅惑を感じとるだけでは十分ではない。そこには男性ないし人類を「退化」の「沼地」へと誘惑し破滅させる女性への恐怖をも読みとらねばならないだろう。『ドラキュラ』の第三章、ジョナサンはドラキュラ城で三人の女吸血鬼に襲われそうになるが、その「官能的な唇」に、「恋い焦がらせるような、それでいて怖じ気づかせるような」感覚をおぼえる。女性の官能性に魅力と恐怖をおぼえる彼はもうひとりのヒュラスと言えるだろう。

女性の官能性を退化とむすびつけるもうひとつの典型例は、生来性犯罪者説で名高いチェーザレ・ロンブローゾがグッリエルモ・フェレーロとの共著で出版した『女性犯罪者』（一八九三年、英訳一八九五年）にある。ダイクストラはこの本から頻繁に引用しているが、ここでは第一二章「生来性犯罪者」から二か所だけ引用しよう（ちなみに、「生来性犯罪者」とは、貧困などの〈環境〉的要因による「機会性犯罪者」とは異なり、人類が進化の過程で克服してきた退化的要素を、隔世遺伝＝先祖返りによって現代に再現していると想定された、〈遺伝〉的要因による犯罪者の概念）。

〔女性〕の悪しき傾向は、男性の場合より数多く、多種多様でもあるが、一般には潜在的な状態にとどまる。そうした傾向が目をさまし、〔性的に〕興奮させられるときには、それらは比例的に大きな結果をもたらす。（Lombroso and Ferrero 1895, p. 151; ダイクストラ 一九九四、三一五頁）

通常の場合、これらの〔悪しき〕欠陥は、敬虔さ、母性、情念の欠如、性的冷淡さ、弱さと未発達の知性〔といった女性性〕によって中和される。しかし、〔中略〕敬虔さと母性が欠落し、その代わりに強い情念と激しいエロティックな傾向〔中略〕がある場合、普通の女性の内部に巣くう無害な準犯罪者〔潜在的犯罪者〕は、どんな男性よりも恐ろしい生来性犯罪者に変身しなければならない。（Lombroso and Ferrero 1895, p.

151〔ダイクストラにはない〕

ダイクストラは、「世紀転換期の男性支配階級は、いかなる種類のものであれ、性的刺激は女性に退化的な影響を及ぼす可能性があるという考えに取り憑かれるようになった」と述べている（ダイクストラ 一九九四、一三八頁）。『女性犯罪者』のロンブローゾが「生来性犯罪者」と「機会性犯罪者」を区別し、「犯罪者の大多数は〔退化とは無関係の〕機会性犯罪者である」（Lombroso and Ferrero 1895, p. 216）と記述していることには注意しなければならないが、同時に彼は「性的刺激」が女性の「退化」――遺伝的劣化――をひき起こし、「普通の女性」を「どんな男性よりも恐ろしい生来性犯罪者に変身」させる恐怖を指摘しているのである。

「ロンブローゾとノルダウであれば」「犯罪者タイプ」（第二五章）と分類するだろうとミーナが語るドラキュラは、みずからの仲間（「生来性犯罪者」）を増やし「退化」を広げるためにイギリスに侵入してきたのであるが、しかし不思議なことに、彼は男性にはまったく興味を示さない。そもそもジョナサンがドラキュラ城で三人の女吸血鬼に襲われかけたときも、ドラキュラはそれを妨害し、「この男は私のものだ」（第三章）と言い放つものの、しかしその後も彼の血を求めることはない。それはいったいなぜなのか。どうして彼は女性の血だけを求めるのか。

「おれの復讐は、今始まったばかりだ！　何世紀もかけて、広めてやるぞ。時間はこちらの味方なのだ。おまえたちが愛する娘たちは、すでにおれのものだ。その娘たちを介して、おまえたちもほかの者どもも、すべておれのものになるのだ！」（第二三章）

ドラキュラの「復讐」とは、世紀末の人びとが恐れていたこと、すなわち「性的刺激」をとおして「女性に退化的な影響を及ぼ」し、それをとおして結局は男性もふくめた国民全体に遺伝的資質の劣化を広げることにあった。そしてドラキュラが「おまえたちが愛する娘たち」からはじめるのは、あらゆる国民は女性から生まれるという理由からだけではない。それは、性欲をもつ男性が、それを抑制する理性をもすでに発達させているのにたいして、女性は「性的刺激」とその「退化的影響」にたいして無防備だったからではないだろうか。『ドラキュラ』第一一章で、ロンドン動物園の飼育係が、女性は「狼と同じくらい信用できない」と言っているが、たしかに世紀転換期の群衆論や消費文化論や映画論のなかでも「被暗示性（suggestibility）」を指摘されていた女性は、[9]「性的刺激」によって「天使」から「吸血鬼」へ、「百合」から「狼」へと容易に変貌してしまう「信用できない」存在だと見なされていたのである。そしてだからこそ「性的刺激」をあたえる〈猥褻〉な小説は、なによりも女性にとって危険なものとされていたのである。

フィクションの検閲

「無性欲」の女性に潜んでいる「性的感情」を刺激し、彼女を「退化」の徴候をあらわにする官能的な〈宿命の女〉――「どんな男性よりも恐ろしい生来性犯罪者」――に変身させるという点において、ドラキュラという怪物は、ポルノグラフィーのメタファーとして解釈できるのではないか。そのような解釈がある程度の妥当性をもつと考える理由は、ストーカーが一九〇八年に『一九世紀とその後』に投稿した一本の論文にある。タイトルは「フィクションの検閲」(Stoker 1908)、以下はその要約である。

⑴「小説と演劇」は「ふたつの偉大なフィクションの部門」である。このうち小説は「いかなる公式な禁制」からも「自由」であるが、演劇は「三世紀にわたる」検閲の歴史をもっている（この記事において「検閲」という言葉は出版・上演すること自体を許さない事前検閲を意味している）。(pp. 479; 480-481)

⑵演劇にはふたつの悪徳がある。「人類の堕落（degradation）に対抗する」ために「作られた抑制的な法律に反抗して、快い肉体的な罪や弱さに屈する」大勢の観客の悪徳と、その観客の性的欲望に応えて、「純粋で単純な金銭的欲望」を満たそうとする少数の制作者側の悪徳である。この「相互的な不品行の過程」を「防ぐには、検閲を継続的

かつ厳格に行なわなければならない」。(p. 481)

(3)「暗示がその一部であるすべての物事には、悪の潜在的要素がある。想像力――そのもっともよく知られ、もっとも強力な産物はおそらくフィクションであろう――にも、腐敗の危険性がある」。フィクションの観客/読者は、「言葉や動きや外見などによる淫らな暗示(lewd suggestion)に曝されることによって、多くが欲望を満たされ、そして堕落する(debased)可能性がある」。「長い目で見て害になるのは、性衝動から生じる感情だけなのである」。(pp. 482-483)

たしかに小説にかんしては、演劇にあるような事前検閲はなかった。しかし出版後に〈猥褻〉の廉で訴追されることはありえたし、また、少なくとも一八九〇年ごろまでは巡回図書館が、購入前に内容の適正さを〈検閲〉[10]していたので、作家の側に「自制」が強く働いていたことは間違いない。にもかかわらず、ライシーアム劇場の支配人でもあったストーカーは、演劇のような検閲制度をもたない小説の危険性を指摘し、最終的には小説にかんする検閲制度――「自制」ではなく、「外側の力」による強制的「抑制」(p. 480)――の必要性を訴えていく。

(4)「ここ二年ほどのうちに、イギリスでは、わが国よりも文明が遅れている国においてさえ不名誉となるだろう小説が多数出版された。筆者が言及したような作品は、作者も出版社も、人間に内在する悪の力を商業的な成功に結びつけることを意図しているのである。ここでいう「人間」とは男性だけでなく女性も意味する」。(pp. 484-485)

(5)「ある種の下劣な文学」は「実際に国民を腐敗（corrupting）させている」。「このような恥ずべき猥褻な作品を消し去ることはほとんど不可能である。不幸なことに、貧しい人間性（poor humanity）の弱さがその市場をたえずつくっているからである。しかし少なくとも、このような不潔で危険なアウトプットを将来にわたって防止する努力は必要である」。(pp. 485-486)

(6)筆者は「文学の自由を誇りとし、脅かされる危険に対処するなんらかの方法が見いだされることを信じている。しかしほかに適切な方法が見つからず、疫病流行地（plague-spot）が広がりつづけるのであれば、検閲は行なわなければならない」。(p. 486)

小説の検閲にかんする議論のなかで、小説の主たる読者として想定されたのは、「人生の一面しか知らない若い未婚の女性」（Moore 2017, p. 21）、「頭脳ではなく身体や感情で読む傾向のある」、「暗示」にかかりやすいとされていた「若い女性読者」（Leckie 2009, p. 449）である[11]。そして小説の検閲を訴えるストーカーが懸念していたのは、「被暗示性」を指摘される小説の女性読者が、「淫らな暗示に曝されることによって」「性衝動」を刺激され、あたかもボヴァリー夫人のように「堕落」していく可能性だった。「フィクションの検閲」は"degeneration（退化）"という言葉こそ使っていないが、その意味を共有しうる

“degradation,” “debase,” “decadence” という一連の言葉をとおして、「国民」の人種的「腐敗」を示唆する「退化」への恐怖さえあおっていると言えるだろう。

おわりに

「フィクションの検閲」を読むかぎり、ヴィゼテリーの翻訳によるゾラ『大地』の出版とその訴追に端を発した、〈猥褻〉文学と〈検閲〉にかんする一八九〇年代の論争において、ストーカーは間違いなく、フランスからの〈猥褻〉小説の流入に危機感を覚え、それに強制的「抑制」をかけるための法的整備の必要性を訴える側に立っていたと推測される。そしてその危機感をまずは小説のかたちで表現した――それが『ドラキュラ』だったのである。「フィクションの検閲」は、『ドラキュラ』同様、「疫病（plague）」のメタファーを内包してもいる。その「疫病」は「性」をとおして広がっていくことにおいて、容易に梅毒を連想させたにちがいない。というのも梅毒は、娼婦を買う男ではなく娼婦のみを取り締まる接触伝染病法（Contagious Diseases Act, 1864, 66, 69）をめぐる論争のゆえに、その法律が廃止される一八八六年まで、人びとの関心を惹きつづけた病気だったからである。

しかし『ドラキュラ』を構想しはじめていたストーカーが「フランス病」とも呼ばれた梅毒よりも恐れていたのは、「道徳的疫病」（*Scottish Guardian*, 14 July 1857, cited in Atkinson 2017, p. 192）――ゾラの『大地』のような〈猥褻〉小説が、とくに女性読者をとおして、その官能性を刺激することをとおして、国民のあいだに隠微に浸透させようとしていた道徳的「腐敗」ないし「堕落」――だったにちがいない。

出版直前の一八九七年五月二四日、元総理大臣のグラッドストンに出した書簡のなかで彼は以下のように記している――「この本は必然的に身の毛のよだつ恐怖（horrors and terrors）に満ちていますが、私はそれらが「憐憫と恐怖によって心を浄化する」ために計算されたものだと信じています。とにかく、この本には卑しいものはなにもありません」（Miller (ed.) 2009, p. 274）。こう書いたストーカーは真剣だった。彼は全国自警団と同様の真剣さで、「道徳的退廃をもたらす（demoralizing）文学」を一掃することによって、「国家の巨大な危機」（Becker (ed.) 1963, p. 352）を、小説という彼なりの方法で解決しようとしていた。その真剣さがいささか滑稽なほどに大げさに見えるのは、現在の読者がヴィクトリア朝の文化の外側の人間だからにすぎない。

（1）　全国自警団（National Vigilance Association）のパンフレット中の語句（Becker (ed.) 1963, p. 363）である。全国自警団は、少女売春の現状をセンセーショナルにルポルタージュしたW・T・ステッドの「現代のバビロンにおける乙女の貢物」（一八八五年七月『ペル・メル・ガゼット』に連載）への反応として一八八五年八月に結成されたが、一八八九年一月一日に「有害な文学」というパンフレットを発刊、ポルノグラフィーの摘発をアピールした。

（2）　ストーカーは一八九〇年三月八日、女吸血鬼のひとりが「彼の唇ではなく喉にキスをしようとする」場面にかんするメモを書き残している（Stoker 2008, p. 17）。それが『ドラキュラ』の出発点である。

(3)「一八六〇年代以降ポルノグラフィーの出版が増加していた」と述べるタニア・ピクーラによれば、「官能的（voluptuous）」という言葉が多用されるというのが、「ポルノグラフィーを同定するための典型的な」特徴だった（Pikula 2012, pp. 287; 292）。また、スティーヴン・マーカスによれば、ポルノグラフィーとは、後述する〈家庭の天使〉の女性観とは対照的に、「すべての女性——妻も含まれる——は必ず興奮し、つねに娼婦のように振舞う」（マーカス 一九九〇、五六頁）という女性観によって特徴づけられるものだった。

(4) スイスの精神科医・性科学者だったオーギュスト・フォレルも、『性の問題』（英訳が出版されたのは一九〇八年。原書の出版年は一九〇五）において、「ニンフォマニア患者は、しばしば一妻多夫的本能を持つため、男以上に貪欲になる」（ダイクストラ 一九九四、四〇三頁）と書いている。

(5) 悪魔的な「宿命の女《ファム・ファタール》」を形容する比喩表現として一九世紀後半に用いられたのは、「蛇のような」と「猫のような」という言葉だった。「猫」のようなルーシーは世紀末の「捕食動物的なセイレン」のひとりである（ダイクストラ 一九九四、四七一、五四九頁）。セイレンは、下半身が鳥ないし魚、上半身が官能的な女の姿をしたギリシア神話の海の怪物で、女性の危険な誘惑を表象する。

(6) ニーナ・アウアバックは、ストーカーがフロイトの仕事を知っていた可能性を指摘している（Auerbach 1982, pp. 22-23）。心霊研究会を創立したフレデリック・W・H・マイヤーズが、一八九三年の総会において、一八九五年に発刊されるヨーゼフ・ブロイアーとフロイトの『ヒステリー研究』の「予備的報告を熱狂的に紹介していた」という事実はたしかにその可能性を想像させるだろう。催眠療法で有名な神経学者として、パリ留学時のフロイトを指導したシャルコーへの言及があること（第一四章）、当時の無意識研究で用いられた「無意識の脳作用（unconscious cerebration）」（第六章、第二〇章）という言葉が用いられていることとあわせて、精神分析学成立直前の精神医学にたいするストーカーの関心が窺われる。

（7）ストーカーは、『ドラキュラ』のアイスランド語訳（というより超訳）『闇の力』（一九〇一年）への序文で、作品中のルーシー殺害と切り裂きジャックによる娼婦殺害事件との関連性について、「いまだ記憶から失われていないその連続殺人は、『ドラキュラ』中の吸血鬼殺害と同じ源から発生したようである」（Belford 1996, p. 272）と書いている。

（8）切り裂きジャック事件が『ドラキュラ』のテクストにどのような痕跡を残しているかについては、ニコラス・ランスの論が秀逸。彼は、その事件が「女性性の構築や人種退化論」などと「関連している」可能性、また、切り裂き魔が「懲罰的な」「道徳主義者」であり、「娼婦に内在すると想定される悪徳にたいする十字軍」であった可能性を指摘している（Rance 2002, pp. 440; 443）。

（9）「群衆」とは「女性的なものである」と社会心理学者のギュスターヴ・ル・ボンが述べているように（ル・ボン 一九九三、第一篇第二章第一節）、女性と群衆は「被暗示性」を共有するものと見なされていた。群衆論、消費文化論、映画論に共通する「暗示にかかりやすい」という女性表象については、Kirby 1991を参照のこと。『ドラキュラ』と世紀末の女性むけ「広告戦略」との連関については、Pikura 2012を参照のこと。

（10）ミューディーズによって『現代の恋人』（一八八三年）の購入を拒否されたジョージ・ムーアは、巡回図書館による「検閲」を「文学の新しい検閲」と呼んで批判した（*Pall Mall Gazette*, 10 December, 1884, cited in Moore 2017, pp. 27-32）。『乳母に託された文学』（一八八五年）では、「イギリスの作家が商売人の検閲に服している」現状をタイトルにこめている（Moore 1885, p. 3）。

（11）ヘンリー・ジェイムズも、『ナナ』の書評（一八八〇年）において、英米の小説読者を、「人生を知ることを厳しく制限されている」「（高い教養を身につけていたとしても）臆病な」「若い未婚の女性」であるとしている（Becker（ed.）1963, p. 241）。なお、全国自警団によってポルノグラフィーの影響を懸念されていたもうひとつの存在は、一八七〇年の初等教育法によって新たに識字能力をあたえられた「大衆読者」だった。彼らにも手が届く二シリングという廉価がヴィゼテリー訴追の一因となったとも考えられる（Cummins 2009, pp. 108-110）。

学術文庫版あとがき

法政大学での定年退職を二か月後に控え、研究室の本の整理に追われていた二〇二三年二月初旬、講談社の岡林彩子さんから、一九九七年に東京大学出版会から出版されたあと、長らく絶版になっていた拙著『ドラキュラの世紀末――ヴィクトリア朝外国恐怖症《ゼノフォービア》の文化研究』の、講談社学術文庫での出版を検討しているというお手紙をいただいた。研究者にとっては光栄なお話、自分にとってはなによりの退職と古稀のお祝いのように感じられたものだった。

文庫化にあたって新たに一章を加えるというご提案もいただいた。『ドラキュラの世紀末』は、出版三年前の連合王国ケンブリッジ大学での一〇か月におよぶ在外研究があってはじめて可能な研究だった。週末以外はほとんど毎日、ケンブリッジの総合図書館に出かけ、一九世紀末の総合雑誌の数々を読みあさり、メモをとり複写するという、日本では不可能な環境があってはじめて可能な研究だった。だから『ドラキュラ』についてはもう書くことがないだろうと思い、置き場のなくなった研究書の一部も処分していた。そのようなしだいで、新たな章をというご提案には一抹の不安があった。

ところが、ケンブリッジからの帰国直後に世界的に広がったインターネットのお陰で、

『ドラキュラの世紀末』を書くときに活用した総合雑誌のほとんどすべてが、家にいながらにして閲覧可能になっていることを（定年退職間際になって）発見――一九九七年以後に書かれた『ドラキュラ』論が六〇〇本以上あるという発見とともに、それからの半年間は久しぶりに『ドラキュラ』漬けの興奮した毎日となった。

＊

一九九七年以降、『ドラキュラ』の定番の主題は、外国恐怖に加えて、「家庭の天使」と「新しい女」、セクシュアリティとジェンダー、サイエンスとテクノロジー、進化論と退化論、心理学と心霊研究といったところで、その点ではそれ以前とは基本的に変わっていないのではなかろうか。しかしわたしが気づかないうちに、『ドラキュラ』研究の〈常識〉が変更されているのではないかと思われるところもあった。

たとえばストーカーがドラキュラという名をどこで知ったのかという問題。『ドラキュラの世紀末』第3章でわたしは「一八九〇年三月、ストーカーは『ドラキュラ』のために「創作ノート」をつけはじめますが、翌四月三〇日、彼が劇場支配人としてつかえていたヘンリー・アーヴィングのライシーアム劇場に、アルミニウス・ヴァンベリーという名のブダペスト大学東洋語教授が訪れ、観劇後に彼およびアーヴィングと夕食をともにします。彼はおそらくこのとき、ヴァンベリーから「ドラキュラ」と呼ばれたヴラドという名の武将の存在を教えられたのです」と書いていた。

わたしがそう書いたのは、『ドラキュラ』の第一八章で、ヴァン・ヘルシングが、「私は、私の友人であるブダペスト大学のアルミニウス君に、奴の記録を調べるように頼んでおいた。あらゆる手立てを尽くし、奴の経歴を教えてくれた。奴は、トルコ国境沿いの大河におけるトルコ軍との戦いで、その名を轟かせたドラキュラ将軍だったにちがいない」と述べている場面があったからである。また、『ドラキュラの伝記――ブラム・ストーカーの人生の物語』（一九六二年）の著者ハリー・ラドラムがそのような推理をしていたからである。

しかし『ドラキュラ』研究の第一人者クリストファー・フレイリングは、ストーカーが『ヘンリー・アーヴィングの個人的思い出』（一九〇六年）のなかでヴァンベリーとの出会いを回想しながら、ヴラドないしドラキュラの名にいっさい言及していないことから、彼がはじめてドラキュラ＝ヴラドの名を知ったのは、同年八月、家族とともに三週間滞在したウィトビーの巡回図書館で借りたウィリアム・ウィルキンソンの『ワラキアとモルダヴィア両公国の歴史』（一八二〇年）においてだったとしている。確証のない事実は撤回するにしくはないということで、本書第Ⅲ章ではアルミニウス・ヴァンベリーのくだりを削除している。

今回、文庫化に際して再読・再調査した結果、『ドラキュラの世紀末』で犯していた間違いにも気づかされた。その最大のものは、これも第Ⅲ章の「コラム9　社会主義の不安」での記述。ジョン・テニエルが『パンチ』一八八六年二月二七日号に寄せた、当時の社会主義の拡大を主題化した風刺画にかんして、わたしはとんでもない間違いを犯していたのである

――「「ジョン・エヴァレット・ミレイに謝罪しつつ」となっていますが、この絵が実際に依拠しているのはフランスのバルビゾン派の画家、ジャン・フランソワ・ミレーの「種蒔く人」だと思われます」と書いてしまっていたのである。

「空しく水中を漂う死んだオフィーリア」(ダイクストラ　一九九四、九〇頁)を描いた耽美的な作品で有名なラファエル前派の画家ジョン・エヴァレット・ミレイに、まさか農民画家のような絵があるとは思いもしなかったのである。ところが、インターネットでミレイの絵を検索すると、とたんに目の前に「毒麦の種を蒔く敵」という絵があらわれてくる。またまたインターネットの威力を感じたものである。

＊

今回、自著を久しぶりに再読し、そして新しい一章として「もうひとつの外国恐怖症――エミール・ゾラの〈猥褻〉小説と検閲」を書いて、『ドラキュラの世紀末』における認識不足を感じた部分もあった。たとえば『ドラキュラの世紀末』第5章(本書、一六八頁)にはこう書かれていた――「ストーカーは、彼の主人公たる吸血鬼の居住地を、ユダヤ人移民の連想がともなうイースト・エンドをはじめとするロンドンの貧しく不潔な地区に定めることによって、彼の主人公のうえに、貧窮ユダヤ人移民のイメージを暗示的に投射しようとしていたのではないでしょうか。そうすることによって、『ドラキュラ』の恐怖の源泉を、同時代の「ユダヤ人恐怖（Judaeophobia）」のなかに求めようとしていたのではないでしょうか」。

ドラキュラはユダヤ人として、あるいはコレラ菌としてイメージされることによって、その超自然的恐怖に、より具体的な恐怖のかたちをあたえられ、そのことで当時の人びとにとってのアクチュアリティを加えられたという論理である。しかしその逆もあるのではないか。ドラキュラのゴシック的恐怖が、ユダヤ人やコレラ菌という当時のアクチュアルな恐怖にゴシック的・超自然的な次元をあたえているという側面もあったのではないか。

ドラキュラは鷲鼻や尖ったあごひげ、十字架にたいする嫌悪感など、あきらかに意図的にユダヤ人のステレオタイプ的特徴をあたえられている。ということは、ユダヤ人は意図的に超自然的でゴシック的な悪の暗示をあたえられているのである。同様にコレラも、意図的に超自然的でゴシック的な恐怖の暗示をあたえられている。ドラキュラがユダヤ人やコレラによってアクチュアリティをあたえられるのと同時に、ユダヤ人やコレラはドラキュラによってゴシック的な超自然性をあたえられているのではないか。

ユダヤ人やコレラのような外国から侵入してくるものにゴシック的・超自然的な恐怖の相貌をあたえることによって、ストーカーはなにをしようとしていたのか。その問いの答えは、今回「エミール・ゾラの〈猥褻〉小説と検閲」を書きながら、自然にあたえられることになった。ストーカーは、女性を官能化させるドラキュラという超自然的恐怖の存在を、女性読者たちを官能化させると恐れられていたゾラの〈猥褻〉小説のメタファーとして構想した――すなわち、そうすることによってゾラの〈猥褻〉小説にゴシック的・超自然的恐怖をあたえようとしていたのではないかと思いついたのである。

要するに、ストーカーはドラキュラという超自然的存在を創造することで、大英帝国のもとにある当時のイギリス社会を脅かしていた、外国から侵入してくるさまざまな社会的恐怖にゴシック的な超自然性をあたえ、それらの恐怖にたいするイギリス人の警戒心を呼び醒まそうとしていたのではなかったか。ひと言でいえば、『ドラキュラ』とはストーカーの一世一代の警世の書として書かれたのではないか、ということである。

＊

最後に、文字通りの拙著を絶版の闇から拾いあげてくれただけでなく、わたしの拙い日本語表現や間違った書誌情報を丹念に修正してくれた岡林さんに心からの感謝を伝えたいと思います。お陰さまで忘れていた『ドラキュラ』との幸福な時間――高緯度と夏時間のお陰で夜の九時過ぎまで明るいケンブリッジの公園で、あるいはパブで、『ドラキュラ』を読んでいたときのゆっくりと流れていた時間――を久びさにとりもどすことができました。この六か月はほんとうに楽しい日々でした。

東京大学出版会の『ドラキュラの世紀末』にはあとがきがありませんでした。そのために、表紙をゴシック調にするために工夫してくださったことをふくめ、本作りのさまざまなアイデアをいただいた編集者の後藤健介さんには、文字というかたちではお礼を申しあげる機会をもてませんでした。遅ればせながら、この場であらためてお礼を書き記したいと思います。

二〇二三年八月二四日

丹治　愛

土社、一四三―一五三頁。

――一九九四『コレラの世界史』晶文社。

見市雅俊他　一九九〇『青い恐怖　白い街――コレラ流行と近代ヨーロッパ』平凡社。

村岡健次　一九八二「病気の社会史――工業化と伝染病」、『路地裏の大英帝国――イギリス都市生活史』角山榮・川北稔編、平凡社、八九―一一四頁。

モートン、フレデリック　一九七五『ロスチャイルド王国』高原富保訳、新潮社。

モレッティ、フランコ　一九九二『ドラキュラ・ホームズ・ジョイス――文学と社会』北代美和子他訳、新評論。

吉田八岑・遠藤紀勝　一九九二『ドラキュラ学入門』社会思想社。

ル・ボン、ギュスターヴ　一九九三『群衆心理』櫻井成夫訳、講談社（講談社学術文庫）(kindle)。

訳、みすず書房。

——一九九二『隠喩としての病　エイズとその隠喩』富山太佳夫訳、みすず書房。

ダイクストラ、ブラム　一九九四『倒錯の偶像——世紀末幻想としての女性悪』富士川義之他訳、パピルス。

ターナー、F・J　一九七三「アメリカ史における辺境の重要性」、『アメリカ史における辺境』松本政治・嶋忠正訳、北星堂書店、五—四二頁。

ダルモン、ピエール　一九九二『医者と殺人者——ロンブローゾと生来性犯罪者伝説』鈴木秀治訳、新評論。

丹治愛　一九九四『神を殺した男——ダーウィン革命と世紀末』講談社。

中山治一・市古宙三・岡部健彦・松井透　一九七五『世界の歴史』第一三巻「帝国主義の時代」中央公論社（中公文庫）。

バイロン　一九九三『ドン・ジュアン』上・下、小川和夫訳、冨山房。

ヒトラー、アドルフ　一九七三『わが闘争』上、平野一郎・将積茂訳、角川書店（角川文庫）。

フロイト、ジークムント　一九六九a「無気味なもの」高橋義孝訳、『フロイト著作集』第三巻、人文書院、三二七—三五七頁。

——一九六九b「文化への不満」浜川祥枝訳、『フロイト著作集』第三巻、人文書院、四三一—四九六頁。

——一九八三「シャルコー」生松敬三訳、『フロイト著作集』第一〇巻、人文書院、三四八—三五七頁。

ヘルツル、テオドール　一九九一『ユダヤ人国家——ユダヤ人問題の現代的解決の試み』佐藤康彦訳、法政大学出版局。

マーカス、スティーヴン　一九九〇『もう一つのヴィクトリア時代——性と享楽の英国裏面史』金塚貞文訳、中央公論社。

マール社編集部（編）一九九六『100年前のロンドン』マール社。

見市雅俊　一九九二「疾病の「地誌学」」、『現代思想』六月号、青

Edson 1892, "Safeguards Against the Cholera," *The North American Review*, vol. 155, pp. 483-503.

有賀貞 一九七六「アメリカ外交の伝統」、『総合研究アメリカ』第七巻「アメリカと世界」研究社、二六—五三頁。

アーレント、ハナ 一九八一『全体主義の起原』一「反ユダヤ主義」、大久保和郎訳、みすず書房。

ウィルソン、デリク 一九九五『ロスチャイルド——富と権力の物語』上・下、本橋たまき訳、新潮社（新潮文庫）。

エレンベルガー、アンリ 一九八〇『無意識の発見——力動精神医学発達史』上・下、木村敏・中井久夫監訳、弘文堂。

オサリヴァン、ジョン 一九五三「併合」、『原典アメリカ史』第三巻「デモクラシーの発達」、アメリカ学会訳編、岩波書店。

柿本昭人 一九九一『健康と病のエピステーメー——十九世紀コレラ流行と近代社会システム』ミネルヴァ書房。

小池滋 一九九二『世界の都市の物語』六「ロンドン」文藝春秋。

小池滋（編）一九九四『ドレ画　ヴィクトリア朝時代のロンドン』社会思想社。

小池滋（編）一九九五—九六『ヴィクトリアン・パンチ——図像資料で読む19世紀世界』全七巻、柏書房。

コルバン、アラン 一九九〇『においの歴史——嗅覚と社会的想像力』山田登世子・鹿島茂訳、藤原書店。

コーン、ノーマン 一九九一『ユダヤ人世界征服陰謀の神話——シオン賢者の議定書』内田樹訳、ダイナミックセラーズ。

佐藤唯行 一九九五『英国ユダヤ人——共生をめざした流転の民の苦闘』講談社。

シェイクスピア、ウィリアム 一九八三『リチャード二世』（シェイクスピア全集）小田島雄志訳、白水社。

ストーカー、ブラム 二〇〇〇『ドラキュラ　完訳詳註版』新妻昭彦・丹治愛訳・注釈、水声社。

ソンタグ、スーザン 一九九〇『エイズとその隠喩』富山太佳夫

Necrophiles and Necrofilles in Nineteenth-Century Fiction," *Sex and Death in Victorian Literature*, ed. Regina Barreca, Indiana University Press, pp. 32-59.

Trevelyan, G. M. 1965, *British History in the Nineteenth Century and After: 1782-1919*, Penguin Books.

Vexler, Robert I. (ed.) 1968, *Grover Cleveland, 1837-1908: Chronology, Documents, Bibliographical Aids*, Oceana Publications, Inc.

Wall, Geoffrey 1984, "'Different from Writing': *Dracula* in 1897," *Literature and History* 10, pp. 15-23.

Walvin, James 1987, *Victorian Values: A Companion to the Granada Television Series*, Andre Deutsch.

Wells, H. G. 1958, "The Stolen Bacillus" (1894), *H. G. Wells: Selected Short Stories*, Penguin Books, pp. 147-153.

——1986, *The War of the Worlds* (1898), with an Afterword by Isaac Asimov, Signet Classics.

White, Arnold 1886, *The Problems of a Great City*, Remington & Co. Publishers.

——1888, "The Invasion of Pauper Foreigners," *The Nineteenth Century*, vol. 23, pp. 414-422.

——1899, *The Modern Jew*, William Heinemann.

Wilkins, W. H. 1890, "The Immigration of Destitute Foreigners," *The National Review*, vol. 16, pp. 113-124.

——1892, *The Alien Invasion*, Methuen & Co.

Wilkinson, Spenser 1897, "The Defence of London," *The National Review*, vol. 29, pp. 42-50.

Wilson, Keith 1994, *Channel Tunnel Visions 1850-1945: Dreams and Nightmares*, The Hambledon Press.

Wolf, Leonard (ed.) 1993, *The Essential Dracula: Including the Complete Novel by Bram Stoker*, Plume.

Wyman, Walter, Charles G. Wilson, Samuel W. Abbott, Cyrus

758-768.
Stanley, Henry M. 1896, "The Issue Between Great Britain and America," *The Nineteenth Century*, vol. 39, pp. 1-6.
Stead, W. T. 1895, "Jingoism in America," *The Contemporary Review* 68, pp. 334-347.
Stevenson, John Allen 1988, "A Vampire in the Mirror: The Sexuality of Dracula," *PMLA*, vol. 103, pp. 139-149.
Stoker, Bram 1906, *Personal Reminiscences of Henry Irving*, 2 vols., The Macmillan Co.
——1908, "The Censorship of Fiction," *The Nineteenth Century and After* 64, pp. 479-487.
——1982, *Shades of Dracula: Bram Stoker's Uncollected Stories*, ed. Peter Haining, William Kimber.
——1983, *Dracula*, ed. A. N. Wilson, Oxford University Press.
——1991a, "Dracula's Guest" (1914), *Vampyres: Lord Byron to Count Dracula*, ed. Christopher Frayling, Faber and Faber, pp. 351-363.
——1991b "Working Papers for *Dracula*," *Vampyres: Lord Byron to Count Dracula*, ed. Christopher Frayling, Faber and Faber, pp. 303-316.
——1996, *Dracula* (1897), ed. Maud Ellmann, Oxford University Press.
——2008, *Bram Stoker's Notes for* Dracula: *A Facsimile Edition*, annotated and transcribed by Robert Eighteen-Bisang and Elizabeth Miller, McFarland & Company.
Stoker, William 1887, "On Some Elements of Success in Excision of the Knee-Joint," *British Medical Journal*, 2 April 1887.
Talbot, Eugene 1898, *Degeneracy: Its Causes, Signs, and Results*, Walter Scott, Ltd.
Tracy, Robert 1990, "Loving You All Ways: Vamps, Vampires,

Book of Vampire Stories, ed. Alan Ryan, Penguin Books, pp. 7-24.

Potter, Beatrice 1888, "East London Labour," *The Nineteenth Century*, vol. 24, pp. 161-183.

Rance, Nicholas 2002, "'Jonathan's Great Knife': Dracula Meets Jack The Ripper," *Victorian Literature and Culture*, vol. 30, pp. 439-453.

Richards, Thomas 1990, *The Commodity Culture of Victorian England: Advertising and Spectacle, 1851-1914*, Stanford University Press.

Rymer, James Malcolm, "Varney the Vampyre, or, the Feast of Blood (excerpt) " (1845), *The Penguin Book of Vampire Stories*, ed. Alan Ryan, Penguin Books, 1987, pp. 25-35.

Saleeby, Caleb Williams 1914, *The Progress of Eugenics*, Cassell and Company, Ltd.

Scudder, Evarts Seelye 1972, *The Monroe Doctrine and World Peace*, Kennikat Press.

Showalter, Elaine 1992, *Sexual Anarchy: Gender and Culture at the Fin de Siècle*, Virago.

Simmons, J. L. A. 1882, "The Channel Tunnel: A National Question," *The Nineteenth Century*, vol. 11, pp. 663-667.

Sinclair, Upton 1920, *The Jungle* (1906), Upton Sinclair.

Smith, Goldwin 1877-78, "England's Abandonment of the Protectorate of Turkey," *The Contemporary Review* 31, pp. 603-619.

——1878, "Can Jews Be Patriots?" *The Nineteenth Century*, vol. 3, pp. 637-646 & 875-887.

——1881, "The Jewish Question," *The Nineteenth Century*, vol. 10, pp. 494-515.

Somerset, H. Somers 1895, "Great Britain, Venezuela, and the United States," *The Nineteenth Century*, vol. 38, pp.

Edition, Oxford University Press.

Miller, Elizabeth (ed.) 2009, *Bram Stoker's* Dracula: *A Documentary Journey into Vampire Country and the* Dracula *Phenomenon*, Pegasus Books.

Moore, George 1885, *Literature at Nurse or Circulating Morals*, Vizetelly & Co.

——2017, "A New Censorship of Literature," *Literature at Nurse: A Polemic on Victorian Censorship*, ed. Pierre Coustillas, Edward Everett Root Publishers, pp. 25-32.

Morley, John 1896, "Arbitration with America," *The Nineteenth Century*, vol. 40, pp. 320-337.

Morris, R. J. 1976, *Cholera 1832: The Social Response to an Epidemic*, Holmes & Meier Publishers.

Oliphant, Laurence 1882, "The Jew and the Eastern Question," *The Nineteenth Century*, vol. 12, pp. 242-255.

Otis, Laura 1999, *Membranes: Metaphors of Invasion in Nineteenth-Century Literature, Science, and Politics*, Johns Hopkins University Press.

Ouida 1894, "The New Woman," *The North American Review* 158, pp. 610-619.

Perkins, Dexter 1941, *Hands Off: A History of the Monroe Doctrine*, Little, Brown and Company.

——1965, *The Monroe Doctrine, 1826-1867*, Peter Smith.

Pick, Daniel 1989, *Faces of Degeneration: A European Disorder, c. 1848-c. 1918*, Cambridge University Press.

——1993, *War Machine: The Rationalisation of Slaughter in the Modern Age*, Yale University Press.

Pikula, Tanya 2012, "Bram Stoker's *Dracula* and Late-Victorian Advertising Tactics: Earnest Men, Virtuous Ladies, and Porn," *ELH*, vol. 55, pp. 283-302.

Polidori, John 1987, "The Vampyre" (1819), *The Penguin*

Le Fanu, J. Sheridan 1987, "Carmilla" (1872), *The Penguin Book of Vampire Stories*, ed. Alan Ryan, Penguin Books, pp. 71-137.

Leckie, Barbara 2009, "'A Preface Is Written to the Public': Print Censorship, Novel Prefaces, and the Construction of a New Reading Public in Late-Victorian England," *Victorian Literature and Culture*, vol. 37, pp. 447-462.

Lipman, V. D. 1954, *Social History of the Jews in England, 1850-1950*, Watts & Co.

Lombroso, Cæsar, and William Ferrero 1895, *The Female Offender*, D. Appleton and Company.

Low, Sidney 1896, "The Olney Doctrine and America's New Foreign Policy," *The Nineteenth Century*, vol. 40, pp. 849-860.

Lowell, Percival 1895, *Mars*, Houghton, Mifflin and Company.

Ludlam, Harry 1962, *A Biography of Dracula: The Life Story of Bram Stoker*, The Fireside Press.

Mahaffy, J. P. 1896, "International Jealousy," *The Nineteenth Century*, vol. 39, pp. 529-543.

Marshall, Dorothy 1972, *The Life and Times of Victoria*, Weidenfeld and Nicolson.

Maxse, L. J. 1896, "The British Case against Venezuela," *The National Review*, vol. 27, pp. 277-301.

McNally, Raymond T. & Radu Florescu 1994, *In Search of Dracula: The History of Dracula and Vampires*, Houghton Mifflin Company.

Melville, Herman 1967, *Moby-Dick: or, The Whale* (1851), eds. Harrison Hayford & Hershel Parker, W. W. Norton & Company.

Mendes-Flohr, Paul & Jehuda Reinharz (eds.) 1995, *The Jew in the Modern World: A Documentary History*, Second *the Present Day*, Penguin Books.

Holliday, Ian, et al. 1991, *The Channel Tunnel: Public Policy, Regional Development and European Integration*, Belhaven Press.

Holmes, Colin 1979, *Anti-Semitism in British Society, 1876-1939*, Holmes & Meier Publishers, Inc.

Hynes, Samuel 1968, *The Edwardian Turn of Mind*, Princeton University Press.

Jerome, Jerome K. 1957, *Three Men in a Boat: To Say Nothing of the Dog!* (1889), Penguin Books.

Johnson, Paul 1988, *A History of the Jews*, Harper Perennial.

Jordan, Ellen 1983, "The Christening of the New Woman: May 1894," *The Victorian Newsletter*, no. 63, pp. 19-21.

Kebbel, T. E. 1896, "European Coalitions Against England," *The Nineteenth Century*, vol. 39, pp. 802-811.

Kingsley, Charles 1890, *Sermons on National Subjects* (1880), Macmillan and Co.

——1995, *The Water-Babies* (1863), Oxford University Press.

Kipling, Rudyard 1913, "A Germ-Destroyer," *Plain Tales from the Hills* (1888), Macmillan and Co., Ltd., pp. 99-104.

Kirby, Lynne 1991, "Gender and Advertising in American Silent Film: From Early Cinema to the Crowd," *Discourse*, vol. 13, pp. 3-20.

Knowles, James 1882, "The Proposed Channel Tunnel: A Protest," *The Nineteenth Century*, vol. 11, pp. 493-500, 657-662.

Lanin, E. B. 1892, "Cholera and Cleanliness in Russia," *The Fortnightly Review* 52, pp. 304-318.

Leatherdale, Clive 1987, *The Origins of Dracula: The Background of Bram Stoker's Gothic Masterpiece*, William Kimber.

Greenwood, Frederick 1896, "The Question of Alliances," *The Contemporary Review* 69, pp. 153-166.

Gregory, R. A. 1899-1900, "Mars as a World," *The National Review*, vol. 34, pp. 914-922.

Haffkine, Waldemar-Mardochée 1893, "Vaccination Against Asiatic Cholera," *The Fortnightly Review* 53, pp. 316-329.

Haggard, H. Rider 1991, *She* (1887), ed. Daniel Karlin, Oxford University Press.

Haigh, Christopher (ed.) 1985, *The Cambridge Historical Encyclopedia of Great Britain and Ireland*, Cambridge University Press.

Haining, Peter 1987, *The Dracula Centenary Book*, Souvenir Press.

Halberstam, Judith 1993, "Technologies of Monstrosity: Bram Stoker's *Dracula*," *Victorian Studies*, vol. 36, pp. 333-352.

Hamilton, R. Vesey 1896, "Our Invasion Scares and Panics," *The Nineteenth Century*, vol. 39, pp. 399-415.

Hardy, Thomas 1890, "Candour in English Fiction," *The New Review*, vol. 2, pp. 15-21.

Hart, Albert Bushnell 1916, *The Monroe Doctrine: An Interpretation*, Little, Brown, and Company.

Hart, Ernest 1892, "Cholera, and Our Protection Against It," *The Nineteenth Century*, vol. 32, pp. 632-651.

——1893, "How Cholera Can Be Stamped Out," *The North American Review*, vol. 157, pp. 186-196.

Haworth-Maden, Clare 1992, *The Essential Dracula: The Man, the Myths and the Movies*, Magna Books.

Hibbert, Christopher 1975, *The Illustrated London News Social History of Victorian Britain*, Angus & Robertson Publishers.

Hobsbawm, E. J. 1990, *Industry and Empire: From 1750 to*

——1990, *Death in Hamburg: Society and Politics in the Cholera Years 1830-1910*, Penguin Books.

Farson, Daniel 1975, *The Man Who Wrote Dracula: A Biography of Bram Stoker*, Michael Joseph.

Flammarion, Camille 1896, “Mars and Its Inhabitants,” *The North American Review*, vol. 162. pp. 546-557.

Flint, Kate (ed.) 1987, *The Victorian Novelist: Social Problems and Social Change*, Croom Helm.

Frankland, Percy Faraday 1883, “The Cholera and Our Water-Supply,” *The Nineteenth Century*, vol. 14, pp. 346-355.

Frayling, Christopher (ed.) 1991, *Vampyres: Lord Byron to Count Dracula*, Faber and Faber.

Galton, Francis 1883, *Inquiries into Human Faculty and its Development*, Macmillan and Co., Ltd.

——1914, *Hereditary Genius: An Inquiry into its Laws and Consequences* (1869), Macmillan and Co., Ltd.

Garraty, John A. 1992, *The Story of America: 1865 to the Present*, Holt, Rinehart and Winston, Inc.

Gerard, Emily 1885, “Transylvanian Superstitions,” *The Nineteenth Centuty*, vol. 18, pp. 130-150.

——1887, “Transylvanian Peoples,” *The Contemporary Review* 51, pp. 327-346.

Gissing, George 1977, *The Odd Women* (1893), W. W. Norton and Company.

Glover, David 1996, *Vampires, Mummies, and Liberals: Bram Stoker and the Politics of Popular Fiction*, Duke University Press.

Grand, Sarah 1894, “The New Aspect of the Woman Question,” *The North American Review*, vol. 158, pp. 270-276.

de Pressensé, Francis 1896, "England and the Continental Alliances," *The Nineteenth Century*, vol. 40, pp. 681-688.

de Vries, Leonard 1991, *Victorian Inventions*, John Murray.

Dicey, Edward 1896a, "The Isolation of England," *The Fortnightly Review* 59, pp. 330-340.

——1896b, "Common Sense and Venezuela," *The Nineteenth Century*, vol. 39, pp. 7-15.

Dijkstra, Bram 1986, *Idols of Perversity: Fantasies of Feminine Evil in Fin-de-Siècle Culture*, Oxford University Press.

Dillon, E. J. 1896, "The Quadruple Alliance," *The Contemporary Review* 69, pp. 457-472.

Doyle, A. Conan 1981, "The Adventure of the Noble Bachelor" (1892), *The Penguin Complete Sherlock Holmes*, Penguin Books, pp. 287-301.

du Maurier, George 1901, *Trilby* (1894), Harper and Brothers Publishers.

Dunraven, Earl of 1892, "The Invasion of Destitute Aliens," *The Nineteenth Century*, vol. 31, pp. 985-1000.

Dunsany, Lord 1882, "The Proposed Channel Tunnel," *The Nineteenth Century*, vol. 11, pp. 288-304.

Edson, Cyrus 1892, "Apropos of Cholera," *The North American Review*, vol. 155, pp. 376-379.

Eltzbacher, O. 1903, "German Colonial Ambitions and Anglo-Saxon Interests," *The Fortnightly Review* 73, pp. 469-488.

Englander, David (ed.) 1994, *A Documentary History of Jewish Immigrants in Britain 1840-1920*, Leicester University Press.

Evans, Richard J. 1988, "Epidemics and Revolutions: Cholera in Nineteenth-Century Europe," *Past & Present*, no. 120, pp. 123-146.

Chesney, Sir George Tomkyns 1995, "The Battle of Dorking: Reminiscences of a Volunteer" (1871), *The Tale of the Next Great War, 1871-1914: Fictions of Future Warfare and of Battles Still-to-come*, ed. I. F. Clarke, Liverpool University Press, pp. 27-73.

Chisholm, Hugh (ed.) 1910, *The Encyclopædia Britannica: A Dictionary of Arts, Sciences, Literature and General Information*, Eleventh Edition, volume V, Cambridge University Press.

Clarke, G. S. 1896, "Can England Be Invaded?," *The National Review*, vol. 27, pp. 338-356.

Clarke, I. F. 1992, *Voices Prophesying War: Future Wars 1763-3749*, 2nd ed., Oxford University Press.

Clarke, I. F. (ed.) 1995, *The Tale of the Next Great War, 1871-1914: Fictions of Future Warfare and of Battles Still-to-come*, Liverpool University Press.

Conrad, Joseph 1988, *Heart of Darkness*, ed. Robert Kimbrough, W. W. Norton & Company.

Cott, Nancy F. 1978, "Passionlessness: An Interpretation of Victorian Sexual Ideology, 1790-1850," *Signs*, vol. 4, pp. 219-236.

Cowen, Anne and Roger Cowen 1986, *Victorian Jews Through British Eyes*, Oxford University Press.

Croker, John Wilson 1836, "French Novels," *The Quarterly Review*, vol. 56, pp. 65-131.

Cummins, Anthony 2009, "Émile Zola's Cheap English Dress: The Vizetelly Translations, Late-Victorian Print Culture, and the Crisis of Literary Value," *The Review of English Studies*, vol. 60, pp. 108-132.

Dawkins, W. Boyd 1883, "The 'Silver Streak' and the Channel Tunnel," *The Contemporary Review* 43, pp. 240-249.

Attack on Late-Victorian Literary Censorship," *Pacific Coast Philology*, vol. 40, pp. 73-89.

Becker, George J. (ed.) 1963, *Documents of Modern Literary Realism*, Princeton University Press.

Belford, Barbara 1996, *Bram Stoker: A Biography of the Author of Dracula*, Alfred A. Knopf.

Bentley, C. F. 1972, "The Monster in the Bedroom: Sexual Symbolism in Bram Stoker's *Dracula*," *Literature and Psychology* 22, pp. 27-32.

Besant, Walter 1896, "The Future of the Anglo-Saxon Race," *The North American Review*, vol. 163, pp. 129-143.

——1909, *London in the Nineteenth Century*, Adam & Charles Black.

Bolton, John 1896, "The Facts about the Venezuela Boundary," *The Nineteenth Century*, vol. 39, pp. 185-188.

Bonavia, Michael R. 1987, *The Channel Tunnel Story*, David & Charles.

Booth, General 1890, *In Darkest England and the Way Out*, International Headquarters of the Salvation Army.

Brabourne, Lord 1882, "The Channel Tunnel," *The Contemporary Review* 41, pp. 522-540.

Briggs, Asa 1985, "Cholera and Society in the Nineteenth Century," *The Collected Essays of Asa Briggs*, vol. II, The Harvester Press, pp. 153-176.

Burdon-Sanderson, J. 1885, "Cholera: Its Cause and Prevention," *The Contemporary Review* 48, pp. 171-187.

Byron, Lord George Gordon 1987, "Fragment of a Novel" (1816), *The Penguin Book of Vampire Stories*, ed. Alan Ryan, Penguin Books, pp. 1-6.

Carter, Margaret L. (ed.) 1988, *Dracula: The Vampire and the Critics*, UMI Research Press.

引用文献

Reports and Papers on Cholera in England in 1893; With an Introduction by the Medical Officer of the Local Government Board, Printed for Her Majesty's Stationery Office, by Eyre and Spottiswoode, 1894.

Acton, William 1883, The *Functions and Disorders of the Reproductive Organs: In Childhood, Youth, Adult Age, and Advanced Life*, 6th ed., P. Blakiston, Son & Co.

Adler, Hermann 1881, "Recent Phases of Judaeophobia," *The Nineteenth Century*, vol. 10, pp. 813-829.

Anon (Balance of Power) 1896, "Should We Seek an Alliance?," *The National Review*, vol. 27, pp. 21-32.

Anon 1899, "The Dread of the Jew," *The Spectator*, 9 September, pp. 338-339.

Arata, Stephen D. 1990, "The Occidental Tourist: *Dracula* and the Anxiety of Reverse Colonization," *Victorian Studies*, vol. 33, pp. 621-645.

Ardis, Ann 1990, *New Women, New Novels: Feminism and Early Modernism*, Rutgers University Press.

Atkinson, Juliette 2017, *French Novels and the Victorians*, The British Academy Monographs, Oxford University Press.

Auerbach, Nina 1982, *Woman and the Demon: The Life of a Victorian Myth*, Harvard University Press.

——1995, *Our Vampires, Ourselves*, The University of Chicago Press.

Bassett, Troy J. 2005, "Circulating Morals: George Moore's

KODANSHA

本書の原本は一九九七年に『ドラキュラの世紀末――ヴィクトリア朝外国恐怖症《ゼノフォービア》の文化研究』として東京大学出版会から刊行されました。

丹治　愛（たんじ　あい）

1953年生まれ。東京大学大学院人文科学研究科博士課程中退。東京大学名誉教授。著書に『神を殺した男』，『モダニズムの詩学』，『批評理論』（編），『二〇世紀「英国」小説の展開』（共編），訳書にヴァージニア・ウルフ『ダロウェイ夫人』，ブラム・ストーカー『ドラキュラ』（共訳）などがある。

講談社学術文庫

定価はカバーに表示してあります。

ドラキュラ・シンドローム
外国《がいこく》を恐怖《きょうふ》する英国《えいこく》ヴィクトリア朝《ちょう》

丹治《たんじ》　愛《あい》

2023年11月7日　第1刷発行

発行者　髙橋明男
発行所　株式会社講談社
東京都文京区音羽 2-12-21 〒112-8001
電話　編集（03）5395-3512
販売（03）5395-5817
業務（03）5395-3615
装　幀　蟹江征治
印　刷　株式会社ＫＰＳプロダクツ
製　本　株式会社国宝社
本文データ制作　講談社デジタル製作

ISBN978-4-06-533830-8

「講談社学術文庫」の刊行に当たって

これは、学術をポケットに入れることをモットーとして生まれた文庫である。学術は少年の心を養い、成年の心を満たす。その学術がポケットにはいる形で、万人のものになることは、生涯教育をうたう現代の理想である。

こうした考え方は、学術を巨大な城のように見る世間の常識に反するかもしれない。また、一部の人たちからは、学術の権威をおとすものと非難されるかもしれない。しかし、それはいずれも学術の新しい在り方を解しないものといわざるをえない。

学術は、まず魔術への挑戦から始まった。やがて、いわゆる常識をつぎつぎに改めていった。学術の権威は、幾百年、幾千年にわたる、苦しい戦いの成果である。こうしてきずきあげられた城が、一見して近づきがたいものにうつるのは、そのためである。しかし、学術の権威を、その形の上だけで判断してはならない。その生成のあとをかえりみれば、その根は常に人々の生活の中にあった。学術が大きな力たりうるのはそのためであって、生活をはなれた学術は、どこにもない。

開かれた社会といわれる現代にとって、これはまったく自明である。生活と学術との間に、もし距離があるとすれば、何をおいてもこれを埋めねばならない。もしこの距離が形の上の迷信からきているとすれば、その迷信をうち破らねばならぬ。

学術文庫は、内外の迷信を打破し、学術のために新しい天地をひらく意図をもって生まれた。文庫という小さい形と、学術という壮大な城とが、完全に両立するためには、なおいくらかの時を必要とするであろう。しかし、学術をポケットにした社会が、人間の生活にとってより豊かな社会であることは、たしかである。そうした社会の実現のために、文庫の世界に新しいジャンルを加えることができれば幸いである。

一九七六年六月　　　　野間省一

外国の歴史・地理

2691
港の世界史
高見玄一郎著（解説・陣内秀信）

港こそが、都市の主役である。古代ギリシアから中世のベネチア、中国の海港、アムステルダムの繁栄、近現代のロンドン、ニューヨークまで。世界の港と流通システムの発達を、ひとつの物語として描く異色の世界史。

電P

2695
砂漠と草原の遺宝
香山陽坪著（解説・林俊雄）
中央アジアの文化と歴史

スキタイ、エフタル、匈奴、突厥、ソグド、モンゴルなど、諸民族の歴史と文化。農耕・牧畜の開始からティムール帝国まで、騎馬遊牧民が駆けめぐった旧ソ連領中央アジア＝西トルキスタンの遺跡を考古学者が歩く。

電P

2696
万国お菓子物語
吉田菊次郎著
世界をめぐる１０１話

たかがお菓子というなかれ。甘さのかげに歴史あり。愛とロマン、政治に宗教、文化の結晶としての世界のスイーツ１０１の誕生秘話――マカロン、レープクーヘンからザッハートルテ、カステーラ、ちんすこうまで！

電P

2718
世界鉄道文化史
小島英俊著

鉄道とは人類のドラマである！　万国スピード競争、等級制の人間模様、日本にもあった「一帯一路」、豪華列車、リニア開発……第一人者が圧倒的なスケールで描き切る、鉄道と人間が織りなす胸躍る軌跡のすべて。

電P

2724
イギリス貴族
小林章夫著（解説・新井潤美）

政・官・軍のリーダーとして大英帝国を支えつつ、空前の豊かな生活を送った貴族たち。彼らは法律を作り、政治を司り、軍隊を指揮する一方、社交、狩猟、スポーツに熱中した。その驚きの実態を紹介する好著。

電P

2726
パリ万国博覧会
鹿島　茂著
サン＝シモンの鉄の夢

万博をつくった理念をたどること、それは近代文明の観念史そのものである！　名手・鹿島の本領がいかんなく発揮された叙述で、物神【フェティッシュ】の聖堂のスペクタクルを味わい尽くす、魅惑の文化史研究。

電P